360度の視点で仕事を考える

働き方の哲学

CAREER
GROWTH
ABILITY
MOTIVATION
COMPANY
MENTAL HEALTH

村山 昇
Noboru Murayama

絵・若田紗希
illustration by Saki Wakata

WHY, WHERE AND THE WORK BOOK HOW YOU WORK?

D DISCOVER

はじめに

解釈が自分の生きる世界を決める

かの哲学者ニーチェは、「この世に事実はない。あるのは解釈だけだ」と言いました。また、米国の鉄鋼王カーネギーは、「何を幸福と考え、何を不幸と考えるか。その考え方が幸不幸の分かれ目なのである」とも言っています。

私たちは日々、実にさまざまな出来事に遭遇します。特に私たちが多くの労力と時間を捧げる仕事現場では、いろいろなことが起こります。──顧客からクレームが来た。いやな上司が異動でやってきた。今期の売上げ目標が達成できた。競合他社が衝撃的な新製品を発売した。これだけ働いているのに今年も給料は増えない……など。そして私たちはこうしたことに一喜一憂します。

生計を立てていくための仕事は、おおかたしんどいものです。ですが、同じ厳しい内容の仕事をしていても、やる人によって、そのしんどさのレベルや質が違うのはなぜでしょう？　また、同じ状況におかれても、ある人は奮起し、ある人はやる気をなくすという差が生じるのはなぜでしょう？

もちろん一つには能力の違いがあるかもしれません。しかし根本的には、その目の前の出来事をどうとらえるかの違いがあるから、ということに気づくことが重要です。

そのことを、心理学の世界では有名な「ABC理論」（→本書234ページ）の枠組みを用いてみてみましょう。

例えば、異動してきたばかりの上司から、いきなり高い数値目標が設定されたとき、部下Sさんは「よし、がんばってみよう！」と決意できたとします。それはSさんが目標設定に対し、「これは自分が成長できるチャンスだ。前の上司とは馴れ合いが生じていて、自分の限界に挑戦したことがなかった。新しい上司が来たのは何か意味があることかもしれない」というおおらかな解釈・成長観でとらえたために、そういう前向きな感情が生まれたのでした。

一方、別の部下Tさんは、まったくやる気を失っています。「やれやれ、はりきり上司の意気込みにこちらが付き合わされるのは困る。そうやっていつも現場の社員だけが働かされる。それが会社というものだ」。そんなTさんのとがった解釈・会社観が、イライラ感情を生むことになりました。

また一方、新人のUさんは、「えーっ、対前年20％増ですか！　そんな無茶なーっ」とパニック状態です。そこにSさんが、「大丈夫、Uさんはこの新規の販売チャネルを加えていいから普段どおりやれば数値はいくよ」と。Uさんには安堵の表情が。Uさんは、まだ仕事状況に対する自分なりのとらえ方が未醸成なので、直情的に右往左往しがちです。

健やかな「観」をつくる

このように、物事をどう解釈するかによって私たちは自分の生きる世界を決めています。ここで言う「解釈」とは、物事の見方・とらえ方であり、その人が持つ観念や概念です。ひっくるめれば「観」ということです。

私は長年、企業内研修の場で「働くとは何か？」という内省テーマの教育プログラムを

施してきました。

　そこで気づくことは、いくら高い専門知識・技能を持っていても、「観」がぜい弱でうまくキャリアを進んでいけない人がたくさんいること。同様に、いかに楽しく刺激的に仕事をしていても、物事のとらえ方がある方向に凝り固まっているために、ちょっとした環境の変化に遭遇するや、すぐにやる気をなくしたり、会社への批判を始めた末に転職してしまったり、自分をいたずらに追い詰めて精神を病む人が出たり、ということでした。

　私たちは長き仕事人生の途上で遭遇するさまざまな出来事や環境を100％コントロールはできません。しかし、それをどうとらえるかはある程度コントロールができます。

　健やかな仕事観は、健やかな仕事意欲を生み、健やかな仕事人生をつくっていく。そうした健やかな「観」をつくるのが、この本の目的です。「観」は、一つ一つの概念の組み合わせでもあります。

　さぁ、では、働くことに関わる基本概念を見つめなおす旅に出発しましょう！

Sさんの場合

A 出来事 → B とらえ方 → C 感情
　　　　　おおらかな　　　おおらかな感情で
　　　　　解釈・観　　　　受け止められる

Tさんの場合

A 出来事 → B とらえ方 → C 感情
　　　　　角のあるとがった　とがった感情で
　　　　　解釈・思い込み　　イライラする

Uさんの場合

A 出来事 ──────→ C 感情
解釈する力や観が　　直情的に反応するだけ
醸成されていない　　（右往左往して疲れる）
（あるいはぜい弱）

この本のつくり・使い方

[基本概念｜キーワード] 73項目

働くことに対する基盤意識をしっかりつくるための基本概念・キーワードを解説していきます。

一度ざっと本文を読んでから絵図をながめ、再度本文を読むと理解が深まるでしょう。

Part 1 から Part 6 までありますが、どの Part から読み始めてもかまいません。ただ、Part の中はある程度順序立っています。

[ワークシート] 3題

実際の研修やセミナーで用いているワークシートを掲載しています。10〜20分ほどでできるワークですので是非やってみてください。答案例も本文の中で紹介しています。

[コラム] 11本

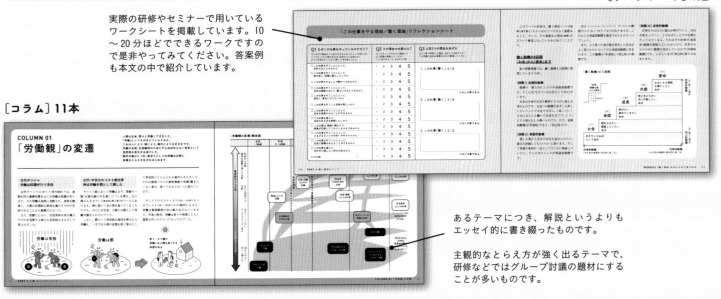

あるテーマにつき、解説というよりもエッセイ的に書き綴ったものです。

主観的なとらえ方が強く出るテーマで、研修などではグループ討議の題材にすることが多いものです。

一般ビジネスパーソン
- 「仕事」ってそもそも何なのかについて、根本から考えたい
- 漠然とした「キャリア」について、考える切り口を得たい
- 働くことについていろいろな角度からながめ、アタマを整理したい
- なんのために仕事をしているのか、わからなくなってきた
- もっと意味のある仕事がしたい。でも、意味って見つけられるものなんだろうか?
- 仕事へのモチベーションが下がっている
- 転職すべきか、留まるべきか悩んでいる
- 働かされ感に覆われ、疲れている
- キャリアの将来が見通せないので不安である
- 「いまのこの仕事(この会社)、何か合ってない」と思う
- 仕事生活を一新して再スタートしたいと思う

人事担当者・キャリアコンサルタント・産業カウンセラーなど
- 仕事・キャリアについての基本概念を再度しっかり押さえたい
- 働くことの相談のプロとして、仕事観、キャリア観、人材観、組織観、教育観などをきちんと養っておきたい
- 人材育成の施策が知識・技能習得に偏っていて、意識づくりや自律マインド醸成が手薄になっている。そこにどんな施策を取りうるかヒントを得たい
- 従業員が全体的に疲れている。メンタルヘルス問題も顕在化してきている
- 相談者への対応の上で、学術的な説明アプローチ、療法的なアプローチ以外の考え方を吸収したい

この本は、働くことに対する健やかな 観(ものごとのとらえ方) をつくる絵事典です。

管理職者・経営者
- 仕事・キャリアについての基本概念をきっちり再学習したい
- マネジャー/リーダーとして、仕事観、キャリア観、人材観、組織観、教育観などをきちんと養っておきたい
- メンバーのモチベーションアップのヒントを得たい
- 部下のキャリア形成の指導をどうしたらよいかわからない
- 自分も一人の職業人としてキャリアをどうしていくか悩んでいる
- 社員や部下たちにきちんとした就労観が醸成されておらず、組織が情緒的に右往左往することが増えた。個と組織が働くことの観や哲学を持ち、ブレずに進んでいくためにはどうすればよいか

就職活動学生
- 仕事・キャリアについてどんな基本概念があるかながめたい
- 職業選択する上で、さまざまな観点を持っておきたい
- 働くことについて自分なりの考え方を深めておきたい
- 職種知識や会社情報は集めたけれど、自分の想いがどこにあるのかわからない(なので、情報に埋もれてしまっている)
- 面接で仕事について何を語ればよいかわからない
- 悔いのないシューカツをしたい。納得のいくシューカツをしたい そのために良い意識の準備をして臨みたい

CONTENTS
働き方の哲学

はじめに……3

PART 1　WORK & CAREER
仕事・キャリアについて

- **01** 仕事①　占有者としての仕事……14
- **02** 仕事②　仕事の意味的広がり……16
- **03** 仕事③　価値創造としての仕事……20
- **04** 仕事④　流れとしての仕事……22
- **05** 仕事⑤　表現としての仕事……28
- **06** 仕事⑥　建設としての仕事……30
- **07** 仕事⑦　機会としての仕事……32
- **08** キャリア①　キャリアとは……34
- **09** キャリア②　キャリアをつくる要素……36
- **10** キャリア③　キャリアに関わる諸理論……40
- **11** キャリア④　登山型／トレック型キャリア……44
- **12** キャリア⑤　偶発性とキャリア形成……48
- **13** 業種・職種……50
- **14** 就業形態……52
- **15** 職業選択の要因……56
- **16** キャリアの節目……60
- **17** プロフェッショナル……62
- **COLUMN 01**　「労働観」の変遷……64

PART 2　INDEPENDENCE & GROWTH
主体性・成長について

- **18** 自立と自律……72
- **19** 自導〈セルフ・リーダーシップ〉……74

20 成長① 成長の3方向 …… 76
21 成長② 技術的成長と精神的成長 …… 78
22 成長③ 連続的成長と非連続的成長 …… 80
23 成長④ 成熟 …… 84
 WORK 01　「成長」を自分の言葉で定義する …… 86
24 守・破・離 …… 92
25 怠惰な多忙 …… 94
26 リスク …… 96
27 失敗 …… 98
 COLUMN 02　「七放五落十二達」の法則 …… 100
28 結果とプロセス① …… 104
29 結果とプロセス② …… 106
30 孤独 …… 108
 COLUMN 03　人は「無視・賞賛・非難」の3段階で試される …… 112

PART 3　KNOWLEDGE & ABILITY
知識・能力について

31 職業人能力 …… 118
32 行動特性・思考特性 …… 122
 COLUMN 04　仕事・キャリアはレゴ作品づくりだ …… 124
33 リテラシー …… 126
34 T型人材 …… 128
35 知・情・意 …… 130
36 マネジメント …… 132
37 リーダーシップ①　2つのリーダーシップ …… 134
38 リーダーシップ②　リーダーシップ論 …… 136
39 フォロワーシップ …… 140
40 会社につく人脈／個人につく人脈 …… 142
41 セレンディピティ …… 144
42 選択力 …… 146
43 習慣 …… 148
 COLUMN 05　「知っている」が学ぶ心を妨げる …… 152

PART 4 MEANING & MOTIVATION
働く意味について

- **44** 目標と目的① 概念の違い …… 156
- **45** 目標と目的② 目的の意味性 …… 158
- **46** 目標と目的③ 坂の上の太陽 …… 160
- **47** 目標と目的④ 目標設定の「SMART」 …… 162
- **48** 目的と手段 …… 164
- **49** 動機① モチベーション・デモチベーション …… 166
- **50** 動機② 内発的動機・外発的動機 …… 168
- **51** 動機③ 利己的動機・利他的動機 …… 170
- **52** 動機④ 動機づけ要因・衛生要因 …… 172
- **WORK 02** 「働く理由」をあらためて見つめる …… 175
- **53** 仕事の報酬 …… 180
- **54** 提供価値 …… 182
- **WORK 03** 「私の提供価値宣言」 …… 186
- **55** 自己実現 …… 188
- **COLUMN 06** 成功と幸福 …… 190

PART 5 WORKING IN A COMPANY
会社の中で働くことについて

- **56** 会社① 会社の定義 …… 196
- **57** 会社② ステークホルダー …… 198
- **58** 会社③ 会社の所有 …… 200
- **COLUMN 07** 「会社」と「企業」 …… 201
- **59** 会社④ コーポレート・ガバナンス …… 202
- **60** 会社⑤ 企業理念 …… 204
- **61** 組織風土と組織文化 …… 208
- **COLUMN 08** 「よい会社」とは …… 210
- **62** 人材と人財 …… 212
- **63** エンプロイアビリティ …… 214
- **64** 会社人の意識・職業人の意識 …… 216
- **COLUMN 09** 「個」と「プロジェクト」の時代 …… 220

PART 6 MENTAL HEALTH
心の健康について

- **65** メンタルヘルス …… 226
- **66** ストレス① ストレスとは？ …… 228
- **67** ストレス② 仕事のストレス …… 230
- **68** ストレス③ ストレスへの対処 …… 232
- **69** ABC理論 …… 234
- **70** アサーション …… 236
- **COLUMN 10** 苦と楽の対称性 …… 238
- **71** ワーク・ライフ・バランス …… 242
- **72** 職の不整合感 …… 244
- **73** キャリアにおけるサスティナビリティ …… 250
- **COLUMN 11** 「決意」が人をもっとも元気にする …… 254

おわりに …… 256　　索引 …… 260　　参考文献 …… 262

PART 1 WORK & CAREER

仕事・キャリアについ

仕事がうまくいっていれば
家族や恋人と過ごす時間も楽しくなります。
逆に、仕事の状況がかんばしくなかったり、
上司から叱られたりすれば食事がおいしくありません。
それほどあなたの気持ちに
大きく影響を与えているのが仕事です。
そんな人生の最重要の活動である仕事・キャリアとは
いったいどんなものなのでしょう。

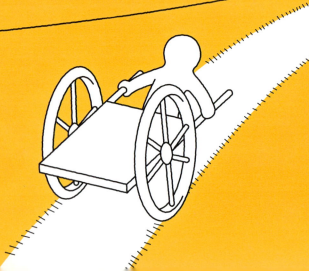

この章でみていくこと

- □「仕事」を多面的にとらえる
- □「キャリア」の定義とそれをかたちづくる要素は何だろう?
- □ キャリアに関わる理論にはどのようなものがあるだろう?
- □ キャリアは計画的につくれるもの?
- □ 職業の種類・働く形のいろいろをおさらいする
- □「プロフェッショナル」の本来の意味は?
- □ 人類の数千年にわたる労働観の変遷をながめる

……など

登場する主なキーワード

\# 3人のレンガ積み　\# インプットとアウトプット　\# 価値創造回路　\# 外的キャリア　\# 内的キャリア　\# キャリアをつくる要素　\# 3層＋1軸　\# 心・技・体　\# ホランドの6角形モデル　\# X理論・Y理論　\# 欲求段階説　\# テイラーの科学的管理法　\# ホーソン工場の実験　\# 計画された偶発性理論　\# 登山型キャリア　\# トレッキング型キャリア　\# 偶発性　\# 結果的にできてしまうキャリア　\# 意図的につくりにいくキャリア　\# 就業形態　\# 働き方の多様化　\# 働き方改革　\# 職業選択　\# キャリアの節目　\# プロフェッショナル　\# ヒポクラテスの誓い　\# 天職　\# 社畜　\# 蟹工船　\# ベーシック・インカム　\# ワーク・シェアリング

01 仕事① 占有者としての仕事
仕事とは「人生の時間・空間を多大に陣取る活動」

1日8時間×35年＝62,440時間を仕事に捧げる

一般的に私たちは20歳前後で就職し、その後、約30年以上にわたって働き、生計を立てていくことになります。

統計では、私たちは1日約8時間、年間では1,784時間を労働に使っています。[※1] これに職場までの通勤時間や昼食時間を加えると、平日、私たちが起きている時間の大部分は仕事に「占有」されていることになります。

仕事は、平日あなたが起きている時間の5〜7割を占有する

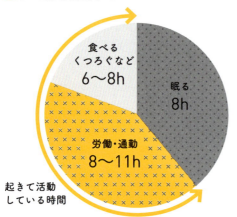

これに例えば35年という期間を乗じると、私たちは生涯に6万2,440時間という膨大な時間を仕事に捧げます。

時間だけではありません、空間も同じです。平日に過ごすその多くの自分の居場所は職場、そして通勤移動の乗り物が占有しています。

仕事がうまくいっていないとご飯もおいしくない

人間関係もそうです。いつも隣の席にいて、業務やプロジェクトを一緒にやっている職場の上司や仲間。彼らと接している時間は、自分の家族と一緒にいる時間より多いのです。

そして何よりもあなたの頭の中は常に仕事のことでいっぱいです。休日であっても、食事の最中も、旅行中も、デート中も、仕事のことが頭をよぎります。

仕事がうまくいっていれば家族や恋人と過ごす時間も楽しくなりますし、仕事の状況がかんばしくなかったり、上司から叱られたりすれば食事もおいしくありません。それほどあなたの気持ちに大きく影響を与えているのが仕事です。

現代人にとって仕事はまさに、人生の「最大級の占有者」なのです。

「あなたの職業は何ですか？」を英語では「What is your occupation?」などといいます。ここに occupation（占有）の語が使われているのも不思議ではありません。

[※1] 厚生労働省「毎月勤労統計調査」による平成27(2015)年度の労働時間

 あなたの人生に占める仕事の割合はどれくらい？

> 人生の大部分を占有する仕事だから
> きちんと考えたい。大事にしたい。

仕事は「時間の占有者」

日々過ごす時間といえば……
その大部分が
労働時間・
通勤時間

仕事は「空間の占有者」

日々自分がいる場所といえば……
その大部分が仕事場・通勤の乗り物の中

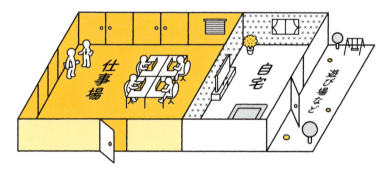

仕事は「気持ちの占有者」

日々の頭の中は……
仕事のやきもきで
いっぱい

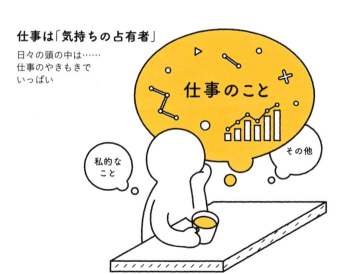

仕事は「人間関係の占有者」

日々接している
人といえば……
多くが仕事つながりの
人たち

01 仕事① 占有者としての仕事

02 仕事② 仕事の意味的広がり
「作業」としての仕事から「使命」としての仕事まで

幅広い意味で使われる「仕事」という概念

日ごろの職場で、「仕事」という言葉は実に幅広い意味で使われています。例えば——

- この伝票処理の仕事を明日までに片付けておいてほしい
- そんな仕事じゃ、一人前とは言えないよ
- これが営業という仕事の醍醐味だ
- 課長の仕事はストレスがたまって大変だ
- 彼が生涯にわたって成し遂げた仕事の数々は人びとの心を打つ
- この仕事ができるのは、日本に5人といないだろう

こうした意味的な広がりを持つ仕事について、ヨコ軸に仕事がなされる時間の長さ、タテ軸に仕事をやる動機の質の違いを置き、平面的に並べてみたのが右ページの図です。

明日までにやっておいてくれと言われた伝票処理の単発的な仕事は、言ってみれば「業務」であり、業務の中でも「作業」と呼んでいいものです。たいていの場合、伝票処理の作業には特別の動機はないので、図の中では左下に置かれることになります。

しょうがなくやる仕事 やりがいをもってやる仕事

また、一般的に中長期にわたってやり続け、生計を立てるためから可能性や夢を実現するためまでの幅広い目的を持つ仕事を「職業」と呼びます。

また、営業の仕事とか、広告制作の仕事、課長の仕事といった場合の仕事は、職業をより具体的に特定するもので、「職種」「職務」「職位」です。「生業(なりわい)・稼業」や「商売」は、その仕事に愛着や哀愁を漂わせた表現で、どちらかというと生活のためにという色合いが濃いものです。

さらには仕事の中でも、内面から湧き上がる情熱と中長期の努力によってなされるものは、「夢／志」や「ライフワーク」「使命」あるいは「道」と呼ばれるものになります。そして、そこから形づくられてくるものを「作品」とか「功績」と呼びます。

英語でも仕事を表す単語はいくつもあります。「work＝(幅広く)仕事」「task＝任務」「job＝任される業務・勤め口」「labor＝肉体的に骨の折れる仕事」「occupation＝生業」など。それほど仕事というものは、単純にくくれないものなのでしょう。

伝票処理の作業も「仕事」だし、発展途上国に学校を造るライフワークも「仕事」。

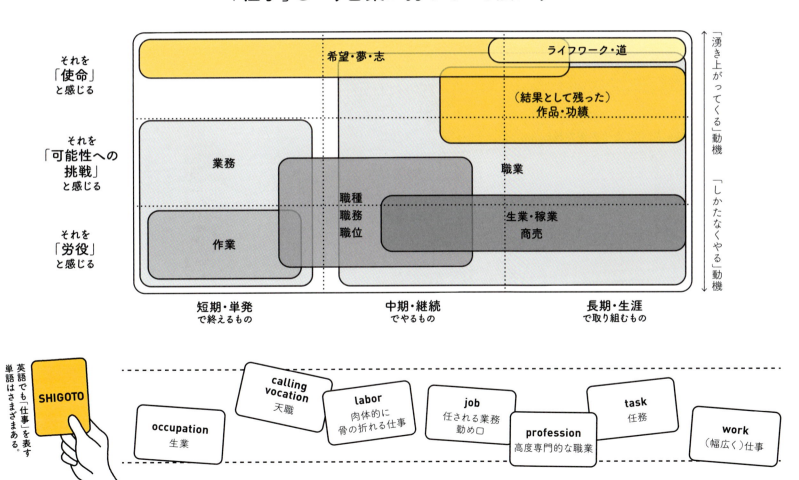

02 仕事② 仕事の意味的広がり

3人のレンガ積みが気づかせてくれること

外見上同じ仕事をしていても、人が内面に抱える意識がまったく異なることを示す古典的な寓話があります。右の『3人のレンガ積み』がそれです。

1人めの男は、永遠に仕事を「作業」として単調に繰り返す生き方のようです。2人めの男は、仕事を「稼業」としてとらえます。おそらく彼の頭の中にあるのはつねに「もっと割りのいい仕事はないか」でしょう。

そして3人めの男は、仕事を「使命」と感じてやっています。彼の働く意識は大聖堂建設のため、町のためという大目的に向いています。

3人の男の「働く意識」の位置

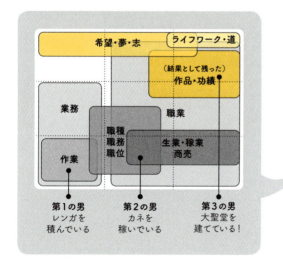

寓話『3人のレンガ積み』

中世のとあるヨーロッパの町。
建築現場に3人の男が働いていた。
「何をしているのか？」ときかれ、それぞれの男はこう答えた。
「レンガを積んでいる」。最初の男は言った。
2人めの男が答えて言うに、「カネ（金）を稼いでいるのさ」。
そして、3人めの男は明るく顔を上げて言った――
「後世に残る町の大聖堂を造っているんだ！」。

> あなたがきょう行った仕事は
> 下の図のどこに位置しますか……？

「仕事意識」の位置確認チャート

「人はパンのみに生きるにあらず」とは、古くよりいまに至るまで人間の一大問題です。
さて、あなたがきょう行った仕事は、図でいえばどこに位置するものだったでしょう？

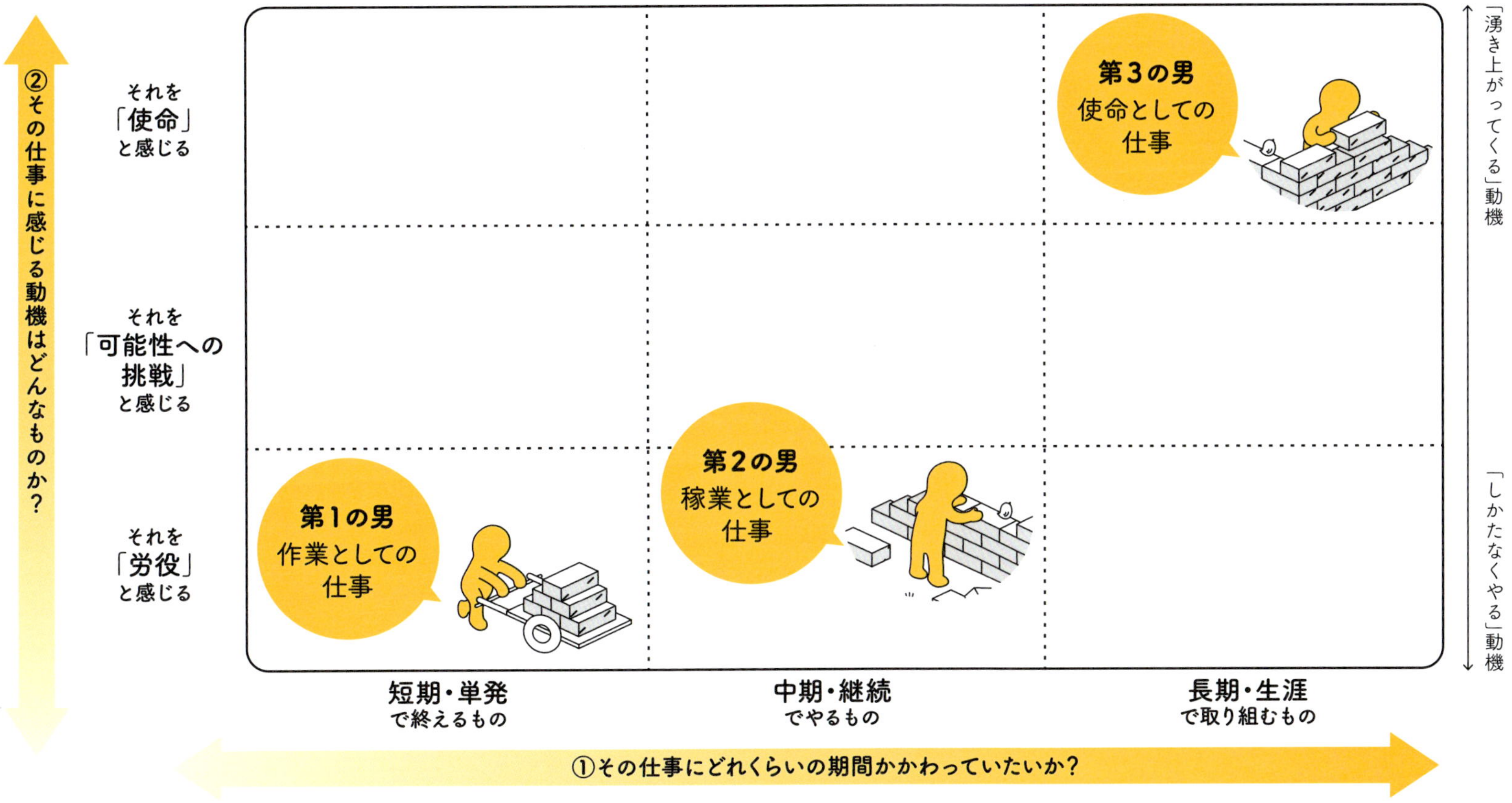

②その仕事に感じる動機はどんなものか？

- それを「使命」と感じる
- それを「可能性への挑戦」と感じる
- それを「労役」と感じる

「湧き上がってくる」動機 ／ 「しかたなくやる」動機

- 第1の男　作業としての仕事
- 第2の男　稼業としての仕事
- 第3の男　使命としての仕事

①その仕事にどれくらいの期間かかわっていたいか？

- 短期・単発で終えるもの
- 中期・継続でやるもの
- 長期・生涯で取り組むもの

02 仕事② 仕事の意味的広がり　19

03 仕事③ 価値創造としての仕事
仕事とは「A ➡ A±」「A ➡ B」「0 ➡ 1」

「before ➡ after」でどんな価値をつくり出したか

仕事とは、「それをやる前に比べ、なんらかの価値を創造した行為」と考えることができます。そしてその価値創造には次の3種類がありそうです。

> 仕事とは、物事やその状態を──
> ①「A ➡ A±」増減させること
> ②「A ➡ B」変形・変質させること
> ③「0 ➡ 1」創出すること

私たちがやる大小の仕事は、すべて上の3種類のミックスと考えてよいでしょう。例えば、販売数を上げたという仕事は、直接的には「A ➡ A＋」ですが、そのために何か宣伝文句をAからBに変えたということであれば「A ➡ B」の要素も混ざってきますし、これまでまったく試みていなかった方法を考え出したのなら「0 ➡ 1」という具合です。

また、この3種類について、人それぞれに得意・不得意があります。自分は数を上げる「A ➡ A＋」タイプの仕事には自信があるが、新規に何かを創出する「0 ➡ 1」の仕事は苦手だ、というように。

それはそれで自分の得意タイプを伸ばし、不得意なものはチームでカバーするという考え方でよいと思います。

ともかく、世の中は「あなたの仕事前→あなたの仕事後」で確実に何かが変わったといえます。これはよくよく考えるとすごいことです。その何かを変えたことこそ、あなたの存在意義なのですから。

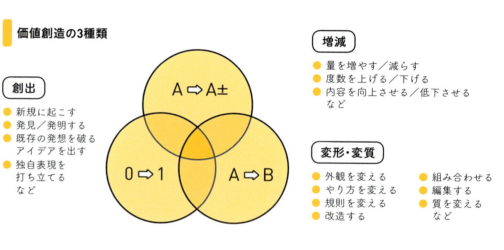

価値創造の3種類

創出
- 新規に起こす
- 発見／発明する
- 既存の発想を破るアイデアを出す
- 独自表現を打ち立てる
など

増減
- 量を増やす／減らす
- 度数を上げる／下げる
- 内容を向上させる／低下させる
など

変形・変質
- 外観を変える
- やり方を変える
- 規則を変える
- 改造する
- 組み合わせる
- 編集する
- 質を変える
など

考えてみよう
私の仕事は──
数を増やすこと？ 形を変えること？
それとも何かを創り出すこと？

> 「before ⇨ after」で何かが変わった。
> それがあなたの仕事であり、あなたの存在意義。

〈増減〉の仕事

物を売ったというのは売上高を増やした仕事です。物をより速く作れる工夫を施したのは生産性を増した仕事です。物に何か機能を付け足したのであれば性能を向上させた仕事になります。記号的に表せば、「A→A＋」。

しかし、仕事というのは、プラスの価値創造に終えられるときばかりではありません。ときには下手な仕事をしてしまい、かえって仕事前より価値を下げてしまうことも起こりえます。つまりマイナスの価値創造「A→A−」の状況です。

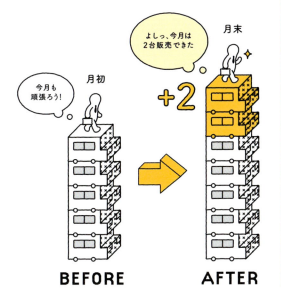

〈変形・変質〉の仕事

外観を変えたり、やり方を変えたりするのはこの「A→B」の仕事です。
組み合わせる、編集する、人の気持ちを変えるもこのタイプに入ります。

〈創出〉の仕事

新規に起こす、発明・発見する、既存の枠を打ち破るアイデアを発案する、独自な表現を打ち立てる、そういった無から有を生み出す仕事が「0→1」の仕事です。

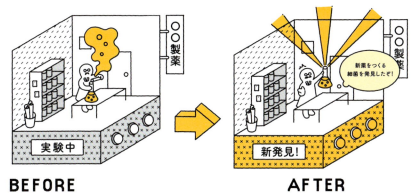

04 仕事④ 流れとしての仕事
仕事とは「INPUT ⇨ 価値創造回路 ⇨ OUTPUT」

私たちの仕事は
一人で閉じてできるものではない

機械が行う仕事の流れは次のようなものです——「原材料の INPUT（投入）→処理→加工品の OUTPUT（産出）」。

人間が行う仕事の流れもこれと同じようにとらえることができます。

例えば、椅子職人の場合、木材が原材料として INPUT（投入）されると、つくり手の能力や意志、身体といった価値創造回路にかかり、椅子が OUTPUT（産出）されるといった具合です。

人間の仕事をもっと詳しくながめてみるに、私たちの仕事は自分一人で閉じてできるものではありません。

職人の仕事にしても、手にする木材は誰かが木を切って運んでくれたものですし、工作機械も誰かが設計し、製造し、販売してくれたものです。

また、職人が学んだ製作知識は、過去の先達の知恵や情熱のかたまりです。先達の生きざまから啓発を受ける場合もあるでしょう。そして当然ながら、肉体労働をするには食べなくてはなりません。食べるとはすなわち、動植物の生命の摂取です。

そうみると、職人の仕事の INPUT は、実は他者・世界から提供される実にさまざまなものであることに気がつきます。

同様に、職人が OUTPUT するものも単に物的な作品だけにとどまりません。職人が生み出した工夫やデザイン性、そこに込めた想いや精神性、そして人間性までをも外に発することになります。

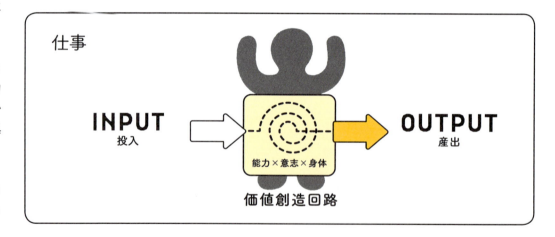

 人間は「INPUT ⇨ 価値創造回路 ⇨ OUTPUT」の流れの中で
きわめて豊かに仕事をやっている。

あなたは、今朝食べたご飯と味噌汁とシャケを
美しい椅子に変換できる回路を持っている。

INPUT
投入

価値創造回路

能力×意志×身体

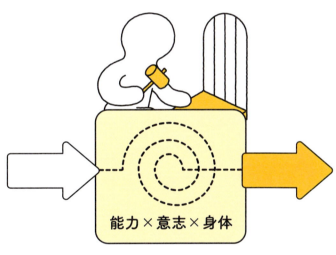

OUTPUT
産出

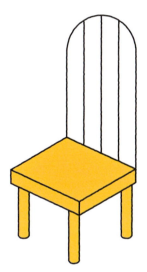

- 他者の仕事
  （知識・技術・作品・サービス等）
- 他者の想い・精神性・生きざま
- 環境（自然・世の中）からの啓示
- 原材料
- 動植物の生命

- 自分の仕事
  （知識・技術・作品・サービス等）
- 自分の想い・精神性・生きざま
- 自分の人間性

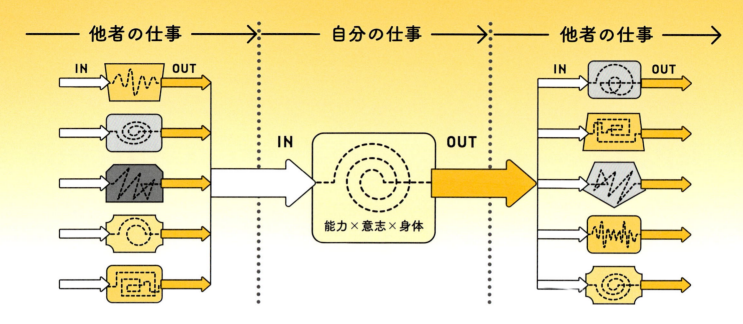

他者のOUTPUTが ⇨ 自分のINPUTとなり、
自分のOUTPUTは ⇨ 他者のINPUTとなる。

深掘り思索

**滔々と流れる連鎖の中で
あなたの仕事も一滴になる**

　私たちはどんな仕事をするにも、他者や環境がOUTPUTしてくれたものを取り込んで創造を始めます。そしてOUTPUTします。
　このことは、自分のOUTPUTが次に誰かのINPUTになることでもあります。

　その職人が生み出した斬新な椅子のデザインはほかの職人のインスピレーションを刺激するかもしれませんし、その椅子を購入した人がそこに座ってベストセラー小説を書くかもしれません。
　そのように人間の行う仕事というのはずっと連鎖していきます（上図）。

　そして、この連鎖を巨視的にながめてみるととどうなるか。——この世界は、無数の個が無限様に成す「INPUT ⇨ 価値創造 ⇨ OUTPUT」の連鎖による壮大な織物である（右ページ図）。
　身の回りには人の仕事が溢れています。それはこの連鎖の中で一つ一つ生まれてきたものです。

この世界は、無数の個が無限様に成す
「INPUT ⇨ 価値創造 ⇨ OUTPUT」の連鎖による壮大な織物である。

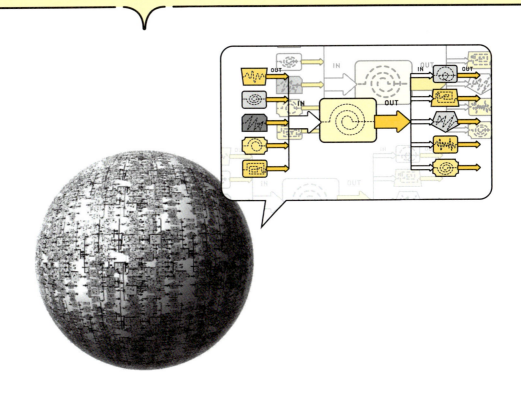

04 仕事④ 流れとしての仕事

> 私が人より遠くを眺められたとすれば、
> それは巨人の肩に乗ったからである。
>
> —— アイザック・ニュートン

深掘り思索

仕事の中に与えてくれた側への感謝・祈りがあるか

　アイザック・ニュートンが口にした上の言葉は、科学者の世界でしばしば使われるものです。そこには、自分の成果は、過去の人びとの成果の上に築かれるものだという感謝と敬意の念があります。

　また、西岡常一さんは1300年ぶりといわれる法隆寺の昭和の大修理を取り仕切った宮大工の棟梁です。右ページの言葉は、その大修理のときの言葉です。

　法隆寺の大修理という仕事のINPUTには、樹齢千年の檜が必要です。原材料が生き物である場合には、その生命をもらわねばなりません。古い言葉で「殺生」です。

　そのときに、OUTPUTとして生み出すものはどういうものでなくてはならないか。千年の木を使わせてもらうのであれば、千年もつ建造物にする。西岡棟梁の決意の中には、ある種の痛みや祈りを感じることができます。

千年を過ぎた木がまだ生きているんです。塔の瓦をはずして下の土を除きますと、しだいに屋根の反りが戻ってきますし、鉋（かんな）をかければ今でも品のいい檜の香りがしますのや。これが檜の命の長さです。

こうした木ですから、この寿命をまっとうするだけ生かすのが大工の役目ですわ。千年の木やったら、少なくとも千年生きるようにせな、木に申し訳がたちませんわ。

生きてきただけの耐用年数に木を生かして使うというのは、自然に対する人間の当然の義務でっせ。

――西岡常一『木のいのち木のこころ〔天〕』より

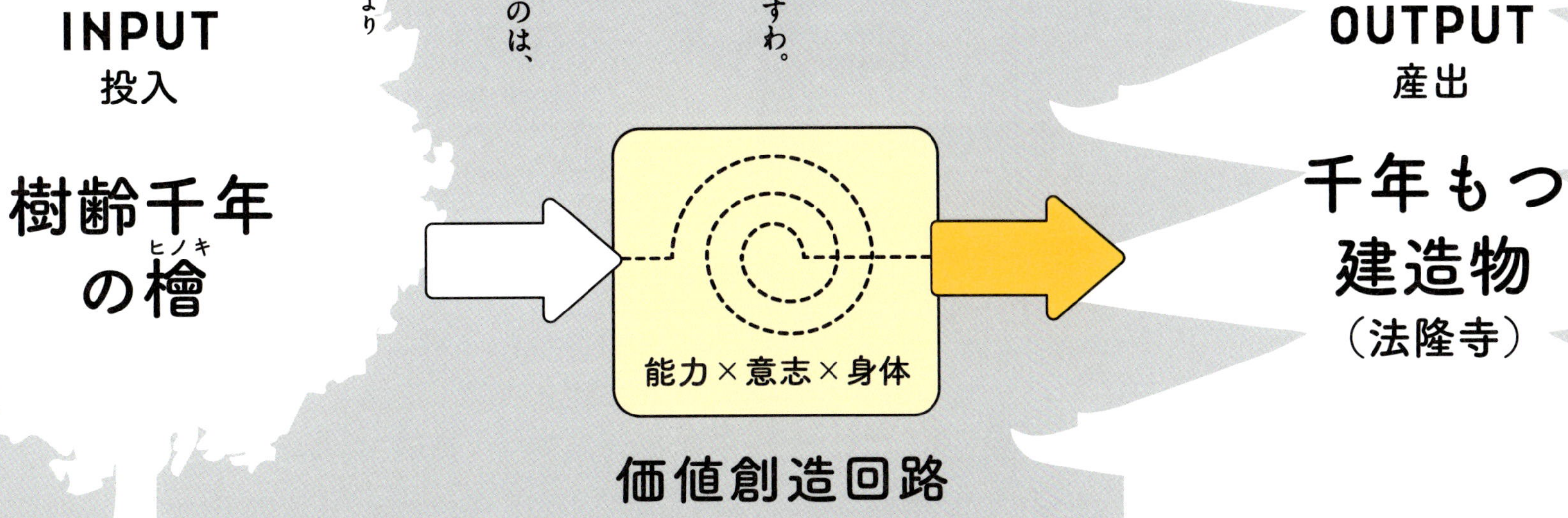

INPUT
投入

樹齢千年の檜（ヒノキ）

価値創造回路

能力×意志×身体

OUTPUT
産出

千年もつ建造物（法隆寺）

05 仕事⑤ 表現としての仕事
仕事とは「能力×想い ⇨ 表現」

私たちは何かしら「表現」を売って生きている

人間という生物種の呼び名として「ホモ・サピエンス」がよく使われます。これは「知恵ある人」の意味です。それ以外にも「ホモ・ルーデンス＝遊ぶ人」や「ホモ・ファーベル＝作る人」などがあります。

同様の観点から、人間を「ホモ・エクスプレシオ＝表現する人」と規定していいかもしれません。それほど表現することは人間の本質的活動であり、実際、私たちはみな、何かしら表現を売って生きています。

私たちは、「能力」と「想い」を掛け合わせて「表現」をします。会社員であれば、日々、業務をしています。業務の中身は、営業とか接客、企画書づくりといったものです。それらはみな、働く人の創造的行為・創造物で、広い意味で表現です。

そしてその表現は自分の外に生み出されるや外の世界に何かしらの「はたらき・作用」を及ぼします。つまり便益(あるいは害)であったり、物事の進捗(あるいは遅延)、感動(あるいは不快)であったりです。それら「はたらき・作用」のうち、自分の利益になる部分にお客様や雇用会社はお金を払うわけです。これが仕事に対する報酬です。

表現のすべてがお金に換わるものとはいえません。趣味活動や家事などもひとつの創造表現ですが、これはお金を目的としない自由な仕事です。

仕事のうち、お金を求めるものは、買ってくれる相手の要求に合わせて表現せねばなりません。そうして買っていただける表現を「成果」と呼びます。

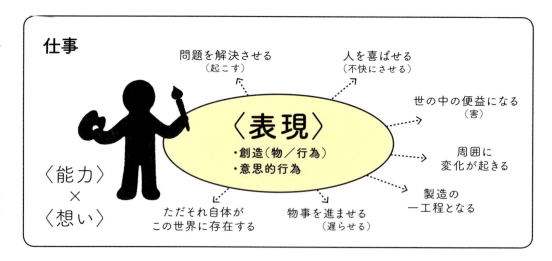

営業にせよ接客にせよ、企画にせよ それらは広い意味で「表現」活動。

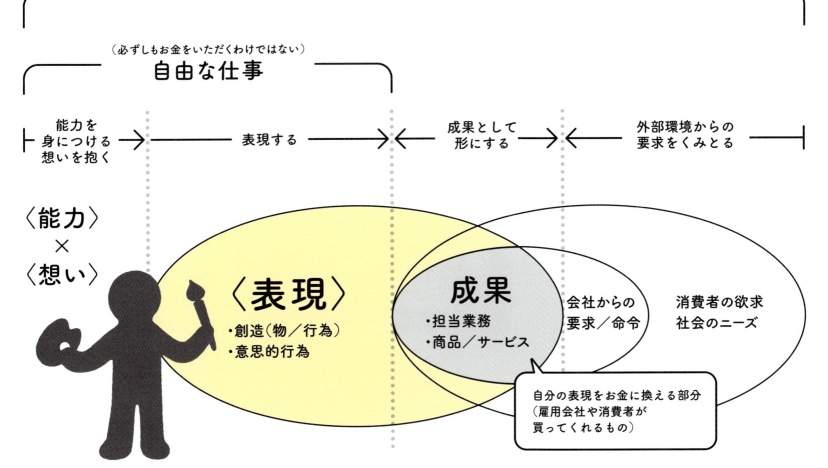

06 仕事⑥ 建設としての仕事
長い時間をかけて奮闘する創造

ベートーヴェンが30年越しで完成させた第九『歓喜の歌』

ドイツの大詩人フリードリヒ・シラーは、1785年『歓喜に寄せて』と題した詩を書き起こしました。ベートーヴェンは、1793年（23歳のとき）[※1] にその詩に出会い、そこに旋律をつけようと思いつきます。

当時すでに音楽家として頭角を現していたベートーヴェンでしたが、巨人シラーの詩には、まだ自分自身の器が追い付いていないとみたのでしょうか、それに旋律をつけられず、歳月が過ぎていきました……。

そして『ベートーヴェン交響曲第九番』の初演は1824年。着想から完成までに実に30年以上。54歳[※2] で難聴となった身体を乗り越えて、彼はついに一大合唱曲の建設を終えたのでした。『歓喜の歌』は現在、欧州連合（EU）の歌となり、世界中で最も敬愛される楽曲のひとつになっています。

私たちは日々せわしなく働いています。1年ごとの目標管理は、半年ごととなり、四半期ごととなり、そして週ごとの報告があり、毎朝のミーティングがあり……。仕事の時間単位はそうやってどんどん短く区切られていき、その中でスピーディーに、効率的に、的確に判断し、処理する仕事が求められています。

が、それとは対極に、「長い時間×忍耐×創造性」によってのみ成しえる建設的な仕事があります。

ベートーヴェンの『第九』のように、何十年越しというライフワークテーマを見つけ、その建設に自己を投じられる人は、ある意味、幸福な仕事人でしょう。

短期的な時間サイクルの中で自分を回転させるのではなく、長期的な時間軸に立って、大きな表現に挑んでいく。そうした意識に目覚めた人だけが、建設の仕事の喜びを知ることができます。

[※1] 1788年（18歳）という説もある（編注）
[※2] 27歳という説もある（編注）

日々、私たちはあまりに

- 即効の仕事
- 同時並行の仕事
- 間違いをしてはいけない仕事
——に手一杯なので、

建設する／木を植える／醸造する／山を登る 的な仕事を考えない。

短い時間 × 効率 × 処理性 ／ 長い時間 × 忍耐 × 創造性

> **押さえるツボ！**
> 「長い時間×忍耐×創造性」によってのみ成しえる仕事がある。

私が13歳のとき、宗教のすばらしい先生がいた。
教室の中を歩きながら、
「何によって憶えられたいかね」と聞いた。
誰も答えられなかった。
先生は笑いながらこういった。
「今答えられるとは思わない。
でも、50歳になっても答えられなければ、
人生を無駄にしたことになるよ」
　　――ピーター・ドラッカー『プロフェッショナルの条件』

私に50年の命をくれたこの美しい地球、
この美しい国、この楽しい社会、
このわれわれを育ててくれた山、河、
これらに私が何も残さずには
死んでしまいたくない、
との希望が起こってくる。
何を置いて逝こう、金か、
事業か、思想か。

誰にも遺すことのできる
最大遺物、
それは勇ましい
高尚なる生涯であると思います。
　　――内村鑑三『後世への最大遺物』

5年　　10年　　20年　　30年

06 仕事⑥ 建設としての仕事

07 仕事⑦ 機会としての仕事
仕事はチャンスのかたまり

単純な車両清掃の仕事が「おもてなし」に変わる

　仕事は心のとらえ方ひとつでまったく違ったものになります。例えば、「仕事はしょせん、生活の糧を得るための労役にしかすぎない」と思ってしまえば、一生、忍耐労働の対価として金銭をもらうという形が続いていきます。

　ところが、「仕事はチャンスのかたまりだ」ととらえると、仕事は収入機会であるばかりでなく、成長機会、感動機会、触発機会、学習機会、貢献機会、財成機会になります。どんな仕事であれ、こうしたチャンスが目に見えない形で潜んでいます。

　阪急グループ創業者の小林一三はその点を、豊臣秀吉のエピソードを用い、草履番という単純な仕事の中にもさまざまな機会の芽があることを指摘しています（次ページ）。

　また、遠藤功著『新幹線お掃除の天使たち』は、新幹線車両の清掃を行う鉄道整備株式会社（通称：テッセイ）の従業員の仕事ぶりを細かに考察する内容です。

　ここには、新幹線車両が始発駅ホームに留まる7分間に、いかに清掃員たちがプロ精神をもって取り組むか、そしていかに単純な清掃仕事が「おもてなし仕事」に変わるかが書かれています。

　仕事は意識の持ちようと行動で、ほぼ無限にチャンスを引き出すことが可能です。

〈仕事〉をプリズムにかけてみると……

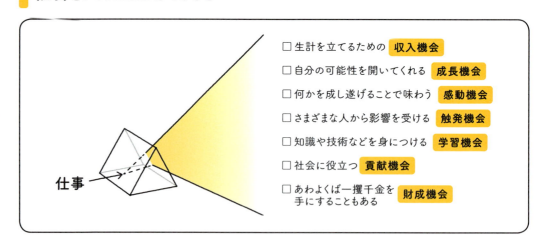

- □ 生計を立てるための　収入機会
- □ 自分の可能性を開いてくれる　成長機会
- □ 何かを成し遂げることで味わう　感動機会
- □ さまざまな人から影響を受ける　触発機会
- □ 知識や技術などを身につける　学習機会
- □ 社会に役立つ　貢献機会
- □ あわよくば一攫千金を手にすることもある　財成機会

押さえるツボ

- ● 仕事がはらむ機会はあらかじめはっきり見えない。
- ● つまらない仕事はない。
　仕事をつまらなくしている人間がいるだけ。

下足番を命じられたら、日本一の下足番になってみろ。そうしたら、誰も君を下足番にしておかぬ。

太閤（秀吉）が草履を温めていたというのは決して上手に信長に取り入って天下を取ろうなどという考えから技巧をこらしてやったことではあるまい。技巧というよりは草履取りという自分の仕事にベストを尽くしたのだ。厩廻り（うまや）となったら、厩廻りとしての仕事にベストを尽くす、薪炭奉公となったらその職責にベストを尽くす。

どんな小さな仕事でもつまらぬと思われる仕事でも、決してそれだけで孤立しているものじゃない。必ずそれ以上の大きな仕事としっかり結びついているものだ。

仮令（たとえ）つまらぬと思われる仕事でも完全にやり遂げようとベストを尽くすと、必ず現在の仕事の中に次の仕事の芽が培われてくるものだ。そして次の仕事との関係や道筋が自然と啓（ひら）けてくる。

──小林一三（阪急グループ創業者）『私の行き方』

小さな役はない。小さな役者がいるだけだ。

──演劇の世界の言葉

08 キャリア① キャリアとは
職業生活における経験や能力・成果・役割の連なり

「キャリア」[英語：career]とは、狭い意味では、職（職業・職務・職位など）の経歴をいいます。これは言ってみれば「履歴書に書ける自分」です。

広い意味では、仕事・働くことに関わるさまざまな行動、経験、機会、能力、成果、役割、コミットメント、意志、判断などの連鎖、蓄積をいいます。これは「仕事を通し発展しつづける自分」を表すものといえるでしょう。

日本では、キャリアを仕事人生や職業生活と概括して訳すことが多くなっていますが、現在、キャリアの概念は広がっており、職業以外の生活範囲までをも含むようになっています。

なぜなら、私たちは人生を職業人としてだけではなく、市民として、親・子として、もろもろの活動人として生きるからです。その役割上でも、さまざまな行動や経験の連鎖・蓄積が生まれており、それもキャリアとしてとらえようという流れです。

外的キャリアと内的キャリアがからみ合って動いていく

キャリアを外的要素と内的要素に分ける考え方があります。「外的キャリア」とは、その人が経験してきた仕事内容や実績、所属した組織や地位、人脈などをいいます。外側から形として見えやすいもので、事実として積み重なっていきます。

他方、「内的キャリア」とは、経験的事実の内側にある価値観や動機、想いなどをいいます。仕事人生を動かしていく心のあり様・精神的エネルギーといったもので、刻々と変化していきます。

外的キャリアと内的キャリアは相互に影響しあっています。例えば、管理職を任され、その役割を果たす過程でそれ相応の仕事意識が養われます。また、心の中で起こった価値観の変化が、転職という行動の引き金を引くこともあります。

主導するものが外と内で複雑に入れ替わりながら、キャリアは揺らぎの中で動的に形成されていきます。

- 経験した仕事内容や実績
- 所属した組織や地位
- 形成した人脈など

外的キャリア / 内的キャリア
- 価値観
- 動機
- 意志
- 想い
- 感動や思い出など

> 押さえるツボ！
> きょう行った業務、身につけた知識、
> 果たした責任、込めた思い……
> それが1日1日積み重なってキャリアになる。

> キャリアは、働くことに対するその人の意志の流れであり、
> 獲得したもの・表現したものの蓄積である。

「career」の語の由来は車両・荷車にあると言われています。仕事人生という長き道のりにおいて、私たちはさまざまなものを得ながらそれらを荷車に積み込み、さまざまな想いを現在・未来に向かって抱き、車輪の跡を残しながら進んでいく。

09 キャリア② キャリアをつくる要素
3つの層と1つの軸

キャリアは知識・技能のほか態度や価値観でつくられる

　キャリアとは、日々の仕事における行動や役割、成果などの連鎖・蓄積をいいます。そのキャリアを推し進めていく要素、あるいはまたキャリアに影響を与えるものは何でしょう。それをここでは「3層＋1軸」に分けてとらえます。

3要素の氷山モデル

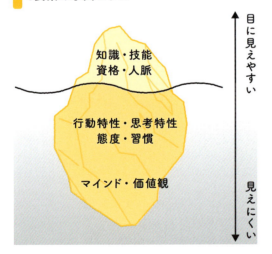

［第1層］
　第1層にくるのが「知識・技能（スキル）・資格・人脈」です。
　私たちは目の前の業務をこなすために、まず知識や技能が必要です。また人脈の活用も有効な手立てです。
　これらは言ってみれば、能力の「手駒」です。数が多いほど、質が高いほど、それらを組み合わせて成就できる仕事は大きく強くなります。

［第2層］
　第2層は「行動特性・思考特性・態度・習慣」です。
　私たちは一人一人、行い方の傾向性や考え方のクセを持っています。この傾向性やクセといったものは、第1層の能力の手駒を操る大事な要素です（関連記事⇒122ページ）。

［第3層］
　最も下にくる第3層は「マインド・価値観」です。
　働くうえでの信条や理念、優先する価値、動機がここに含まれます。日々行う一つ一つの仕事や、中長期にわたる仕事人生のあり方を最も根底で操っているのがこの第3層です。

［志向軸］
　私たちは職業人としてこの3つの層を内面に持ちながら、何を成し遂げたいのか、どこに向かっていくのかというベクトル（方向性と熱）を持ちます。これが志向軸です。
　短期的には業務課題や事業目標に目を向けるという軸があるでしょうし、中長期的には人生の目的、夢、志といった軸があります。

 職業人生の流れをつくっていく要素にはどんなものがあるだろう？

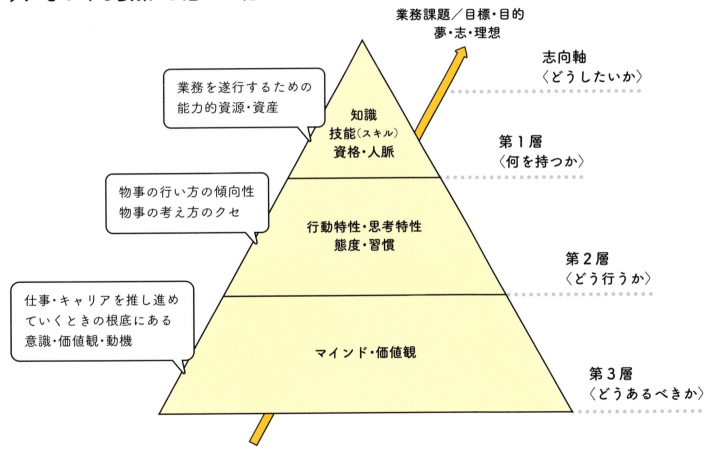

キャリア形成に影響を与える その他の要素

［健康］

からだが健康であることは、思うとおりの人生・キャリアをつくるための土台です。健康状態に難があると、選べる仕事も限られてしまいます。

［雇用状況・家族状況・居住地］

「正規雇用で働いているのか／非正規雇用か」「異動が多い会社か／ほとんどない会社か」などの雇用状況によってキャリア形成は違ってきます。

また、「独身生活か／家族持ち生活か」「育児があるか」「親の介護があるか」といった家族状況のほか、「都市部に住んでいるか／郊外か／海外駐在か」といった居住地もキャリア形成の影響要素です。

［景気状況・社会状況］

個々のキャリアは社会のマクロ環境とも無縁ではありません。「勤務会社の業績が良い時期か／悪い時期か」「社会全体の景気が良いか／悪いか」によって、キャリアが展開する可能性は違ってくるでしょう。

私たちはこれら要素を複雑にからみ合わせながら、決断と行動をし、この生まれてきた世界に仕事の軌跡を残していきます。

キャリアをつくる要素：その他

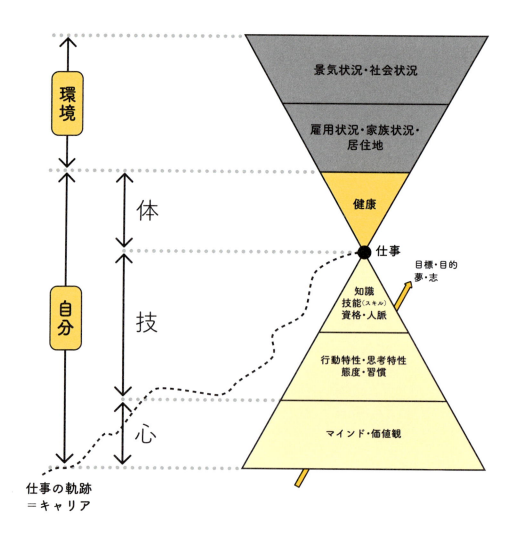

過去・現在・未来を統合して
キャリアを考える

キャリアを考えるとは、具体的に何を考えることでしょうか。過去・現在・未来の時間軸で分けて整理してみましょう。

［過去の蓄積を振り返る］

働くほどに経験や実績が積み重なっていきます。どんな知識や技能を蓄積したか、どれだけ人脈を広げたか、そうした能力資産を棚卸しすることがまず一つです。

［現在の状況を見つめる］

いまの自分はどんな行動特性・強みを発揮しているか。仕事に対する習慣や態度はどうであるか。また、どんな信条・理念・価値観で働いているかを見つめること。

そして健康状態を気にかけ、健康の維持・増進のために何をやるとよいかを考えるのも大事な作業です。

さらには勤務会社や担当する市場、社会など外部環境を見つめ、自分の置かれた立場や役割を考えることが不可欠です。

［未来を想う・未来の姿から逆算する］

自分が向かう先にどんな理想像を抱くか。そのイマジネーションからどれだけ力を湧かせるか。そして、未来の姿から逆算して「いま・ここの自分」のあり方を考える。

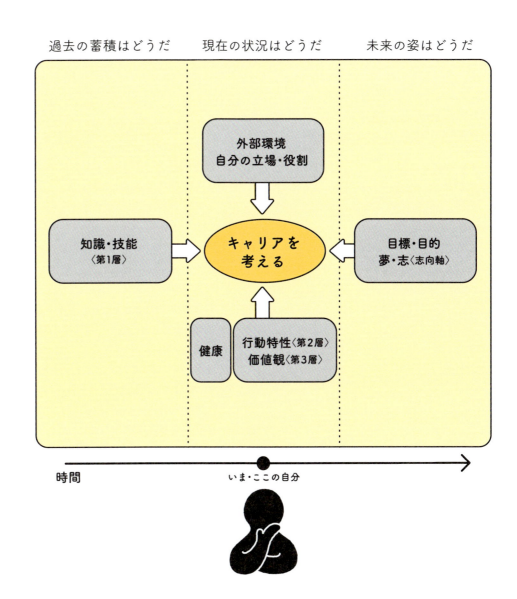

10 キャリア③ キャリアに関わる諸理論
職業人生の発達・労働心理の研究の100年

パーソンズが着目した個人の特性と職業のマッチング

キャリア発達や労働の心理に関する研究は1900年代初めから本格的に行われるようになり、この100年余りでさまざまな考察や理論構築がなされました。それらの研究は、今日のキャリアコンサルティングをはじめ、産業心理学(組織行動や人的資源管理、安全衛生、消費者行動など)の分野の基礎となっています。

ホランドの6角形モデル
パーソナリティ・タイプの構造

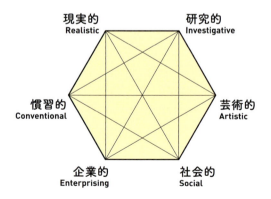

『ホランドの職業選択理論』(P.56)をもとに作成

キャリア発達の研究の中で早くから起こったのが特性論的アプローチです。パーソンズは個人の能力・特性と職業が要請するスキルとの一致を図るよう職業指導を行いました。

そのように個人の特性に着目し、職業環境とのマッチングを考えるアプローチは、ホランドの「6角形モデル」(左下図)や、シャインの「キャリア・アンカー」(8つの価値)へと発展していきます。

パーソナリティ・タイプを抽出・測定する方法もさまざま開発され、キャリアコンサルティングの現場で生かされるようになりました。

別の角度からの研究では、発達段階論的なアプローチもさまざま行われてきました。スーパーは人生を5段階の発展でとらえ、それぞれの期の課題を考えました。また、シャインは9段階を示しています。

働き方や価値観の多様化により研究も統合的なアプローチへ

1970年代以降、研究はより動的な観点、状況創造的な観点に移っていきます。キャリアの途上に起こるさまざまな転機に着目したのがシュロスバーグの「トランジション・モデル」です。クランボルツは偶発性を鍵にした論を展開しました。

現在、個人の働き方や価値観がかなり多様化してきており、キャリアを均一なモデルや単純な二元論でとらえることができなくなってきています。そのため、研究の視点は、さらに統合的・全体的・多元的なものになってきました。

キャリア発達・労働心理の研究の底辺には研究者の人間観・人生観がある。

> # キャリア発達の研究は
> # 静的な視点から、動的・統合的な視点に遷移した。

キャリア発達・労働の心理にかかわる理論や研究 [1]

研究者	キーワード	ポイント
フランク・パーソンズ	人と職業の適合	1900年代初めに提唱された職業選択に関わる理論。個人の能力・特性と職業に求められるスキルが一致するほど仕事における満足度は高くなることを基本原理としている
ドナルド・スーパー	自己概念	人は仕事を通じて自己概念を表現しようとする。自己概念が不明確であったり、否定的なものであったりすると、職業選択も不適切なものになってしまう
	ライフステージ	人生を5つの発達段階──①成長期、②探索期、③確立期、④維持期、⑤下降期──でとらえ、段階ごとの発達課題を考察した
	ライフロール	キャリアを、人生のさまざまな段階で果たす役割の組合せであるととらえ、その概念を虹（レインボー）に喩えて説明した
ジョン・ホランド	6角形モデル	パーソナリティ（個人特性）および職業の特徴を6つのタイプに分類し、両者のマッチングをはかるもの。6タイプとは、①R：現実的、②I：研究的、③A：芸術的、④S：社会的、⑤E：企業的、⑥C：慣習的
アルバート・バンデューラ	社会的学習理論	学習する者が直接の経験によらず、他人を観察し、それを真似ること（＝モデリング）でも学習が成立することに着目。モデリングの4つの過程として、①注意、②保持、③運動再生、④動機付けをあげた。バンデューラは「自己効力感」の概念提唱者としても有名
エドガー・シャイン	キャリア・アンカー	組織と個人の関係の視点から、キャリアの発達を9段階でとらえた。また、「キャリア・アンカー」という概念を提唱した。「アンカー」とは船の錨（いかり）のことで、自分が拠り所とする強みや動機、価値をいう。シャインはそれを8つのカテゴリーに分類した
ナンシー・シュロスバーグ	4Sトランジション・モデル	キャリアは転機（トランジション）の連続であるととらえ、転機にうまく対応できるようになることに主眼を置いた。転機を乗り越えるための資源を4つのSとして整理した。4S＝状況（シチュエーション）・自分自身（セルフ）・支援（サポート）・戦略（ストラテジー）
ジョン・クランボルツ	計画された偶発性理論	個人のキャリアはかなりの部分偶然の出来事によって左右されているという事実がある。この理論は、オープンマインドに構え、偶然のチャンスを取り込んで望ましいキャリアを築いていくという考え方を基本とする
サニー・ハンセン	統合的人生計画	1997年刊行『Integrative Life Planning』（統合的人生計画）において、ハンセンは「調和（Harmony）」「統合（Unity）」「全体融合（Oneness）」といった言葉を用い、個と全体が融和するライフキャリアを提唱した。人生の重要な役割を4つあげ（①仕事、②愛、③学習、④余暇）、これらがキルト（パッチワーク）のように統合されることが望ましいとした

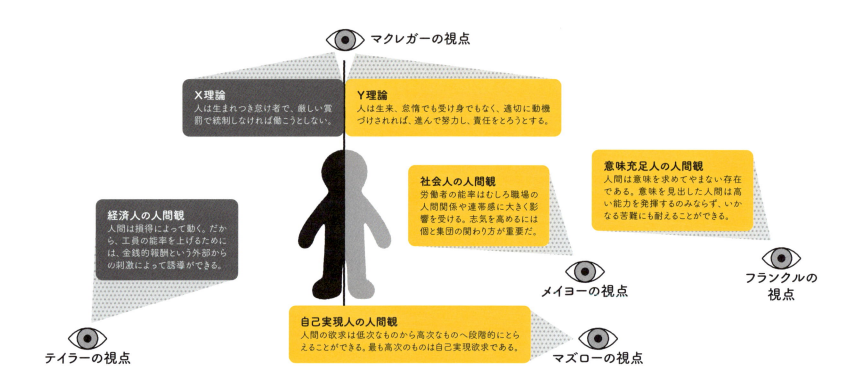

働く個人は「経済人」か「社会人」か「自己実現人」か

労働者の能率を上げる科学的な取り組みは、20世紀初頭、テイラーによって開始されます。工員の仕事を徹底的に定量化・標準化し、かつ、金銭的報酬という刺激導入によってめざましい成果を上げました。

テイラーは労働者の損得によって動く「経済人」という側面に目を向け、外発的刺激を有効に用いたわけです。

その一方で、労働者の能率はむしろ人間関係や参加意識といった要因に大きく影響を受けるとしたのがメイヨーの研究でした。メイヨーは著名な「ホーソン工場の実験」で、労働者の「社会人」的側面を浮き彫りにしました。

労働者は、はたして経済的対価を優先させる「経済人」なのか。それとも社会的欲求の充足を重視する「社会人」なのか。この2つの人間観はマクレガーの「X理論・Y理論」や、ハーズバーグの「動機づけ要因・衛生要因」にも通じていきます。また、マズローやアルダーファーは「欲求段階説」によって、「自己実現人」というさらなる人間観を提示することになります。

いずれにせよ、人はどういう心理で動くのか、何に向かって働きたいと願うのかといった研究もまた、キャリア発達の研究と同様、ますます統合的・全体的・多元的な視点に移ってきています。

働く個人を動かすために必要なのは
経済的な刺激？ 連帯感？ 働く意味？

キャリア発達・労働の心理にかかわる理論や研究［2］

研究者	キーワード	ポイント
フレデリック・テイラー	科学的管理法	20世紀初頭、テイラーは労働者への課業を厳密に定量化・標準化し、経済的刺激（金銭的報酬）を活用することによって、劇的に労働者の能率を向上させることに成功した。テイラーシステムと呼ばれるこの方法は近代的な生産管理法の礎となった。が、その一方、労働強化につながることや人間を物的視するものといった批判も多かった
エルトン・メイヨー	ホーソン工場実験	1920年代半ば、メイヨーは工場労働者にいくつかの実験を行い、生産性は物理的条件や経済的条件よりもむしろ、職場の人間関係や経営への参加意識、誇り、責任感などによって大きく影響を受けることを明らかにした。内発的な刺激による勤労意欲（モラール）の醸成こそが重要であり、人間的・インフォーマル（非公式）的アプローチが有効であるとした
アブラハム・マズロー	欲求の段階説	人間の欲求を5つの段階に分けて説明した──①生理の欲求、②安全の欲求③愛と所属の欲求、④尊重の欲求、⑤自己実現の欲求。マズローは最晩年、6段階目として「自己超越」にも言及している
ダグラス・マクレガー	X理論・Y理論	X理論は、人は生まれつき怠け者で、厳しい賞罰で統制しなければ働こうとしないという人間観に立つもの。Y理論は、人は生来、怠惰でも受け身でもなく、適切に動機づけされれば目標達成に向けて努力し、自ら進んで責任をとろうとするという人間観に立つもの
クレイトン・アルダーファー	ERG理論	マズローの5段階説を発展させて3段階に集約した──①生存の欲求（Existence）、②関係の欲求（Relatedness）、③成長の欲求（Growth）
フレデリック・ハーズバーグ	動機づけ要因・衛生要因	職務における満足と不満足をもたらす要因に何があるかを調査し、「動機づけ要因」と「衛生要因」の2種類があることを示した （⇒172ページ）
ミハイ・チクセントミハイ	フロー体験	何かに没入し、その対象と自己が同一化しているときの感覚を「フロー」と名づけた。自己目的的（活動そのものの中に動機がある）活動における心理を考察した
アルバート・エリス	論理療法	感情は遭遇した出来事そのものではなく、出来事の受け取り方によって生み出される。したがって非合理的な受け取り方から合理的な受け取り方に変えれば、そうした感情的反応は弱くなるかなくなるという『ABC理論』を提唱した （⇒234ページ）
ビクトール・フランクル	ロゴセラピー	精神科医のフランクルは臨床治療を通して、いかに「生きる意味」を持つことが人間の精神保健にとって重要であるかに気づき、「ロゴ」（ギリシャ語で意味を表す）による心理療法を創始した。ちなみに、ユダヤ人である彼は第二次世界大戦下、はからずもナチスによって強制収容所に送られ、壮絶な生活の中で、自らの生きる意味を問い続け、自己の理論を検証する形となった （⇒255ページ）

＊これらの理論を詳しく知りたい場合は、各研究者の著作を読むか、「産業・組織心理学」の分野の本を読むとよいでしょう。

11 キャリア④ 登山型／トレック型キャリア
登頂を目指すか・回遊を楽しむか

山の登頂を目指すタイプと山の回遊を楽しむタイプ

山の楽しみ方に「登山」と「トレッキング」があるように、キャリア形成もこの２つのタイプで分けてみることができます。

「登山型」のキャリア形成とは、「プロ野球選手になってホームラン王をとる！」とか「弁護士になって多くの人を助けたい！」、あるいは「新薬開発の先進企業に入ってガンの治療薬をつくりたい！」「保険会社で日本一の営業マンになる！」などのように、はっきりした将来像を決めて脇目も振らずそこを目指すキャリアです。

山を回遊しているうちに登りたい頂が見えてくるときも

他方、「トレッキング型」のキャリアは、自分は絶対ここを目指すというような明確な目標は思い浮かべていない（浮かべられない）けれど、会社内でいろいろな部署を経験したり、または転職したりしながら、さまざまな能力・経験を身につけキャリアをつくっていく形です。

それはまさに、山の中を歩き、たまたま見つけた滝や池にたたずんだり、道端に咲く植物をいろいろと観察しながら進んでいくトレッキングに似ています。

そうしてトレッキングを続けていくと、次第に山のことがわかってきて、体力や技術がついてきます。すると自分の登りたい山が見えてきて、その頂上に挑戦したいなと思えるときがやってくるかもしれません。そこが「登山型」キャリアへの転換点です。

また逆に、「登山型」で登頂を終えた人がその後、山の中を回って楽しむ「トレッキング型」に切り替える場合もあるでしょう。

登山型とトレッキング型とで、どちらがよいわるいという問題ではありません。また、有名な山、高い山を目指すからいいともかぎりません。自分に合った山というものはあります。

大事なことは、山の中の活動を通して、山自体（＝働くこと）を楽しんでいるか、豊かな体験を実感できているかです。

Q 就職して３年経ちました。特にこれがやりたいとか、何になりたいとか、目指すべきことが見つかりません。こんな状態でよいのでしょうか？

Aさん（会社員：26歳）からのキャリア相談

押さえるツボ！
- 将来像が明確な人は、ひたむきにそこに集中する。
- 将来像が描けない人は、回遊を楽しむという発想で。
- 大事なことは、山自体を楽しんでいるか。

> 登山にせよ、トレッキングにせよ、「山＝働くこと」は懐の深い喜びを内包している。それをどれだけ掘り起こせるかは自分次第。

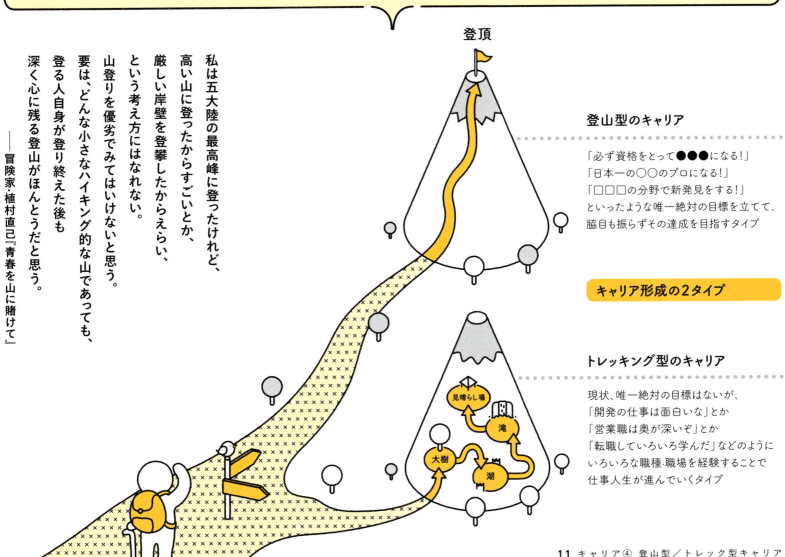

私は五大陸の最高峰に登ったけれど、高い山に登ったからすごいとか、厳しい岸壁を登攀したからえらい、という考え方にはなれない。
山登りを優劣でみてはいけないと思う。
要は、どんな小さなハイキング的な山であっても、登る人自身が登り終えた後も深く心に残る登山がほんとうだと思う。

——冒険家・植村直己『青春を山に賭けて』

登頂

登山型のキャリア

「必ず資格をとって●●●になる！」
「日本一の〇〇のプロになる！」
「□□□の分野で新発見をする！」
といったような唯一絶対の目標を立てて、脇目も振らずその達成を目指すタイプ

キャリア形成の2タイプ

トレッキング型のキャリア

現状、唯一絶対の目標はないが、
「開発の仕事は面白いな」とか
「営業職は奥が深いぞ」とか
「転職していろいろ学んだ」などのようにいろいろな職種・職場を経験することで仕事人生が進んでいくタイプ

キャリア形成の2種類
「意図的につくりにいくキャリア」と「結果的にできてしまうキャリア」

- ターゲット思考・目標や計画を立てる〈登山的〉
- 設計・段取り重視
  [長所]明確な到達点に向けて力を出しやすい
  [短所]柔軟性を欠き、自分の潜在的可能性を狭める危険性がある

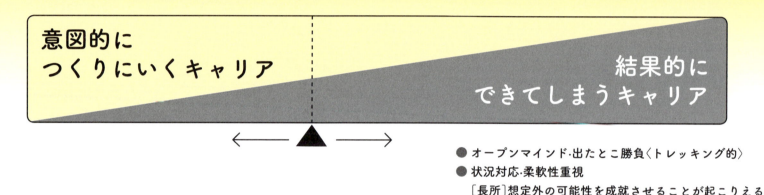

- オープンマインド・出たとこ勝負〈トレッキング的〉
- 状況対応・柔軟性重視
  [長所]想定外の可能性を成就させることが起こりえる
  [短所]漂流する危険性がある

深掘り思索

「計画」と「出たとこ勝負」の間を揺らぎながら進んでいく

キャリア形成は、「意図的につくりにいくキャリア」と「結果的にできてしまうキャリア」の2種類に分けてとらえることができます。

前者は例えば、医者になろうと決め、年ごとの計画を練って、一つ一つその段階をクリアし、医者になり、医療の道を深めていくキャリアです。

後者は、なんとなく医者になろうと思って医学の勉強をしていたが、途中で薬学の研究のほうに興味が湧いて、新薬の研究者になったとか、医者になったものの、文芸の才能に目覚めて小説家になってしまったとか、結果的に振り返ってみたら別の道で食っていた、そんなようなタイプです。

長き仕事人生にあっては、計画がキャリアを牽引する時もあるでしょうし、流れに任せて出たとこ勝負の時もあるでしょう。私たちはこの2タイプの間を揺らぎながら進んでいきます。

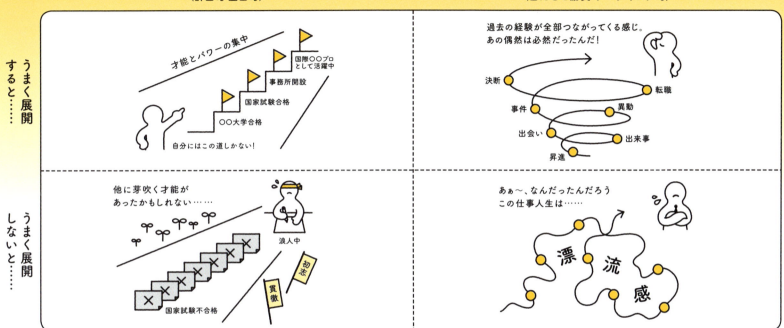

どちらのタイプにも一長一短がある

「意図的につくりにいくキャリア」は、目標像や計画に向けて力を集中させやすくなります。しかし、「自分はこれになるしかない！」といった想いに固執してしまうと、他の選択肢が目に入らなくなり、自分の可能性を限定してしまうおそれがあります。あるいは、いったん他の道に進んで、そこから迂回して当初の目標にたどり着くという可能性も排除しがちになります。

他方、「結果的にできてしまうキャリア」は、オープンマインドで柔軟的に構えることで、想定外の可能性を引き出すことができるかもしれません。自分の本当の才能は自己分析などではわからないもので、偶然の出会いや環境変化によって掘り起こされることがしばしばあります。

しかし、出たとこ勝負の生き方は、最終的に漂流しただけだったということにもなりかねません。そうならないためには、大きな方向性を持っておくことが大事です。

12 キャリア⑤ 偶発性とキャリア形成
キャリアに影響を与える想定外の出来事

人生・キャリアは予測ができないからこそ奥深い

単純な物理運動、例えば地表で小石を前面に投げるとき、石の初速度と投げ出し角度が分かっていれば、石がどこに落ちるかは完全に予測できます。しかし、人間の人生・キャリアはそれほど簡単に予測できません。

人間の持つ固い意志や移ろう気分は、その人の生きるコースに影響を与えます。また、偶然に起こるさまざまな出来事によって、あるいは偶然の出来事を意図的に呼び寄せることによって、人生の展開は劇的に変わります。

実際、米国のスタンフォード大学のジョン・クランボルツ教授は、多くの人のキャリア形成を調査した結果、キャリアの大部分は偶然の出来事によって決定されているという事実を突き止めました。

同教授は言います――「キャリアは予測できるものだという迷信に苦しむ人は少なくありません。"唯一無二の正しい仕事"を見つけなくてはならないと考え、それをあらかじめ知る術があるはずだと考えるから、先が見えないことへの不安にうちのめされてしまうのです」(『その幸運は偶然ではないんです!』より)。

目標や計画は必要です。しかし、それに縛られすぎないことも大事です。選択肢をいたずらに狭めず、広くオープンに構える。そして想定外の出来事(それが悪い出来事であっても)をキャリア発展の材料として生かしていく。

もしそこで目標や計画に違和感が出たら、その都度修正していく。それでこそ目標や計画は自分に最適なものになっていきます。

結局、変化の時代のキャリア形成の要諦は、状況対応・状況創造のしなやかさと、その過程で自分の軸を研ぎ澄ませていくたくましさにあると言えるでしょう。

クランボルツ教授(米・スタンフォード大学)による
『計画された偶発性理論(Planned Happenstance Theory)』のポイント

- キャリアは100%自分の意のままにコントロールできようものではなく、大部分、偶然の出来事によって方向づけられているという事実がある。
- 最終的に満足のいくキャリアを獲得した人には、むしろそうした偶発を積極的につくりだし、自己の潜在的可能性を大きく開いた跡が見られる。
- したがって、将来が見通せないことをいたずらに不安がることはない。
①好奇心、②持続性、③楽観性、④柔軟性、⑤リスクを取る姿勢を持って、キャリアを切り拓いていくしなやかさが重要。

押さえるツボ

- 人生・キャリアにおいて、変化や偶発はつきもの、とおおらかに構える。
- 状況に合わせて、常に自己を再編成していくしなやかさが必要。

> キャリア形成には、ラグビーやジャズのプレー要素がある。予測のつかない楕円球の転がりにどう対応するか、即興という創造的逸脱をどう仕掛けるか。

人生とは、10％の我が身に起こること。そして残り90％はそれにどう対応するかだ。
——ルー・ホルツ（アメリカンフットボールコーチ）

着想を、それがぼくの心に浮かんだとおりに定着できることは稀なのだ。
仕事にとりかかるや否や、別のものがぼくの画筆の下から浮かびあがるのだ。
……描こうとするものを知るには描きはじめねばならない。
——パブロ・ピカソ（芸術家）

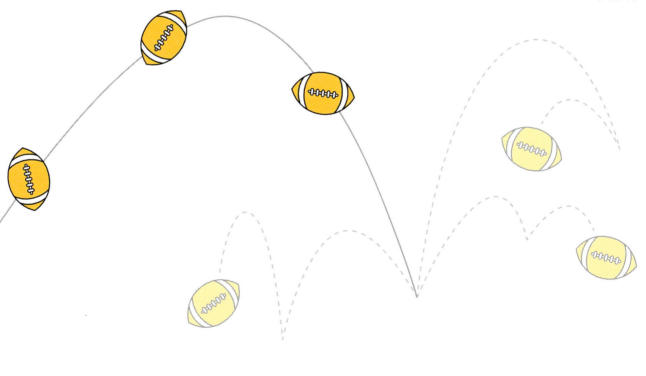

12 キャリア⑤ 偶発性とキャリア形成

13 業種・職種
事業の種類・仕事の種類

業種×職種で自分の職業位置を示す

業種とは会社や個人が営む事業の種類です。事業のおおまかな分野といっていいかもしれません。そして職種とは仕事の種類です。

業種と職種を「経緯(タテ糸とヨコ糸)」に見立て、その2つの掛け合わせで、自分の職業位置を示すことができます。そこに会社名を添えれば、ほぼ自己紹介になります。

業種や職種にどんなものがあるかについては、経済産業省の業種分類表や総務省の日本標準職業分類表、人材紹介会社のウェブサイトなどでながめるとよいでしょう。

システムエンジニアやコピーライター、ファイナンシャルプランナーといった職種はいまでこそ普通ですが、以前は聞き慣れないものでした。それと同じように、新しい職種が次々と生まれています。

現代社会はイノベーションが積極的に行われ、商品やサービスの発達がやむことがありません。そして、それに伴って分業化が複雑に進んでいます。

私たちがなにげなく買う商品やサービスには、いったい、どれくらいの業種・職種が関わっているのでしょう。一片のチョコレートを例に取ってみても、想像以上に多くの仕事が関与していることがわかります。

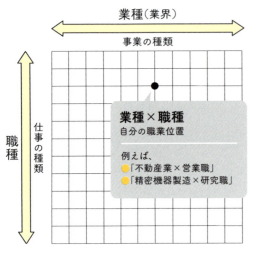

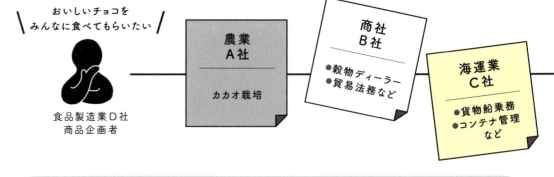

- 事業にはいろいろな種類がある＝業種。
- 仕事にはいろいろな種類がある＝職種。
- 商品・サービスは、いろいろな業種・職種の結晶である。

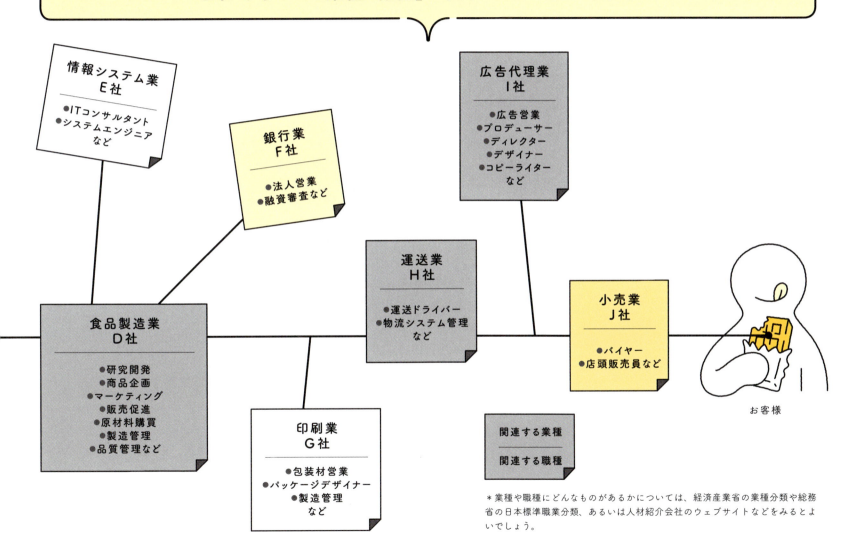

14 就業形態
仕事に就くカタチ

雇用の形のいろいろ
時間・場にとらわれない働き方も

仕事に就く形は多様です。一つには雇用形態がいくつかあります。さらには勤務形態もさまざまです。その掛け合わせを考えれば、千差万別の働く形があります。

まず雇用形態について。会社と雇用契約を結び従業員として雇われる生き方を選択する場合、正社員・契約社員・パートタイム社員・派遣社員などの形があります。

自分は雇われない生き方をしたいと思えば、個人事業主になる形があります。あるいは経営者として会社と委任契約を結び、報酬を受け取る形もあります。

次に、勤務形態について。戦後の日本社会は画一的な勤務形態で働く正社員やパートタイム社員を大量につくり出してきました。

加えて、正社員の主な担い手は男性（夫・父）であり、パートタイム社員は女性（妻・母）といったような固定的な役割分担意識も広く普及していました。しかし、そうした標準モデルは融解しつつあります。

例えば、午前9時〜午後5時という固定化された時間に職場に来て仕事をするという形は、いまやフレックスタイムや時短勤務、テレワークなどに置き換わることが多くなりました。そして、父親が育児のために時短勤務を利用するケースも増えています。

さらには、自分の能力を雇用契約を結んだ一社にしか発揮できないという制限も取り払われ、副業や兼業が認められるケースも出てきました。

こうした就業形態の多様化は今後もますます進むものと思われます。

就業形態や役割分担の標準モデルは融解しつつある

- 製造業A社にて「正社員」（勤続10年目）
- 勤務時間：午前9時〜午後5時
- 3年前、東京本社から●●支社に転勤を命じられる

[夫]

[妻]

- 2児を育てる専業主婦
- 週1回パートタイムに出て働く

考えてみよう
私はどんな形で仕事に就いているだろう？
時間的／場所的にどの程度自由？

> 「就業のカタチ＝雇用形態×勤務形態」は
> さまざまに広がっている。

雇用（非雇用）形態

（従業員として）雇われる			選任される	雇われない	
無期雇用	有期雇用 （いわゆる非正社員）	登録型派遣 常用型派遣			
☐ 正社員	☐ パートタイム社員 ☐ 契約社員	☐ 派遣社員	☐ 会社経営者・役員	☐ 個人事業主	・フリーランス ・独立契約者 ・個人商店主 など

勤務形態

勤務形態	働く時間 に関わる	☐ フルタイムで働く ☐ 時短で働く ☐ 時差通勤　　　☐ フレックスタイム　☐ プレミアムフライデー ☐ 脱時間給・裁量労働制で働く など
	働く場 に関わる	☐ 所定の職場・勤務席で働く ☐ フリーアドレス（固定席を設けないオフィス） ☐ テレワーク（在宅・遠隔オフィス）で働く ☐ 地域限定（転勤なし）で働く ☐ 2地域居住（平日は自宅Aから都心オフィス通勤／週末は自宅Bで田舎暮らし）など
	その他	☐ 副業・兼業をする ☐ 服装コードの緩和（オフィスカジュアルやクールビズ）など

マクロ環境からくる要請
- 日本の労働力人口の持続的減少
- 世帯構成や家庭内での役割分担意識が変化し、個々のライフスタイルも多様化してきている
- 先進諸国の中で日本人の労働生産性は低い
- 労働者の間のさまざまな格差が拡大している

「働き方の多様化・働き方改革」問題の高まり

働く個人にとっての関心理由
- 働く形の選択肢が増えることは歓迎すべきこと
  ・仕事と生活の調和をはかりやすくなるから
  ・仕事のやりやすさや健康面でよい影響がありそう
- さまざまな人(外国人、定年者、障がい者など)の雇用機会増大につながる
- 正社員と非正社員の壁など、いろいろな壁が低くなるかもしれない

企業が取り組む背景
- 慢性的な人手不足
  ・多様な働き方を推進して一人一人の従業員の能力を最大限引き出したい
  ・多様な雇用の形を用意し、人材を集めたい
  ・ダイバーシティ(多様性)マネジメントをうまくやることで人が辞めていかない
- 長時間労働の是正と労働生産性向上の必要がある

社会・企業・個人が働き方の問題に意識が高まる

どういう形・スタイルで働くか、そしてその結果、どう仕事と生活によい影響が出るか——いわゆる「働き方の多様化・働き方改革」の問題は昨今、大きな社会的テーマになっています。

それは、社会(国)、企業、個人の3方向からの関心があるためです(上図)。

国レベルでは、労働力人口の持続的減少による経済力低下の危機意識があります。

また労働者間での格差拡大や、働き過ぎによる労働者の心身の健康被害も、社会全体の志気や活力をなくさせるものとして問題視しています。政治主導のトップダウンで働き方改革を進めたいという意思がそこにあります。

また企業側の人手不足感も深刻さを増しています。人材をどう集めて、どう辞めないようにするか。雇用の形を増やしたり、働きやすいワークスタイルをさまざま用意したり、働き手の要望にそうものを導入するところが増えてきました。

「働き方の多様化・働き方改革」をめぐる議論のポイント

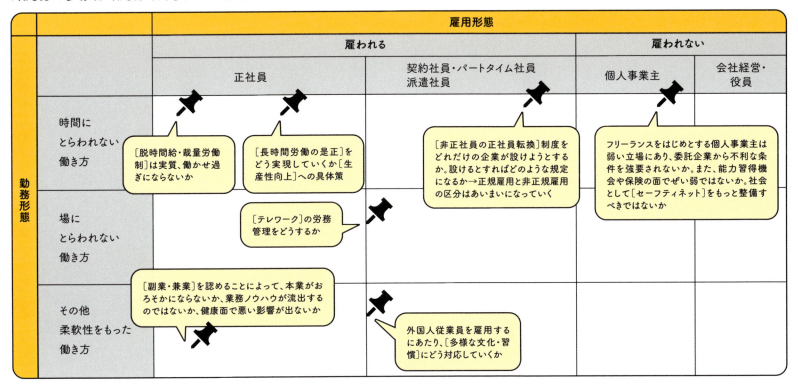

　働く個人にとっても、自分の生活状況に合わせて働く形がいくつかの選択肢から選べるのであれば、それは歓迎すべきことになるでしょう。

　ただ、脱時間給や残業削減の施策の中には、使用者（企業）側の思惑主導で議論が進むケースもあり、労使で慎重に扱わねばならないテーマもあります。

「形」を変えるとともに「意識」が変わることが大事

　政治主導・企業主導の策はどうしても外形的な処置に傾きがちです。まず形を強制的に変えることで意識が後を追って変わってくる、という順序の考え方をとるからです。この順序が有効にはたらく場合もありますが、ときに形だけが一人歩きして、意識育たずということも起こりえます。

　働き方論議で忘れてはならないことは、個人、企業、社会（国）の3者が Win-Win-Win になれる「働き方」の進化を目指し、一人一人の個人の内に健やかな働く意識が醸成されることです。

15 職業選択の要因
どんな観点で職を選ぶか

分野から入るか　形から入るか　それとも想いを主導にするか

キャリアという長い旅路の間に私たちは、何度、職業選択をするのでしょう。

人によっては新卒者として入った会社で定年まで勤めあげ、職業選択は生涯一度きりという場合があるかもしれません。[※1] その一方で、離職を何度かして、そのたびに職業選択をする人もいます。

いずれにせよ、私たちは何か職業につこうとするとき、いろいろな観点から検討をします。そのときどんな要因が自分を動かすのでしょうか。それらの要因をまとめたのが右図と次ページの図表です。

職業選択する場合に、関心のある業種・職種を第一に置く場合があるでしょう。あるいは就業形態や報酬・待遇といった形から入る人もいます。また能力とのマッチングを重要視したり、意味や価値、あこがれ、事業アイデアといった想い主導で職業を選ぶ場合もあります。

そのように主導的な要因と副次的な要因が複雑に掛け合わさり、私たちは特定の職業に目を向けていきます。もちろん、雇われる形の就職であれば、最終的には面接や試験を通過して、志望する企業から雇用契約を勝ち取らねばなりません。

※1　厚生労働省『平成26年版 労働経済の分析』によれば、30代〜50代半ばの男性の場合、最初の就職先から離職経験無しの割合はほぼ半分。30代〜50代半ばの女性では、その割合は25％前後。

人それぞれに職業選択の要因とその順序がある

大学4年就活生 Aさん

［業種・職種］機械が好きなので、クルマづくりに関わる仕事がしたい → ［能力適性］大学では機械工学をやっているのでそれを生かせる会社に → ［報酬・待遇］福利厚生がきちんと整っている会社を選びたい　その結果 → 就職内定 R社

育児が一段落した Bさん

［就業形態］育児が一段落したとはいえ在宅で働ける会社があれば → ［能力適性］マーケティング業務の経験は5年あるのでその分野なら自信あり → ［人脈］元の会社の知人から紹介があった　その結果 → 就職 S社

会社員15年目 Cさん

［意味・価値］利益追求に翻弄されない真の教育事業をやりたい。教育をライフワークに！ → ［就業形態］自営業主なら意思決定は意のままだ（会社員では限界がある） → ［イメージ］この事業アイデアは絶対世の中に受け入れられる！　その結果 → 独立起業

考えてみよう？
いまの仕事を選んだのはどんな理由からだったろう？
転職するとすれば、どんな要因を優先するだろう？

> 職業選択は「働き口」をどう確保するかの問題ではなく
> 「生き方」をどうするかの問題である。

主導的要因 → 副次的要因 →

分類	要因	例
分野	業種・職種	・「機械が好きなので、自動車製造に関わる仕事がしたい」 ・「デザイナーとして食っていきたい」
形・待遇	就業形態	・「転勤がなく地元でずっと働ける会社の正社員か、公務員がよい」 ・「派遣という形が自分には一番合っている」 ・「家族の世話があるので時短で働けることを最優先に」
形・待遇	報酬・待遇	・「ともかく稼げる職を見つける必要がある」 ・「現職よりもっと待遇が改善される職につきたい」
能力	能力適性	・「自分のこの特技を生かせる職を第一に考えたい」 ・「●●の資格を持っているので」
想い	意味・価値	・「海外で社会貢献する仕事がしたい」 ・「こういう時代なので人の心を癒す事業に携わりたい」
想い	イメージ（あこがれ・アイデア）	・「ずっと夢見ていたのがこの職業（この会社）だ！」 ・「このアイデアを実現できる職業はこれしかない！」
人の紹介	人脈（コネクション）	・「前の会社の上司から誘いを受けたので」 ・「ヘッドハンターから引き抜きされて」
家の事情	世襲	・「3代続いている家業なので引き継ぐことに」

→ 職業選択

15 職業選択の要因

深掘り思索

既存の選択肢に自分をはめるか 想いのもとに選択肢をつくり出すか

職業の選択において、「就業形態」や「報酬・待遇」、「業種・職種」の観点から選択肢を考えることは比較的容易な作業です（求人数が少なくて苦労するということはありますが）。望む枠に自分を当てはめていくだけだからです。

その点、「意味・価値」から職業選択の候補を考えていくことは難しい作業になります。大切にしたい意味や価値を基軸にして、自分を再編したり、選択肢を創造したりしなければならないからです。

例えば、ここに非凡な野球の才能をもった少年M君がいたとしましょう。彼のあこがれの職業は、当然プロ野球選手です。彼はその夢を実現するために頑張り続け、甲子園でも大活躍しました［B点］。後はドラフトで指名されて［C点］、プロ野球界入り［D点］を期待するばかりです。

ところが、ドラフトを直前に控えたある日の練習中、肩に致命的な大けがを負ってしまいました。プロ入りの夢が絶たれた瞬間でした［X点］。

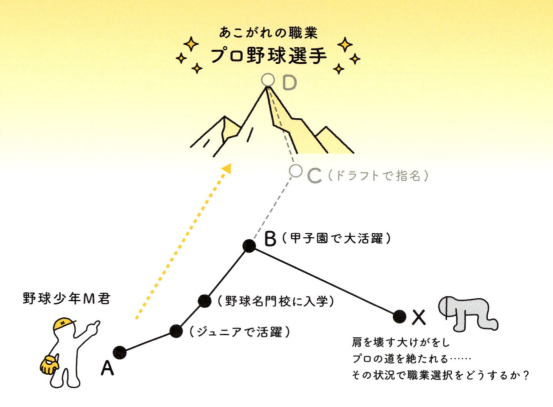

さて、その絶望のX点で、M君はどのような職業選択を考えるでしょうか。

例えば、野球以外に興味のある分野に目を向けてみる。家電製品が好きだから家電業界を選ぼうとか。また、野球部では主将をやっていて人とのコミュニケーションは得意だし、体力にも自信があるので、営業職をやろうとか。あるいはともかく、地元の町で正社員として働ける会社を探そうとか……。

おそらくこのような職業選択のアプローチがもっとも一般的だと思われます。しかし、中には、あこがれを「意味」に変えて選択肢を創造していく例もあります。

想いを「あこがれ」から「意味」へと深めると
目指すべき職業選択の山はいくつも見えてくる。

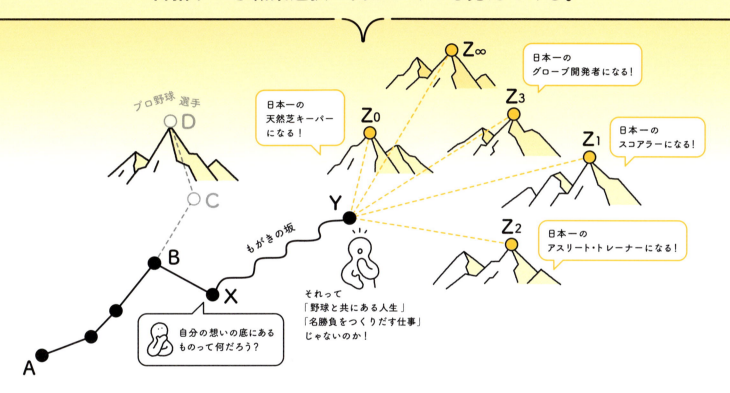

「何が何でもプロ野球選手になりたい！」という想いは純粋で強力ではあるものの、やはり、ある種、枠に自分をはめ込む作業のものです。枠が取り外されるや、熱は行き場所を失います。

そんなとき、心の奥底に入っていって、あこがれという熱病を、生涯を懸けて満たしたい意味へと昇華できるなら、豊かな選択肢がすぅっと見えてくるでしょう。

「そうか、自分は野球と共にある人生を送りたいんだ」「名勝負をつくりだす仕事がしたいんだ」——そういう想いに立ったとき、見えてくる職業候補は「グローブ開発者」「アスリート・トレーナー」「球場の天然芝のキーパー（管理人）」など。

意味や価値を軸にする人の前には、それこそ目指すべき山は無限に現われてきます。

16 キャリアの節目
仕事人生の流れが変わる変化点

自分からつくり出す節目と外からもたらされる節目

ときおりキャリアを振り返ってみると、そこにはいくつかの「節目」があることに気がつきます。そうした仕事人生の流れが変わる、レベルが変わる、規模が変わる、質が変わるなどの節目は、2種類に分けてみることができます。

一つは、自分で意図的につくり出した節目。もう一つは他者や環境によってもたらされた節目です。人生途上においてどんな出来事や行動が節目になりうるか、その主なものをまとめたのが次ページの図です。

キャリア形成とは、刻々に移り変わる環境の中で、どう自分の仕事を一つ一つ成就させ、どう自己を築いていくかという営みです。その過程において、自分から能動的に変化を仕掛ける場合もあるでしょうし、外部の力によって偶発的に何らかの変化が強いられるときもあります。前者は状況創造的であり、後者は状況対応的です。

いずれにせよ、こうした変化点が後に振り返ってみて、「ああ、あれが節目だったんだ」と思える出来事になるわけです。

節目というのは変化点であるだけに、目に見えやすい大きな出来事や行動です。しかし、その表出する出来事・行動を静かに呼び込んでいるのは、実は目に見えにくい力です。心の内に持つ想い（価値軸や方向感）であったり、ふだんの習慣の力であったり。

キャリアという航海にはそのようにさまざまな力学がはたらき、自分という船を進ませていきます。

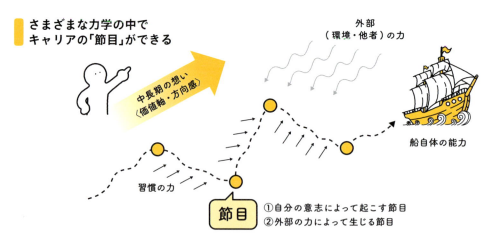

さまざまな力学の中でキャリアの「節目」ができる

①自分の意志によって起こす節目
②外部の力によって生じる節目

> **考えてみよう**
> これまでの職業人生を振り返って、
> どんな節目があっただろう？
> それは偶然もたらされた節目？
> 意図的につくり出した節目？

> キャリアという航海において自分の意志で舵を切ることもあれば
> 想定外のもの（嵐や潮目の変化、サメ、クジラ）に攪乱(かく)されることもある。

キャリアの節目になりうる出来事・行動

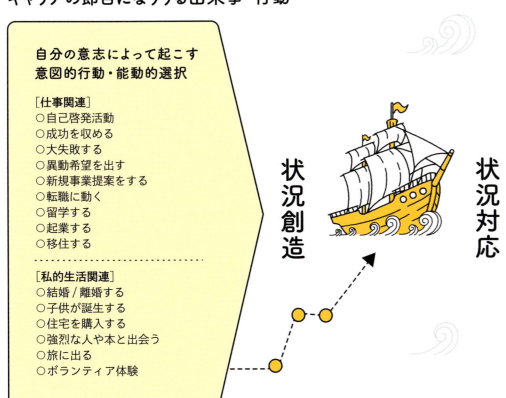

自分の意志によって起こす　意図的行動・能動的選択

[仕事関連]
- 自己啓発活動
- 成功を収める
- 大失敗する
- 異動希望を出す
- 新規事業提案をする
- 転職に動く
- 留学する
- 起業する
- 移住する

[私的生活関連]
- 結婚/離婚する
- 子供が誕生する
- 住宅を購入する
- 強烈な人や本と出会う
- 旅に出る
- ボランティア体験

状況創造

状況対応

外部の力によって起こる　偶発的出来事・受動的選択

[仕事関連]
- 上司が変わる
- 担当業務が変わる
- 異動を命じられる
- 転勤を命じられる
- 昇格/降格する
- 賞罰を受ける
- 事故を起こす
- 健康を害する

[私的生活関連]
- 家族の介護が必要になる
- 家族が亡くなる
- 事故・天災に遭う
- 宝くじに当たる！

17 プロフェッショナル
原義は「誓いを立てる人」

高い規律意識を保ち社会奉仕に能力を使う精神

「プロフェッショナル：professional」とは、現在では「高度な専門知識・技術をもった職業人」と意味が広がっていますが、当初プロフェッショナルと呼べる職業はきわめて限定的でした。

プロフェッショナルの「profess」は、もともと、宗教に入信するときの宣誓を表します。そこから、厳かな誓いを伴う職業をプロフェッショナルと呼ぶようになりました。

一つ、私は……を誓います。
一つ、私は……を誓います。
一つ、私は……を誓います。
一つ、私は……を誓います。

中世に存在した数少ないプロフェッショナルは、聖職者や学者、法律家、医者です。彼らは独自に協会をつくり、互いに高い規律意識を求めながら仕事にあたっていました。そうしたプロフェッショナルたちの労働精神のベースは、私欲のない社会奉仕だったといいます。

『ヒポクラテスの誓い』のしきたりを残す医学界

欧米の医学会では、いまでも医師になるときに、『ヒポクラテスの誓い』を読誦するしきたりを残すところがあります。ヒポクラテスは古代ギリシャの偉人の一人で、医の倫理の礎を築いたことで知られます。

彼が書き残した『宣い』は、医神であるアポロン、アスクレピオスらに誓いを立てる文面からはじまり、医を志す際の師弟の誓い、そして医師として患者第一とする誓いをする内容です。

こうしたみずからが進んで利他の精神を誓い、みずからの能力を社会奉仕に使うことを喜びとする専門的職業人こそが、本来の意味でのプロフェッショナルです。その観点からすると、現在、どれほどのプロ自認者が厳密にプロと呼べるのでしょう。

昨今、民間企業や公的機関における不正・不祥事のニュースが絶えることがありません。犯罪的営利行為、非倫理的業務行為などの原因は、組織ぐるみのものもありますが、突き詰めれば一職業人の中の職業倫理欠落（あるいは欠陥）にあります。それは、プロフェッショナルの原義を脅かす出来事でもあるのです。

 私は「プロフェッショナル」だろうか？ だとすれば「何を誓う」職業人？

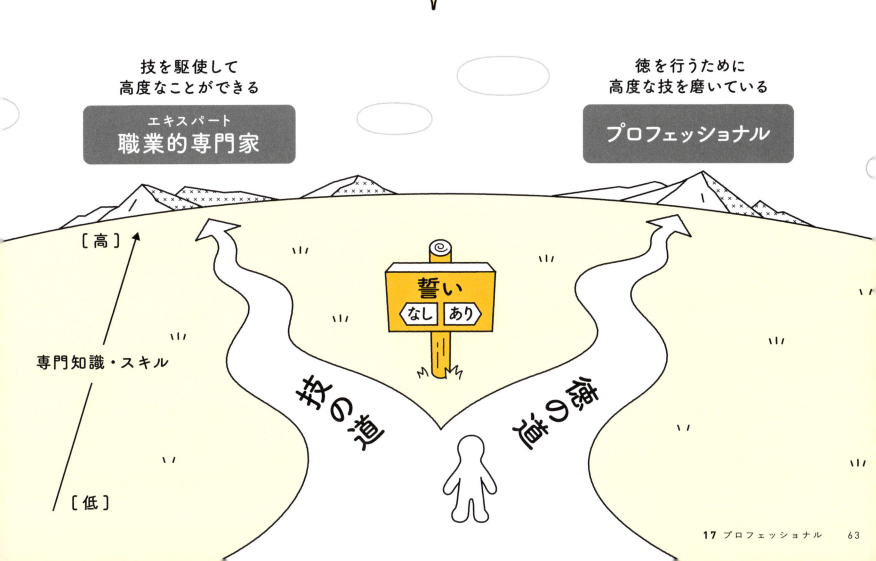

COLUMN 01
「労働観」の変遷

人間は古来、営々と労働してきました。
「労働」というものをどうとらえるか。
これは人により、国により、時代によりさまざまです。
労働は当初、生命維持のためにやらねばならない苦役という否定的な見方が主流でした。
時代が進むにつれ、骨折りとしての労働は次第に多様なとらえ方をされはじめます。

古代ギリシャ
労働は奴隷が行う苦役

古代ギリシャのポリス(都市国家)では、食物を作る農耕作業をはじめ労働は奴隷が行います。その労働は自然に支配され、身体を酷使し、人間の生理的な欲求を満たすだけの目的であることから軽蔑されました。

また、奴隷とともに、生活用具を作る職人やそれを売買する商人も否定的なまなざしで見られました。

古代・中世のキリスト教世界
神は労働を罰として課した

キリスト教において労働はまず、聖書の一節「お前は顔に汗を流してパンを得る。土に返るときまで」(「創世記」第3章)がベースにあります。神に背いて木の実を食べてしまったアダム。そのとき以来、人間には罰として労働が課せられたのでした。

しかし、罰という否定的な烙印を押された労働も、一方では人間の怠惰を防ぐ営みとして肯定的にとらえられる部分もありました。それは使徒パウロの新約聖書の言葉「働きたくない者は、食べてはならない」に表れています。

そしてアウグスティヌス(354〜430年)やベネディクト(480〜550年ころ)の時代になると、労働は修道制度の中に組み込まれていきます。中世の時代、労働は祈りや冥想とともに重要な行いのひとつになったのでした。

労働は苦役

労働は罰

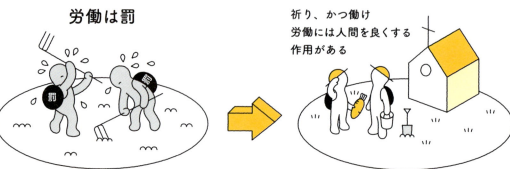
祈り、かつ働け
労働には人間を良くする作用がある

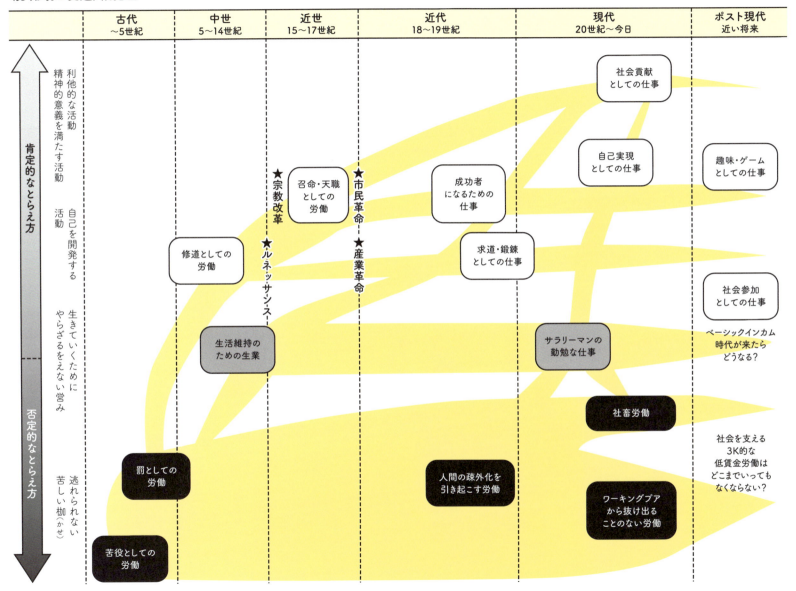

COLUMN 01 「労働観」の変遷

近世のキリスト教世界
労働を通して神の偉大さを証明する

16世紀、ルターの宗教改革によって、教会や司祭は否定され、個々の信徒は神と直接向き合うようになりました。信徒たちは魂の救済の確証を仕事に求めます。

与えられた仕事にできるかぎり励むことを宗教的使命ととらえていく流れができていきます。これが「vocation」（召命：しょうめい）、「calling」（天職）という概念の起こりです。どちらも「（神の）呼ぶ声」という意味合いです。

さらには、禁欲と勤勉な労働によってもたらされる富の増大をも積極的に肯定する考え方がプロテスタント（特にカルヴァン派）の中から盛り上がりをみせます。ドイツの社会学者マックス・ヴェーバーが、資本主義の精神の萌芽がこのあたりにあると考察したことは有名です。

かつては祈りのもとに労働があったものが、その重心は次第に入れ替わり、「働け・成功せよ、かつ祈れ」となっていく時代です。

近代［1］
職業倫理の世俗化が進む

フランス革命（1789年）をはじめとする市民革命により、人びとは政治的平等や経済的自由を手にします。そこでは職業倫理が宗教から切り離され、労働の意義づけが一気に世俗化していきます。

個々の人間にとって、もはや仕事・事業は成功者になるための手段としておおいに称揚されるものとなります。特に希望の新大陸アメリカでは、「アメリカン・ドリーム」という立身出世の概念が人びとを経済的成功へと駆り立てました。

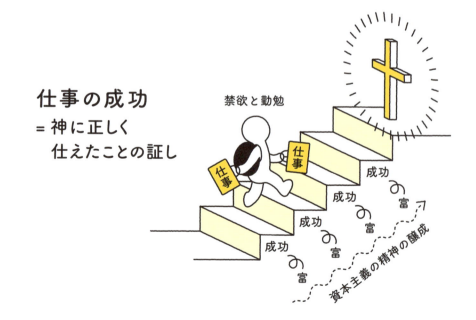

仕事の成功
＝神に正しく仕えたことの証し

近代［２］
工場労働者の人間疎外問題

　また、産業革命による大量生産技術と勃興する資本主義とが結びついて、一方に少数の資本家、他方に多数の賃金労働者が生まれたのも近代の特徴です。

　封建制度から解放された市民の多くは企業に雇われ、工場で働くことで生活を維持する存在になりました。

　資本家から搾取され、機械のリズムに合わせて単調に反復する労働は、人間の疎外化をまねいているのではないか。労働に対する、新しい否定的な見方が社会全体に広がってくるのでした。

　そんなころ、労働価値説を唱えたのがアダム・スミス（1723〜1790年）です。スミスは国家の富の源泉は、貿易によって得た金銀などの財貨ではなく、国民の労働であると考えました。「労働を尺度にした価格こそが真の価格であり、通貨を尺度にした価格は名目上の価格にすぎない」（『国富論』）。

　こうした労働価値説に大きく影響を受けたのが、カール・マルクス（1818〜1883年）です。彼は、疎外化された労働や資本主義を超克した先に共産主義社会が現われるという一大理論を書き上げることになります。

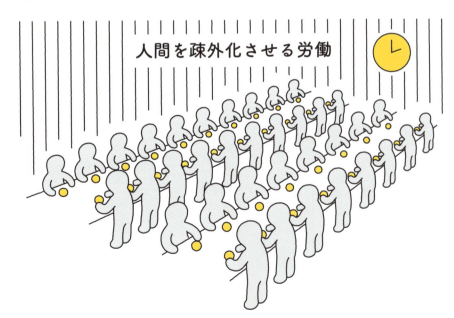

人間を疎外化させる労働

美しい椅子を究めたい！

　またこの時代、手工業職人らの間では、ものづくりを一つの道として、製造物を作品として高めようとする精神が次第に醸成されていきます。

　産業革命によって安価で粗悪な日用品が大量に製造される中、イギリスの工芸家ウィリアム・モリス（1834〜1896年）は、芸術と工芸を融合させる「アーツ・アンド・クラフツ運動」を主導しました。

　モリスは『ユートピアだより』の中で「仕事そのものの中に自覚された感覚的な喜びがあるからです。つまり、芸術家として仕事をしているのですね」と書いています。職人の仕事はもはや苦役的な〈labor：労働〉などではなく、自負を伴った〈work：作品づくり〉であることを主張しています。

現代
多様化する個々の労働観

第二次世界大戦後の先進諸国において、労働者の多くは、企業や官庁など組織に雇われるサラリーパーソンになっていきます。

彼らの就労意識は、「悪くない給料とまずまずの年金、そして自分と限りなくよく似た人達の住む快適な地域社会に、そこそこの家を与えてくれる仕事に就こうとする」（ウィリアム・H. ホワイト『組織の中の人間 ― オーガニゼーション・マン』1956年）ものとなります。

「生業としてのサラリーパーソン」をまっとうするために必要なことは、組織から言い渡される大小の無理難題を忍耐強くこなし、担当業務に勤勉であること。戦後の日本もこの会社員の勤勉さによって支えられてきました。

ところが今日では、仕事が自己実現や社会貢献の機会であってほしいと願う人たちが増えています。それは忠誠心の向け先が組織から、仕事そのものへ変わってきたともいえます。こうした流れにあって組織は、従業員に対し、いかにやりがいのある仕事や有意義な仕事動機を与えられるかが重要な課題となってきています。

とはいえ、組織側が働き手を酷使する流れも依然としてあります。

不当な低賃金、悪質な労働環境で従業員を働かせるいわゆる「ブラック企業」の存在は、いまも頻繁にメディアで報じられています。現代版『蟹工船※』物語と言っていいかもしれません。

また、企業に勤める従業員が、みずからを「社畜」と呼ぶこともあります。組織の都合のいいように飼い慣らされた自分を自嘲的に揶揄する言葉です。

その意味では、古代から延々と続く苦役としての労働の姿がいまだそこにあります。

※『蟹工船』：1929年、小林多喜二によって発表された小説。プロレタリア文学の代表作として有名。

← ネガティブな労働観　　　ポジティブな労働観 →

働けど働けど……　貧

生業としてのサラリーパーソン

仕事は自己実現

善　仕事は社会貢献

PART 1 仕事・キャリアについて

ポスト現代
食うための労働から解放されても
人は働くか？

これから先、人びとの労働観はどう変わっていくでしょうか。社会生活を支える３Ｋ（汚い・きつい・危険）的な労働が世の中からなくならないとすれば、低賃金で働かされる「苦役としての労働」もなくならないのでしょうか。

もし、ある国がベーシックインカム制度を導入して、全国民に最低限度の収入保障を与えるようにすれば、人びとはいわゆる「食うための仕事」から解放され、自己実現や社会貢献につながる仕事に勤しむようになるでしょうか。あるいは、いっそ働くこと自体をやめてしまうでしょうか。

ちなみにこの問いに対し、マルクスは共産主義による理想国家が実現した暁には、人びとはもはや一つの職業に縛られない状態を想像しました。

つまり、朝には狩りをして、昼過ぎには魚を獲り、夕方には家畜を飼い、食後には批評をする生活の可能性です。「能力に応じて働き、必要に応じて取る」という社会がそこにはあります。

ところがイギリスの経済学者ジョン・メイナード・ケインズは少し違った想像をしたようです。

彼は1930年に書いた「孫の世代の経済的可能性」の中で、これから100年後には食うために働くという経済的な問題は解決され、人類は初めて、その自由になった状態をいかに使うかという問題に向き合うだろうと予測しています。

100年前のケインズの予言
働かないことに耐えられるのは少数

そしてこう書いています――「経済的な必要から自由になったとき、豊かさを楽しむことができるのは、生活を楽しむ術を維持し洗練させて、完璧に近づけていく人、そして、生活の手段にすぎないものに自分を売りわたさない人だろう」。

しかしこういった人は世の中にごくわずかであり、大多数は目的を喪失し、暇を持て余してノイローゼになってしまうと想像しています。

そのためケインズは、皆で仕事を分け合って、1日3時間、週15時間働くようにすれば、問題の解決をとりあえず先延ばしできるとも書いています。現在で言うワークシェアリングの発想です。

趣味やゲームで食っていくという
労働観がごく普通になる？

さて今後、社会の高齢化が進み、リタイヤする人たちが増えていきます。年金で十分に生活ができる彼らの中でも、まだ働き続けたいと思う人が多く出てくるでしょう。

それは誰しもなんらかの形で社会に帰属し、世の中と交流したいからです。ボランティア活動を含め「社会参加としての仕事」は今後ますます広がってくると思われます。

また、「趣味としての仕事」「ゲームとしての仕事」がまったく普通の労働観になるかもしれません。

いまや動画サイトに趣味的な映像を制作公開して金を稼ぎ出す人、趣味的な物品を買い付けて通信販売する人、1日中パソコン画面上の取引数値を見つめ、ゲーム感覚で株や外貨をトレードする人……そんな活動で人生を送っている人たちが増えています。

手軽で安価なテクノロジーが普及することにより、今後はだれもが遊びを職業化できるチャンスを持てるようになりました。会社員が副業として、遊び感覚の仕事を持つケースも増えてくるでしょう。

PART 2　INDEPENDENCE & GROWTH
主体性・成長につい

No challenge, no gain.

英語で「個人」は「individual」──この語は「in＝否定語＋dividual＝分割可能な」で、
それ以上分けられない単位のことをいいます。
仕事チームにせよ、会社組織にせよ、家族や社会にせよ、
根本でそれを成り立たせるのは一個の独立した人。
「強い個」は「強い仕事」をし、「強い組織」をつくる。
個として立ち、強くあるために、どのような意識を養っていけばよいかを考えていきましょう。

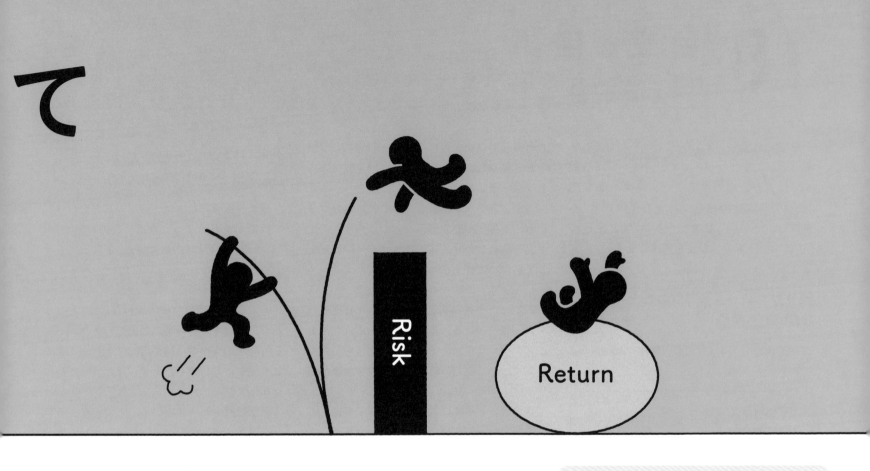

この章でみていくこと

□ 2つのジリツ「自立・自律」を考える
□ 「セルフ・リーダーシップ(自導)」という概念を押さえる
□ 「成長すること」を多面的に理解する
□ リスクや失敗がはらむ肯定的な面は何だろう?
□ 「結果を出すこと」と「プロセスをつくること」のどちらが大事だろう?
□ 「孤独の時間」を持つことの大切さを知る

……など

登場する主なキーワード

#自立　#自律　#自導　#セルフ・リーダーシップ
#航海のメタファー　#技術的成長　#精神的成長
#連続的成長　#非連続的成長　#成熟
#コンセプチュアル思考　#π(パイ)の字思考プロセス
#守・破・離　#リスク　#怠惰な多忙
#アクティブ・ノンアクション　#ビジー・アイドルネス
#七放五落十二達の法則　#結果とプロセス　#八風

18 自立と自律
みずからを立たせ・みずからを方向づける

　自立と自律——2つの「じりつ」は、区別があいまいに使われがちですが意味が異なります。自立が、能力・経済力・身体といった"外的な"要素の独り立ちを表すのに対し、自律は、価値観・信条・理念・哲学といった"内的な"要素の独り立ちを表します。

独り立ちに必要な3つのこと
技術・お金・健康

　職業人としての自立は、次の3つがあげられます。

> ①技能的自立
> ②経済的自立
> ③身体的自立

　まずは「技能の自立」。誰しも入社したては先輩社員や上司から仕事のイロハを教えてもらい業務の方法を覚えます。そしてやがて仕事全体の流れや事業の仕組みを把握し、自分なりに改善点や新しい工夫を加えていけるようになります。これが技能的自立です。

　次に「経済の自立」。たいていの人は、学校を卒業して就職すれば、当然、経済的に保護者から独立し、自分の収入で生計を立てることになります。

　人生のステージが進むにつれて、結婚や子どもの誕生、不動産購入などが予想されるため、それに合わせて家計のやりくりや貯蓄をしていかねばなりません。

　3番目に「身体の自立」。他者の介助を受けずに、食べられる、歩ける、寝ることができる。こうした生活のことを一人できちんとできることは、自立の基盤を成す最も大事な部分です。

　健常者にとっては当たり前すぎて見過ごしがちですが、例えば交通事故で大けがをしてしまったり、メンタルを病んでしまったりすると、自立生活がとたんに脅かされることになります。

判断・行動がぶれない人は
「律」をしっかり持っている

　みずから立った後は、みずから方向づけして行動ができるようになる。この状態が「自律」です。いわば「内的な独立」と言ってもよいでしょう。

　「あの人の判断・行動はぶれないね」と言うとき、何がそうさせているのでしょう。——それはその人が内に持つ「律」です。さまざまな情報や状況に接したとき、律が判断基軸になります。

　律は規範やルールということですが、それを確固として持つためには、自分なりの理念や信条、価値観、哲学を醸成しておく必要があります。自律はそのように意識やマインドといった内的領域にかかわるものです。

私は「自立」しているだろうか？
私は「自律」しているだろうか？

ハイハイをしていた赤ん坊がやがて2本の脚で立ち上がる──それが〈自立〉。
そして立った後は、みずからの意志で方向づけして進んでいく──それが〈自律〉。

自立

みずからを「立たせる」こと

そのために
①知識や技能をつける＝技能的自立
②経済力をつける＝経済的自立
③体力をつける＝身体的自立

［反意語］⇔ 依存
［航海のメタファー］⇒ 船をつくる

①一人前に仕事がこなせる
②自分の稼ぎで食っていける
③健康である

みずからを「立たせる」

自律

みずからを「方向づける」こと

そのために
「律」となる理念・信条・価値観を醸成し、
それをもとにぶれない判断・行動をする

［反意語］⇔ 他律
［航海のメタファー］⇒ 羅針盤を持つ

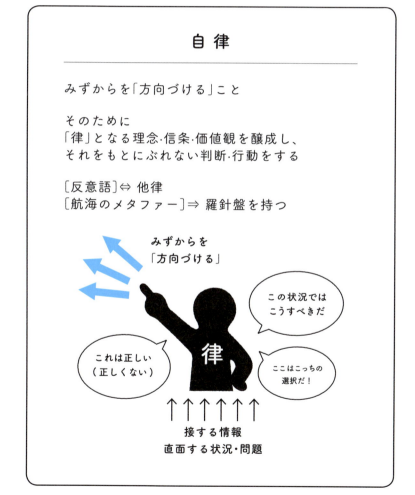

みずからを「方向づける」

この状況ではこうすべきだ
これは正しい（正しくない）
ここはこっちの選択だ！

接する情報
直面する状況・問題

19 自導〈セルフ・リーダーシップ〉
みずからを導く

　自導とは、「内にいるもう一人の自分」が現実の自分を導くこと。ここで言う「もう一人の自分」とは、目的や理想、夢や志を抱いた内面の自分です。現実の自分がどうしようかと迷っているときに、一段高いところから状況を眺め、進むべき方向を示してくれるはたらきをします。

内なる声が
迷える現実の自分を導く

　自律と自導はどちらも方向性に関するもので、その点では共通するところがあり、相互に影響しあってもいます。

　自律はどちらかというと直面している状況に対し、自分の律でどう判断するかという現実的な思考です。他方、自導は目的や理念、最終到達点から逆算して、自分はどこを向いていくべきかという未来思考のものです。

　また、自律的であるためには冷静さが求められるのに対し、自導的であるには、抗しがたく湧き起こってくる内なる声、心の叫びが必要であり、その意味では熱さを帯びる性質のものです。

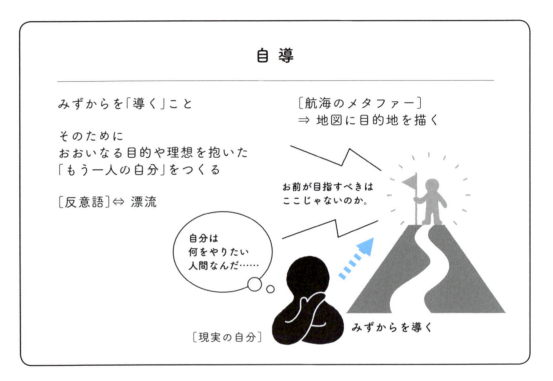

 私は「自導」的だろうか？
そのとき何によって
現実の自分を導いていくのだろう？

航海のメタファーでみる〈自立・自律・自導〉
——船を造れ・羅針盤を持て・目的地を描け!

自律的であるとは
羅針盤を持っていること
どんな情報・状況に接しても
ブレない判断が下せる

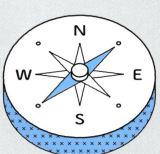

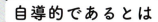
最終的に目指す大陸

自導的であるとは
目的地を描いた地図を持っていること
最終的な到達点や理想・意味がわかっていれば
漂流することはない
(ただ、目的地が見えてくるには年月がかかる)

自立するとは
航海に耐えうる船をつくること
能力・経済力・体力をつけて
自分を性能のよい頑丈な船にする (ぜい弱で非力な船では航海が危うい)

19 自導〈セルフ・リーダーシップ〉

20 成長① 成長の3方向
広げる・高める・深める

動かなければ成長はない
No doing, no growth

　成長を「伸びていくこと」ととらえれば、その方向に3つが考えられます。自分を「広げる・高める・深める」です。

　1つめに、「広げる」という水平(ヨコ)方向での成長。これは主に仕事の量や種類をこなすことによって、視野が広がる、経験の幅を持つといった成長です。

　次いで垂直(タテ)方向の成長。「高める」と「深める」の2つがあります。

　自分を「高める」ためには、難度の高い仕事に挑戦し、それをクリアしたり、自分の視点や立場を一段高い場所に置いて物事に取り組むことが必要になります。

　また、仕事上の苦境・修羅場をくぐって、事態をとりまとめることができたとき、あるいは、ひとつのことに限界を超えるまでかかわったときに、人は自分を「深める」ことになります。タテ方向の成長とは、いわゆる「一皮向けた」変化、「大人になった」変化というものです。

　これら3つの方向に自分を伸ばしていく過程で、自分という「器」が大きく、強くなっていきます。大きくなる、強くなるのも成長の大事な側面です。

夢中でやって振り返れば
そこには成長した自分がいる

　どの成長にせよ、成長するためにもっとも大事なものは、「好奇心」です。人は「成長するぞ」「成長しなくては」といって成長するわけではありません。成長は目的というより、結果的に得られる果実のようなものです。

　何かの仕事や活動に夢中になって取り組んだ後に、振り返れば「あ、成長したな」と気づくはずのものです。永遠に成長する人とは、永遠に好奇心を湧かし、それを行動に変換できる人と言ってもいいでしょう。

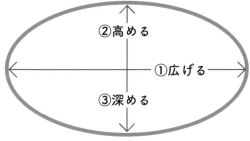

考えたり行動したりすることによって自分を

①広げる
②高める
③深める

そして自分という「器」が大きく・強くなっていく
——それが成長

 押さえるツボ

- 自分という器を「広げよう・高めよう・深めよう」。
- 成長は夢中の取り組みの後、結果的に得られる。
- 成長のエンジンは好奇心。

成長はともかくアタマとカラダを動かすこと
成長の種はそこかしこにある。

②自分を「高める」ための行動ヒント

- □ どんな仕事にも、ひと工夫（改良・改善）を加える意識を持つ
- □ 自分が責任者・経営者だったらという目線で物事を見る
- □ イベントやプロジェクトでは主催者側に回る
- □ "高み"を目指して生きるロールモデル（模範的存在）を持つ
- □ 難しい仕事が振られたら、まず「YES」と答え、方法は後から考える

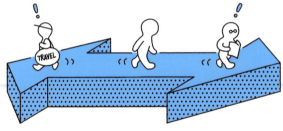

①自分を「広げる」ための行動ヒント

- □ いろいろな読書をする
- □ セミナー・勉強会に出かける
- □ 留学や旅行で見聞を広げる
- □ 仕事以外の活動も積極的に（趣味、ボランティア、地域活動など）
- □ 人事異動はチャンスだと思え
- □ さまざまな人とつながる
- □ MBA（経営学修士）的な知識や幅広く教養を蓄える

③自分を「深める」ための行動ヒント

- □ 専門知識を深く勉強する
- □ 人にいろいろと教えてあげる（教える人が一番深く学べるから）
- □ 一つの習慣をしつこく続ける
- □ 一度限界を超えるまで徹底的にやってみる
- □ 自分の仕事に意味を与える
- □ 挫折や失敗、修羅場、苦境は自分を深めるチャンスと思え

21 成長② 技術的成長と精神的成長
2つの相互作用で職業人として大きくなっていく

「できるようになった！」という喜びが成長の証

　人はまず、技術的に成長したいという意欲を持ちます。「自転車が乗れるようになりたい」「試験でもっとよい成績を取ろう」「業務課題をもっとてきぱきこなせるようになりたい」というように。

　成長の大部分は、「できないことができるようになる」「もっとうまくできるようになる」という技術の習得・向上にあります。

　それに対し、精神的成長は、「できるようになりたいことがうまくできない」といった状態の中でむしろ育まれるものです。忍耐力や持続力がつくことは精神的な成長の典型といえます。また苦境を乗り越えることで、自信を得たり、協力者への感謝の気持ちがわいたり、世の中の価値観の多様さを知ったり、そうした内面の変化はこの種類の成長です。

技術の向上意欲だけでは成長に限界がくる

　技術においては、物事をこなす「巧拙（うまいか／へたか）」が問題になります。ですから技術的な成長は、いわば「巧みな仕事」を生み出します。

　けれども、人は技術的な成長だけではほんとうに次元の高い仕事はできません。もう一方の精神的な成長が必要になってきます。

　例えば、「それをやる意味を見出せた！」という内的変化は、仕事を劇的に変えるきっかけになります。意味を発見した仕事人は「巧みな仕事」を超え、その人でなければ創造できない「豊かな仕事」を生み出すでしょう。

　誰しも入社したてや、新しい業務を任された当初は、技術が伸びる喜びがあります。しかし、仕事慣れしてくるにしたがって惰性が生じ、モチベーションの低下やキャリアの停滞感が出てきます。

　その人が次の成長ステージに上がっていくためには内からの変化がいります。そしてその内的変化は次の技術習得を呼び込みます。こうした双方の絶え間ない循環がキャリアを無限に開いていきます。

技術と精神の成長は両輪

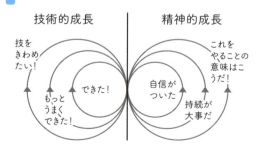

 押さえるツボ

- 「できるようになる」を一つ一つ積み上げていく。
- できなくてもやり続ける中にむしろ精神的成長は起こる。
- 技術の成長が精神を刺激し、精神の成長が技術を促進する。

> 「できた！」が「自信」になり、
> その「自信」は次の「できる」につながる。

技術的な成長

- □「それができるようになる」という能力の習得・向上
- □ 技（わざ）・やり方を身につけるという外的な変化
- □「もっとうまくなりたい」という意欲が大事
- □ この成長によって「巧みな仕事」が生み出される

相互作用

「指揮者に勧められて、客席から演奏を聴いたクラリネット奏者がいる。そのとき彼は、初めて音楽を聴いた。その後は上手に吹くことを超えて、音楽を創造するようになった。これが成長である。仕事のやり方を変えたのではない。意味を加えたのだった」

——ピーター・ドラッカー『非営利組織の経営』

精神的な成長

- □ その取り組みに対する見方が変わる／意識が変わる
- □ 自信がつく、感謝の念がわく、粘り強くなる、意味を見つける、価値観が変わる、といった内的な変化
- □「そこにある本質って何だろう」という洞察が大事
- □ この成長によって「豊かな仕事」が生み出される

22 成長③ 連続的成長と非連続的成長
少しずつ起こる変化／一気に跳躍する変化

いくら駅馬車を列ねても鉄道を得ることはできなかった

「連続的／非連続的」変化は、イノベーションを研究する場で注目されました。つまりイノベーションには、地続き的に徐々に進化していくものと、飛び地的に一気に飛躍するものの2種類あるという考察です。ヨーゼフ・シュンペーターは、非連続的なイノベーションを次のように喩えました──「いくら郵便馬車を列ねても、それによって決して鉄道を得ることはできなかった」と。

私たち人間の成長にも、このような「連続的／非連続的」といった2つの場合がありそうです。

[連続的成長]

日々、知識・技能を習得し、経験を重ね、人脈を広げていくと、次第に職業人としての進化・深化がなされていきます。過去の自分、過去の意識、過去のやり方と連続する形で、一歩一歩変わっていくのが連続的成長です。「改良・改善的成長」「地続き的成長」と言い換えてもいいかもしれません。

連続的成長の場合、投じる努力と得られる変化には、「比例変化」と「逓減変化」があります（右ページ図）。

比例変化とは、投じた努力に比例して変化がきちんと起こる状況です。仕事はもちろん習い事やスポーツでも、始めたばかりのころは勉強量・練習量に比例して能力がきちんと上がっていきます。

ところが、何事もある程度のレベルに上達してくると、カベ（壁）のようなものにぶち当たり、成長が鈍ってきます。その状態が、逓減変化です。

次元・レベル・質・形が異なる劇的な変化がふと起こる

[非連続的成長]

逓減変化の末期になると、努力しても、努力しても、変化が起きない状況に遭遇します。しかし、それでも努力を止めなかったとき、ふと突然に、ジャンプアップの変化が起きるときがあります。

例えば、私は米国に留学した当初、ヒアリングに難を覚えました。

ところが、3ヶ月後くらいにすぅーっと耳に通ってくる状況が起こりました。その理由は、頭が翻訳プロセスを通さず、ダイレクトに英語でものを考える処理に切り替わったからです。まさに言語能力の質とレベルがぽんと変わった瞬間で、非連続的な向上のひとつといえます。

非連続成長は、「革命的成長」「飛び地的成長」と言い換えることもでき、過去の流れと分断された形で何か変化が起きることをいいます。

考えてみよう
私がこれまでに得た「非連続的」な成長としてどんなことがあったろう？

成長は、「匍匐前進」のときもあれば
「ロケットで月にひとっ飛び」のときもある。

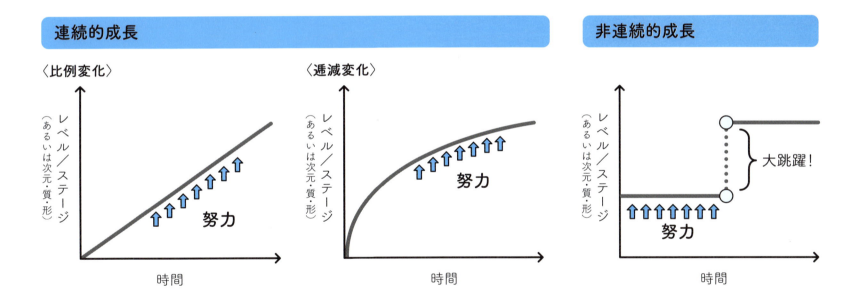

努力を重ねれば非連続的成長は必ず起こるのか？

私たちは現在から一瞬先の未来のことはわかりません。ここが人生の重要な部分です。投じた努力が100％報われることがわかっているなら、誰も努力を惜しみません。

努力を重ねても、自分が期待する大跳躍は永遠に来ないかもしれません……〈右ページ図：**パターンA**〉。世の中を見渡せば、血のにじむような努力をしても、ついによい変化が起きなかった人たちがいます。

結果的に起こるにしても、あとどれくらいの努力量をつぎ込み、どれくらいの時間が経てば起こるのかはわかりません〈**パターンB**〉。

そう考えている矢先、まったく努力などしない隣の能天気人間が、あっさりと成功を収めてしまうことだってあります〈**パターンC**〉。

ちなみに、このCの場合のジャンプアップは、努力の結果の非連続成長というより「ラッキー・リープ」（棚ボタ的跳びはね）と名づけるべきものです。ラッキー・リープした人間は、跳んだ分の中身が伴っていないので、事後にそこを埋める努力をしないと、身を持ち崩す危険性大です。

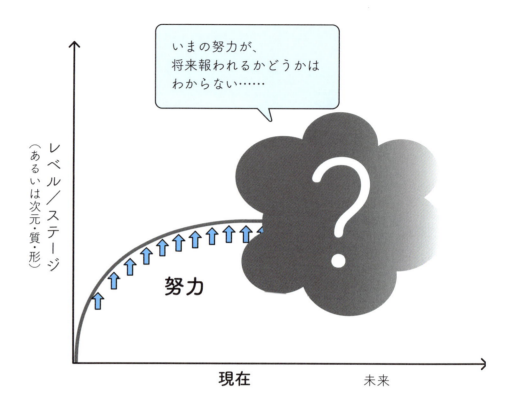

いまの努力が非連続的な成長となって報われるかどうかは、やはり「天のみぞ知る」です。

ただ確実に言えるのは、日々の地道な連続的成長の積み重ねがあってこそ、非連続的成長の準備は整えられるということ。ですから大事な心構えは、古人の言い回しを使えば、「人事を尽くして、大跳躍は天命に任せる」。

「かなったか、かなわなかったかよりも、どれだけ自分が頑張れたか、やり切れたかが一番重要」
——三浦知良（プロサッカー選手）

「ここまでダッシュと思ったら、最後まで全力で走る。1メートル手前で力を抜いたせいで負けることもある」
——岡田武史（元サッカー日本代表監督）

地道な努力の積み重ねが基本。そうしてあるとき、大跳躍は生まれる（はず）。
いや、生んでみせる！

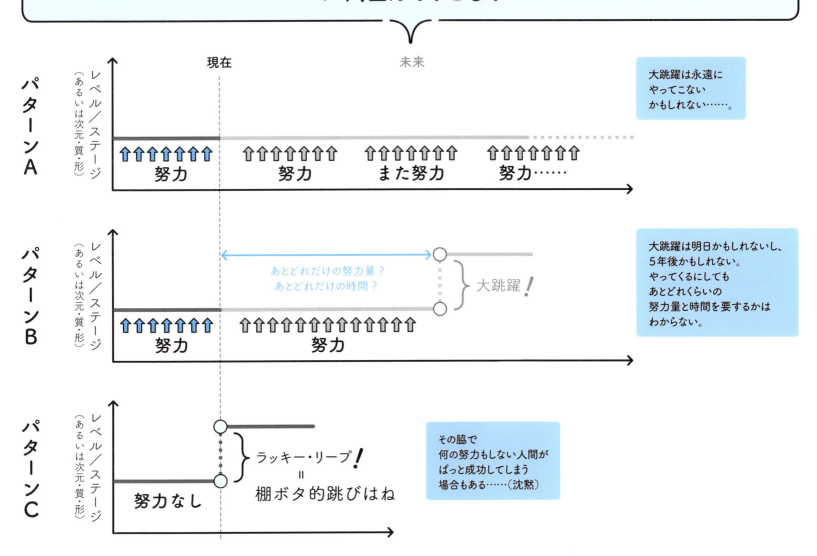

23 成長④ 成熟
成長の後におとずれる「濃くなる」変化

煮えることによって濃くなり・味わいが出てくる

　成長という変化が十分に継続されると、やがて「成熟」というもうひとつの変化が起こってきます。
　成熟の「熟」とは、「よく煮る／煮える」「果実がうれる」という意味です。

　成長期にあって人は、知識や技術、活動する空間、影響を与える範囲を広げていきます。そして身体も育っていきます(＝ヨコ軸の成長)。
　また、それに伴って、技術や意識が高まったり、感受性や思考が深まったりします(＝タテ方向の成長)。こうして、自分という存在をどんどんふくらませていくわけです。

　ヨコとタテに十分に伸びてくると、ふくらみの中に蓄えたものが煮詰まりはじめ、複雑な変化が起きてきます。中身が濃くなり、その人独自の色や味わいといったものが出てくる変化です。そして成長下にいたころの意識と異なった意識が芽生えはじめます(右表)。

　こうした成熟の変化は、成長がピークを終え、自分のふくらみが縮みかけたころからむしろ強くなります。

　人は歳をとるにつれ、身体はもちろん、活動範囲も能力的なものも縮んでいきます。その意味で、ヨコ軸の縮小は不可避です。
　しかし、いったん自分が究めた高みや深みといったものは縮むことがありません。むしろ、死ぬまでそれが増していくこともあります。

　その意味で、タテ軸は不壊のものとして残り、周りの人びとにも、その高みと深みをもった生き方は記憶されることとなります(右ページ図)。

成長	成熟
伸びていく・広がっていく	(十分に伸び、広がり、むしろ縮みはじめる過程で) 濃くなってくる　　＊熟＝「よく煮る」
[成長下の意識] ○伸びるにまかせる／伸びたい ○どんどん広げていく ○増えることはよいことだ ○速いことはよいことだ ○多くを獲得したい・吸収したい	[成熟下の意識] ○あえて抑止する／自制することもある ○凝縮させる／結晶化させる ○足ることを知っている ○待つことができる ○捨てる／離れることができる

- ヨコとタテに十分に伸びてふくらんだ後、今度はその中身が濃くなってくる——その変化が「成熟」。
- 成熟は人に新たな意識や行動様式を芽生えさせる。

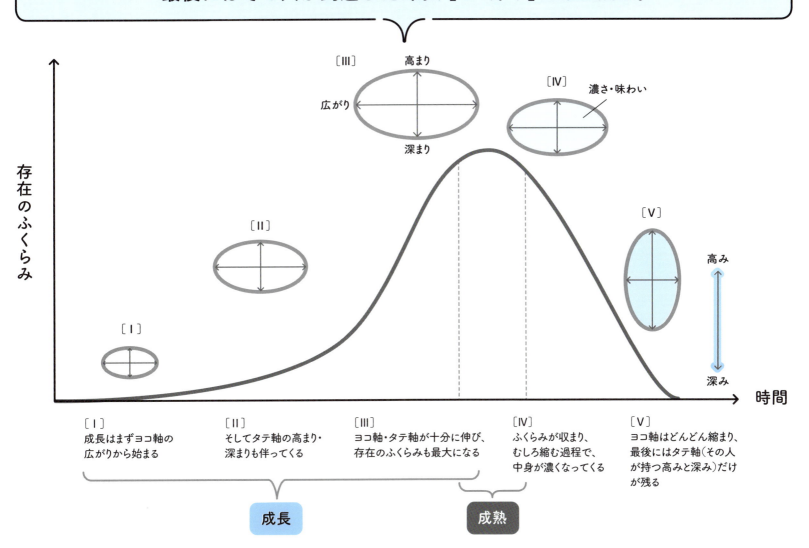

研修の現場から

WORK 01
「成長」を自分の言葉で定義する

　私は現在、企業内研修の場を中心に、「プロフェッショナルシップ（自律した職業人が醸成すべき基盤意識）研修」をはじめ、「キャリア開発研修」「コンセプチュアル思考研修」といった教育プログラムを開発・実施しています。いずれも「仕事・働くこと」の根っこを考え、「観」を養うことを目的にしています。

定義化という作業を通じて自らの「観」のありように気づく

　それらの研修の中で必ず行うのが、この「定義化」ワークです。

　定義する題材には概念の広く深い言葉を選びます。例えば、「仕事とは何か」「仕事の幸福とは何か」「創造とは何か」など。こういう抽象度の高い概念の定義ほどその人の解釈の深さ、切り口の独自さ、思考の強さというものが如実に出て、「観」のありようを気づかせることができるからです。

客観的説明を超えて主観的・意志的に表現する

　「成長」も恰好の題材です。もちろん成長の辞書的な意味はみな知っています。しかし、このワークでは「育って大きくなること」のような客観的な語句説明を求めているのではありません。そうした客観的説明を超えて、自分の経験や認識から本質を引き出し、主観的・意志的な言語として表現してほしいのです。

　人は頭で考えているうちは本当に考えたとはいえません。言葉や絵や行動に表現してはじめて、「ああ、自分はこう考えていたのだ」と肚（はら）で押さえることができます。

　さて、ワークシートは次ページのような書式になっています。作業は4ステップあります。

> 作業1：成長体験を思い浮かべる
> ⬇
> 作業2：言葉で表してみる
> ⬇
> 作業3：絵や図で表してみる
> ⬇
> 作業4：行動習慣に落としてみる

　では、実際、どんな答えが出てくるのでしょうか（次々ページに掲載）。

PART 2　主体性・成長について

「成長」の定義 ワークシート

作業2:成長の定義
「成長とは何か」「成長についての解釈」を自分なりの言葉で表すとどうなりますか……

作業3:成長の図化
作業2の定義をふまえ、「成長」を図や絵で表してみてください。

作業1:成長体験
これまでの仕事経験の中で、「自分が成長したな」と思える出来事をいくつか思い浮かべてください。

作業4:行動習慣
成長を持続的に起こすための行動習慣としてどのようなものが考えられますか。3つあげてみましょう。

① _____
② _____
③ _____

WORK01 「成長」を自分の言葉で定義する

答案例 作業2〈定義文〉

- 成長とは、できなかったことが自然とできるようになること。

- 以前見えなかったものが見えてくる――それが成長。

- 成長とは、知識や技術について「これでよし！」という固さを持てるようになること。

- 成長とは、より大きな仕事を任せてもらえたときに気づくもの。

- 成長とは、次のステージへ進むための入場券。

- 成長とは、能力と意識が相互に強め合うこと。

- 成長とは、物事を見る観点が増えること。

- 成長は、自分に負荷をかけて、それを乗り切った時に起きる。

- 成長とは、自分の存在意義が実感できること。

- 成長とは、プレッシャーを楽しめるようになること。

- 成長は、努力している時に、後から自然についてくるもの。

- 成長とは、課題を解決する力が大きくなること。

- 成長とは、限界の壁が外にいき、自信の空間が広がること。

- 成長とは、自分の中の多様性を増やすこと。

答案例 作業3〈図化〉

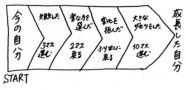
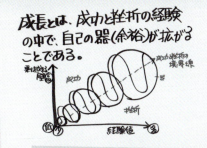
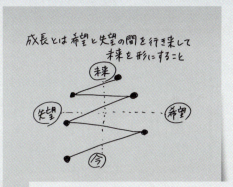
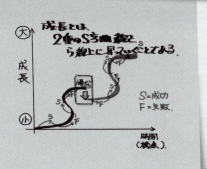
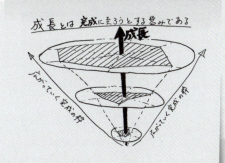
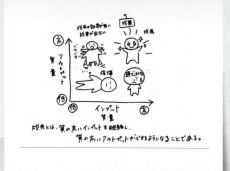
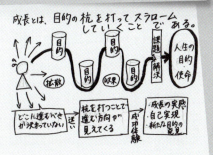
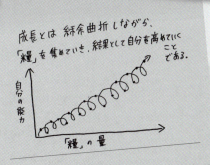

＊Discover Book College「コンセプチュアル思考ワークショップ」での答案
（受講者の承諾を得て掲載）

WORK01 「成長」を自分の言葉で定義する

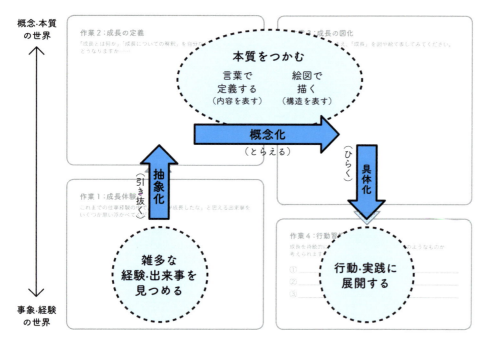

と呼ばれるものですが、私はもっと広く、物事から本質や意味を抽出し、主体的意志と行動に変えていく態度をつくる思考としてとらえています。

働くという営みは、算数というより、むしろ絵を描いたり、耕作したりすることに近いものであるように思います。

仕事・キャリアにおける答えは、必ずしも論理的・分析的な手続きを経れば、唯一無二の解にたどりつくというものではありません。コンセプチュアル思考は、そうした論理では割り切れないテーマに対し、有効なアプローチです。

さて、このワークの一連の作業は次の思考フローを意図して設計しています。

1　抽象化（引き抜く）
　↓
2　概念化（とらえる）
　↓
3　具体化（ひらく）

この流れを私は、その形から「π（パイ）の字思考プロセス」と呼んでいます。

具体次元と抽象次元を盛んに往復運動させることによって、意識・「観」をつくっていくわけです。

コンセプチュアルに考えることが意識や「観」を鍛える

このように成長の定義は人それぞれに出てきます。このワークを企業内研修でやる場合、受講者にとっては「同じ会社の中でもこんなに成長のとらえ方がいろいろあるんだ」という刺激になります。

また、各自の定義をグループで共有すると、「自分のとらえ方は浅かったな」とか「あの人の表現は本質を突いているな」とかがよくわかるものです。そして社内には実は成長の機会がたくさんひそんでいるという気づきにもなります。

私が就労意識や仕事観を醸成する教育を実施するときに重視しているのは「コンセプチュアル思考」です。いわゆる概念化の思考

「観」の醸成

本質 —〈概念化〉→ 概念（原理モデル）

〈抽象化〉 ↑ ⇢ 新たな抽象 ↓〈具体化〉

経験・事象 ←気づき— 行動展開

漫然と忙しく働いているだけでは、仕事・キャリアが思うように進化／深化していかない状況に早晩突き当たります。特に30代以降、仕事・キャリアは、単純に知識や技術面の習得だけでは打開できない"あり方"が問われるフェーズに移ってくるからです。
「観」を土壌として、方向軸となる志を定め、モチベーションの源泉となる意味を掘り起こし、そのうえで知識・能力を生かしていく。そういうどっしりとした構えができる人が、持続的に自分の世界を押し広げていくことができます。

「成長上手な人」と「成長ベタな人」の差

どんな出来事でもそれを試練として乗り越えれば成長は得られます。が、それをくぐり抜けているだけでは"モグラたたき"がうまくなるだけの上達です。それは「成長ベタな人」の姿勢です。
「成長上手の人」は、「観」のもとにその試練に意味づけをしたり、あるいは成長機会を意図的につくり出したりして進んでいます。

成長は、知識や技術の獲得という表層の問題ではなく、「観」の醸成といったもっと奥のほうの問題です。

漫然と経験を積むだけでは不十分 「観」に変えよ

「観」の分厚い人というのは、豊かな経験を持ち、そこから本質的なことを引き抜き、自分の言葉やイメージで独創的に表現ができます。そしてそれをもとに具体的な行動に展開することができます。

逆に、もしこのワークをやってみて、成長経験がうまく思い出せない、成長をうまく定義できない、そして行動にも落としづらい、というのであれば、おそらく成長観が弱いのでしょう。

「観」というのはものごとの見方・とらえ方です。「観」は知識や技術よりも下層にあって、自分の仕事・キャリアの"あり方"に大きく影響を及ぼします。

24 守・破・離
枠の中で秀でる・枠を変える・新しい枠をつくる

　日本の伝統的な芸能や武術の世界では「守・破・離」という言葉が使われます。その道を究めるための成長段階を表したものです。〈守〉は基本の型を身につける第１段階。〈破〉は基本を応用展開、改良していく第２段階。そして〈離〉は、それまでの学習や経験を統合し、超越していって、独自の世界を打ち立てる第３段階です。

会社員の守・破・離
組織と協調しながら３段階成長

　会社組織で働く人にとっての「守・破・離」は次のようなものでしょうか——

〈守〉先輩社員や上司から実務の基本技術を学び、経験を積んでいく。「この仕事はあいつに任せば大丈夫」と言われるほどの信頼を得る。「自立」の完成。

〈破〉組織の既存の考え方・やり方に対し、積極的に改善提案ができ、かつ実行できる。現状の自分に満足せず、自己の殻を恒常的に破っていくことができる。「自律」の成熟。

〈離〉どんなミッションを受けても、どんな立場・環境を与えられても、組織と協調しながら、悠然と自分の世界観で仕事・事業をつくり出せる職業人である。「自導」の会得。
（自立・自律・自導⇒ #19、#20）

[しゅ]
師からの教えを忠実に学び、型や作法、知識の基本を習得する第１段階。「修」の字を置く場合もある。

[は]
鍛錬と経験を重ね、師の教えを土台としながらも、それを打ち破るように自分なりの技を求める第２段階。

[り]
これまで教わった型や知識にいっさいとらわれることなく、思うがまま至芸の境地を会得する第３段階。

〈守〉の人は言ってみれば、既存の枠の中で「優秀者」を目指します。一方、〈破〉の人は、既存の枠をどんどん破っていく「変革者」であらねばなりません。そして〈離〉に至る人は、新たな枠をつくる「創造者」を目指します。

私はいま、「守・破・離」のどのステージで仕事をしているだろう？

「与えられた枠の中で優秀になる」ことで満足してはいけない。
その先にもっとやりごたえのあるチャレンジがある。

③ 離の人　新たな枠を創る「創造者」

② 破の人　枠を破る「変革者」

① 守の人　枠の中の「優秀者」

〈成長度〉 大きい／小さい

〈難度・リスク度〉 小さい／大きい

25 怠惰な多忙
忙しさの中身がどうなっているか

「アクティブ・ノンアクション(active non-action)：行動的な不行動」という言い回しがあります。動き回るものの、目的を伴う意識的行動をとっていないために、結果的に何ら実のあることを成していない状況を指す言葉です。

ストア派の哲学者ルキウス・アンナエウス・セネカは、そのような状態を「怠惰な多忙」と呼び、こう書いています——「われわれにはわずかな時間しかないのではなく、多くの時間を浪費するのである。人間の生は、全体を立派に活用すれば、十分に長く、偉大なことを完遂できるよう潤沢に与えられている」(『生の短さについて』より)。

セネカが約2000年前の人物だということを考えると、人類の"怠惰な多忙"は、古今東西を貫く一大問題なのかもしれません。

確かに私たちの仕事生活は忙しさに追い立てられ、それが止むことはありません。雑多な業務をこなしていくと、そこそこの知識やスキルが身につき、それで何か仕事をやった気にはなります。しかし、1年、3年、5年が経ったとき、根本的に意義のある仕事をつくりだし、残しているかどうか……。

同様の興味深い言葉として、ハーバート・A・サイモン(1978年ノーベル経済学賞受賞)の『計画のグレシャムの法則』もあげられます。それは——「定型の処理的な仕事は、非定型の創造的な仕事を駆逐する」。

これはご存じ「悪貨は良貨を駆逐する」というグレシャムの法則をアレンジしたものです。既存の状態を維持させるためだけのルーチン業務に追い立てられると、私たちはついつい長期的・根本的な計を立てる業務を後回しにしてしまいがちです。

その多忙を「実りある忙しさ」に変える処方箋

こうした"怠惰な多忙"の罠に落ちないために、時間を4つのマトリックスに分けて管理せよ(右ページ表)と提言するのが、スティーブン・R・コヴィーです。

コヴィーは、忙しいさなかでも第Ⅱ領域にきちんと着手することで、結果的に第Ⅰ領域に振り回されることが少なくなってくると言います。「なぜなら、あなたは問題の根っこに働きかけているのであり、問題が発生する以前に、それを防ぐ活動をしているからである。これは時間管理の用語で言うと、パレートの法則というものである。つまり80％の結果は20％の活動から生み出されるということである」。

- 人間生活の「怠惰な多忙」は、2000年前から続いている。
- 多忙だからといって、根本的で重要な仕事をしているとはかぎらない。
- 多忙の日常の中に、根本を考え行動を起こす時間をとる。

> 忙しいだけならアリやミツバチだって忙しい。
> 問題は何で忙しいかだ。

時間管理のマトリクス

	緊急	緊急でない
重要	〈第Ⅰ領域〉 ・締め切りのある仕事 ・クレーム処理 ・せっぱ詰まった問題 ・病気や事故 ・危機や災害	〈第Ⅱ領域〉 ・人間関係づくり ・健康維持 ・準備や計画 ・リーダーシップ ・真のレクリエーション ・勉強や自己啓発 ・品質の改善 ・エンパワーメント
重要でない	〈第Ⅲ領域〉 ・突然の来訪 ・多くの電話 ・多くの会議や報告書 ・無意味な冠婚葬祭 ・無意味な接待や付き合い ・雑事	〈第Ⅳ領域〉 ・暇つぶし ・単なる遊び ・だらだら電話 ・待ち時間 ・多くのテレビ ・その他意味のない活動

出典：スティーブン・R・コヴィー『7つの習慣』

〈第Ⅰ領域〉に支配される仕事現場／仕事生活

「モグラたたき」な毎日

〈第Ⅱ領域〉にきちんと手を打つ仕事現場／仕事生活

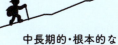

手に負える範囲の「モグラたたき」になっていく

中長期的・根本的な視点で物事を考え、行動を起こす時間をもうける

26 リスク
挑戦に伴う危険性

リスクがデンジャーと異なる点は……

　リスク[英語：risk]とは、「危険、危険性、〜のおそれがあること」を意味します。リスクという語は単に危険を表す以上に、その危険性の中に何かしら利得や機会が見え隠れするというニュアンスで使われます。その点が[danger：危険]と異なるところです。

　そのため、リスクはリターン[return：見返りとして期待できる利得]と合わせて考えられることが多くなっています。

　そのリスクとリターンの組み合わせを4パターンに分けてとらえたのが右図と次ページの図です。

　〈Ⅰ〉ローリスク・ローリターンは、派手さはありませんが、よりよき仕事・キャリアのための基本としたい姿勢です。

　〈Ⅳ〉ハイリスク・ハイリターンは、そう頻繁に仕掛けられるものではありませんが、人生やキャリアには、ときにこのタイプの冒険が必要な場合があります。

　〈Ⅲ〉ハイリスク・ローリターンは、そもそもやる価値のあるものなのかを考える必要があるでしょう。

　〈Ⅱ〉ローリスク・ハイリターン……そんなうまみのある話があるのでしょうか？　即時に儲かる金融商品であれば怪しいところですが、中長期の目線で考えれば、実は健全にこれを成就する形があります。それが〈Ⅰ〉の習慣化です。〈Ⅰ〉を地道に積み重ねることは、実質、低いリスクで高い利得を得るのと同じ作業なのです。

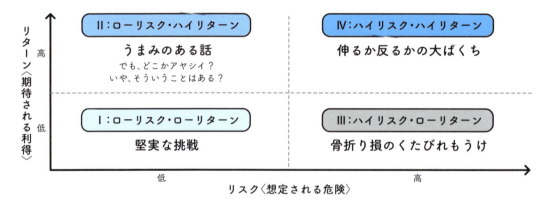

**ローリスク・ローリターンは基本姿勢として大事。
それを積み重ねていけば、結果的に
低いリスクで高いリターンが得られる形になる。**

No risk, no return. ── 虎穴に入らずんば虎児を得ず。
リスクを負うことを厭わない心をつくる。

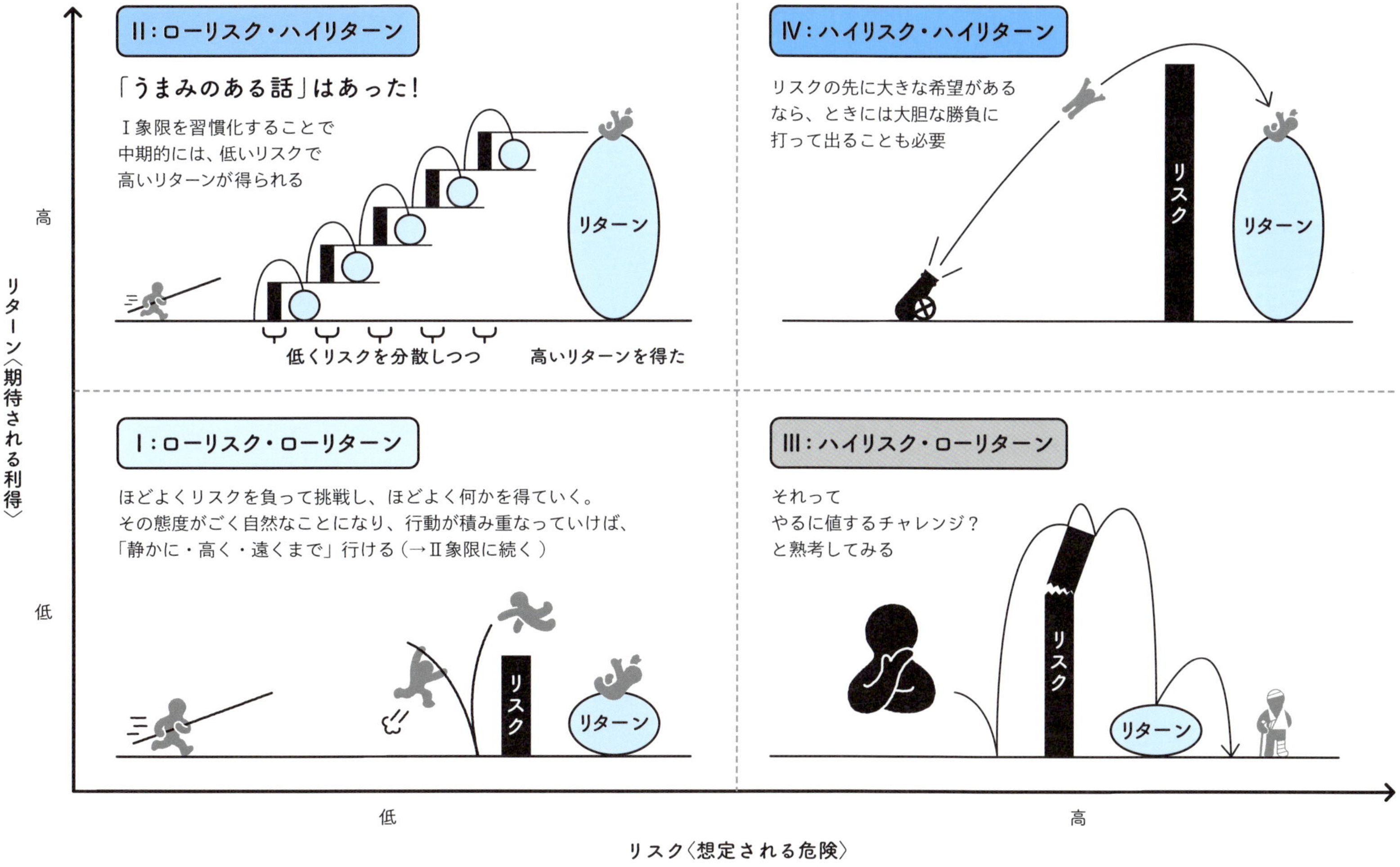

II：ローリスク・ハイリターン

「うまみのある話」はあった！

I象限を習慣化することで中期的には、低いリスクで高いリターンが得られる

低くリスクを分散しつつ　高いリターンを得た

IV：ハイリスク・ハイリターン

リスクの先に大きな希望があるなら、ときには大胆な勝負に打って出ることも必要

I：ローリスク・ローリターン

ほどよくリスクを負って挑戦し、ほどよく何かを得ていく。
その態度がごく自然なことになり、行動が積み重なっていけば、
「静かに・高く・遠くまで」行ける（→II象限に続く）

III：ハイリスク・ローリターン

それって
やるに値するチャレンジ？
と熟考してみる

縦軸：リターン〈期待される利得〉　高／低
横軸：リスク〈想定される危険〉　低／高

26 リスク

27 失敗
挑戦の過程で遭遇する一現象

成功の反対は失敗ではない「挑戦しなかったこと」である

「成功」の反意語は？とくれば、たいてい「失敗」を思い浮かべます。しかし、エジソンの次の言葉はとても重要なことを教えてくれます——「私は失敗したことがない。うまくいかない1万通りの方法を見つけたのだ」。

失敗は成功までの一つの過程であって、それによって得た経験知は成功までの土台になります。それは大切な「資産」です。もちろん成功によって得る獲得物も資産。ですから、成功も失敗も資産側に計上すべきプラス価値のものです。

では、対置するマイナス価値のものは何か？——それは「何もしなかったこと」。
臆病の心か、怠けたい心から、座してその機会を見送ったことです。
確かに、挑戦を避けたい気持ちは誰にもあります。挑戦にはリスクが伴うからです。しかし、そこでそれ以上に留意したいのは、挑戦しないことにもリスクがあるということです。

勇気をもって行動を起こせば、成功するにせよ、失敗するにせよ、何らかの資産が必ず蓄積されます。そして、その中に必ず次の行動の「種」が見つかります。そして、再び挑戦してみようと思える循環が出来上がってくる。これが「勇者の上り階段」です。

逆に、何もしないことに安住すると、機会損失は増え、後悔は蓄積され、時間は過ぎ去り、臆病癖、怠慢癖が自分に染みつきます。「臆病者の下り階段」が知らずのうちにできあがるのです。それは精神の習慣となり、歳をとるにつけ治しがたい病になります。

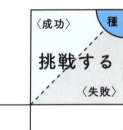

・獲得物
・経験知
・感動・自信
・人とのつながり
・次の挑戦への希望

・後悔
・時間消費

- 成功も失敗も、挑戦したことに対する結果現象の一つである。
- 失敗は、経験知という名の資産をもたらす。
- 成功するにせよ、失敗するにせよ、いったん挑戦すればそこには次の挑戦と成功の「種」が宿される。

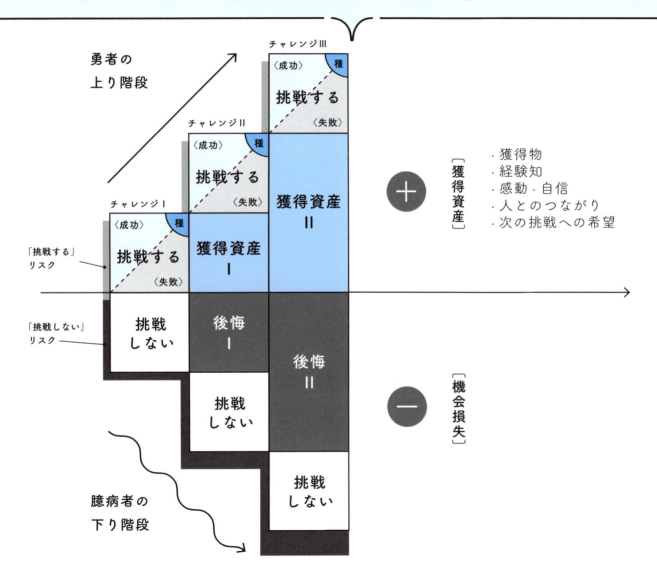

COLUMN 02
「七放五落十二達」の法則

自分の中にウジウジと留めていても物事は見えてこない

米国 Facebook 社のモットーは──
Done is better than perfect.
（完璧を目指すよりまず終わらせろ）

ともかく仕掛かりの仕事は、考えが熟していようがいまいが、できばえがよかろうがわるかろうが、形にして出してみる。それでこそ周囲から具体的な反応が起こる。そしてまた修正して形にする。その繰り返しの中で求めているものが固まってくる。

だれしも最初から完璧な理想を描くことはできないし、完璧に仕上げることはできない。完璧さにこだわって物事を自分の中で留めていたら、いつまでたっても物事は動かない。動かないうちに機会を逃してしまう。状況は変わってしまう。

同じように、米国の人気経営コンサルタント、トム・ピーターズは、「Ready-Fire-Aim」ドクトリンを提唱しています。

「構え・狙え・撃て！」ではない。
「構え・撃て！狙え！」 なのだと。

彼はこうも言います。
「ころべ、まえに、はやく」。

なりたいものが見つからないだから動けない

いまの仕事生活に停滞感、漂流感を抱いている人の多くは、「自分がなりたいものが見つからない（だから、具体的に動けない）」、「自分は自己分析してこういう適性なのに、いまの担当業務はミスマッチだ（だから、やる気が起きない）」……などの思考回路にはまりこんでいます。

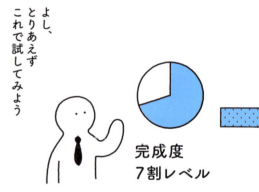

よし、とりあえずこれで試してみよう

完成度
7割レベル

うーん、これじゃまだダメだろう……

完成度
7割レベル

小さくとも形にしてしまう
あとは流れの中で考える

　自分のなりたいものなんて座っているだけでわかるわけがありません。

　自分の適性と完璧にマッチした仕事も簡単には出合えません。そもそも自分の適性とやらも不確かなものです。

　この変化の激しい社会にあって、将来のことを10割読み切ることは土台不可能。ですから、小さくとも形にしてやりきってしまうこと＝〈Done〉。外に放つこと＝〈撃て！〉。その実行と方向修正の繰り返しが、結果的にもっとも早く、そしてもっとも確実に、求めるものへの到達を約束するといえます。

　キャリアを拓くときの選択にあらかじめの正解などありません。決断して、事後的にそれを正解にしていく奮闘があるのみです。

　そんな潔いメンタリティーを持つ人が、最終的に納得のキャリアを勝ち取っていきます。

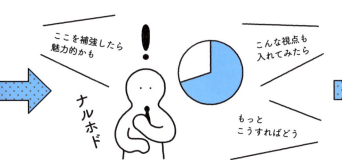

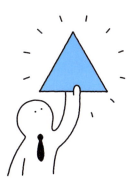

そうか、お客さんがほしかったのは「三角」だったんだ！

完成度を8割にもっていくにはどうしようか。ここをいじろうか。いや、でもな……

う〜ん、完全な「丸」にするには何が足りないんだ……

「7」で放ち、「5」まで落ちて奮闘の末「12」に達する

私はそれを「七放・五落・十二達」(しちほう・ごらく・じゅうにたつ)と名づける法則で勝手に説明しています。

［七放の決断］

自分の計画やら挑戦について、7割程度固まったら、まずはサイを投げる！ そして出た目を見て、次の一手を考え、また行動する。

［五落の谷］

「七で放つ」のは度胸一つですが、そこから真の実力が試されます。事を始めるやいなや、当初の計画は覆され、状況は散らかり、プランの変更を余儀なくされます。実質、5割レベルまで落ち込んだところから出直しを強いられます。

「五落の谷」という背丈まで生い茂る草むらの中、素手で草をかき分け、足でなぎ倒し、道を探っていきます。はいつくばって進まなければならない岩場もあります。霧がかかって行く先の見通しもききません。ふと下方に目をやると、そこにはここまで来て力尽きた「勇者の墓場」がうっすら見えます。

［十二達の丘］

そうした散乱をくぐり、修羅場を抜けていくと、やがて広い丘に出ます。その丘にはさわやかな風が吹いていて、ふと足元を見ると、小花も咲いているでしょう。

そんなとき、後ろを振り返って見てください。おそらく、事を起こす前までの自分を冷静に見下ろせるはずです。その達した丘は、当初自分が計画していた以上の高みになっていることが多く、12割レベルというのが実感値です。ここが「十二達の丘」です。

> サイを投げよ！
> すると肚が据わる。先が見えてくる。

この「十二達の丘」に立ったとき、だれもが思います——

先が読めないから行動できない、というのは言い訳だった。行動してみないから、先が見えてこなかっただけの話だった、と。

「十二達の丘」は、当初目指していたAの山ではなく、A'の山だった。あるいはそれとはまったく違うBの山だった、ということも十分にありえるでしょう。

しかし、たとえBの山だったとしても、あなたはBの山頂に立ち、遠くにAの山を眺めながらこう思うでしょう——「あぁ、Bの山もまんざらではない。いい山だ。これが結果的に自分の求めていた山だったんだ」と。

ある状況を前に、何かにこだわりすぎて、あるいは何かを不安がって、ああでもない、こうでもないと留まっている状態は気持ちが悪いものです。どうせ悩むのだったら、何か事を行って、その展開のうえでどうしようかと悩むほうが悩みがいがあるし、第一気持ちがすっきりするのではないでしょうか。

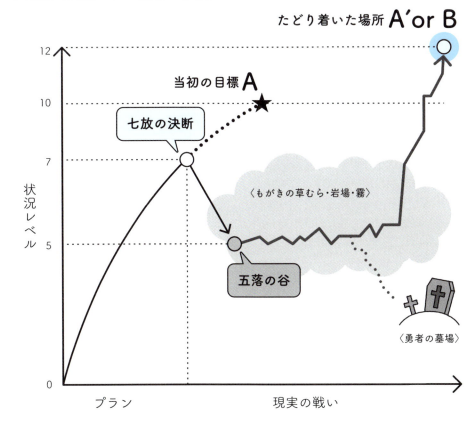

「七放・五落・十二達」の法則

28 結果とプロセス①
「成果を出す」と「過程をつくる」のどちらが大事か!?

　働いていくうえで、「結果を出すこと」と「プロセスをつくること」のどちらが大事でしょう？

　右の図に掲げた2つの言葉は対照的です。かたや、ナブラチロワ選手の言葉は「結果重視」、というか結果がすべてだという内容です。母国チェコスロバキアを逃れて米国に亡命し、1970～80年代の女子プロテニス界に黄金の歴史を築いた人物が発するだけに、実にすごみがあります。

　他方、日進月歩で進む理論物理学の最前線に身を置き、常に際立った研究成果が要求される世界にあって、その頂点であるノーベル賞を獲得した湯川博士が書き残したメッセージは「プロセス重視」です。

結果重視にもプロセス重視にも一長一短あり

　会社員とて結果を出さねばなりません。事業目標・業務目標として掲げた数値を成果として個々が達成することで、会社が存続でき、給料ももらうことができます。

　また、自分の能力よりも少し上の目標を立て、それを達成することで成長できます。

　ただ、そうした結果を出すことが絶対化すると、周囲との調和を図らない働き方や不正な手段の温床となります。また、不正に至らずとも、結果至上主義は長い目で見て働き手を消耗させます。

　他方、きちんとプロセスつくることも大事です。安定的に再現性をもって結果を出すためには、地道で正しいプロセスづくりが欠かせないからです。

　しかしプロセスにばかり固執して結果を求めない姿勢は、どこかに惰性や無責任を生みます。結果を出せないときの言い訳や逃げ場にもなります。

　要は、結果とプロセスはクルマの両輪です。結果を出そうとすることは前輪（努力する方向感を出す）となり、プロセスは後輪（日々進んでいく駆動力）となります。

> 勝ち負けは関係ないという人は、たぶん負けたのだろう。
> ——マルチナ・ナブラチロワ（テニスプレイヤー）

> 無駄に終わってしまったように見える努力のくりかえしのほうが、たまにしか訪れない決定的瞬間よりずっと深い大きな意味を持つ場合があるのではないか。
> ——湯川秀樹（物理学者）

押さえるツボ
- 〈結果〉を出すから仕事は利益を生み、成長も実感できる。
- 〈プロセス〉をきちんとつくらないと、いつもその場しのぎで成果を追うことになる。
- 〈結果〉と〈プロセス〉はクルマの両輪。

> 結果を出すぞという執念を持つ。
> プロセスをきちんとつくる着実さを持つ。

〈結果〉重視の考え方

- 結果を出そうとすることでよい緊張感が生まれる。努力の向け先が明解になる
- 結果を出すことで、達成感や自信、成長が得られる
- 出した結果は周囲にもわかりやすい
- 結果（仕事上の目標数値・利益）を出すことで、会社は存続でき、収入が得られる

ただし☝

「結果を出せ」の圧力が強くなりすぎると、いろいろな不正の温床になる。結果至上主義は働き手を消耗させる

〈プロセス〉重視の考え方

- プロセスをきちんとつくれば、結果は後からついてくる（はず）
- プロセスの詰まってない状態で、たとえよい結果が出たとしてもそれは「まぐれ当たり」
- 仕事のほとんどは実はプロセスづくり。プロセスづくりは自分づくり

ただし☝

「プロセスが大事だ」は、結果を出せないときの逃げ場になる。結果を求めないプロセスは惰性や無責任を生む

29 結果とプロセス②
ときに結果はウソをつく

〈結果〉は野球選手として大事
〈プロセス〉は人間として必要

　結果とプロセス、どちらが大事か！？——結果が厳しく問われるプロスポーツの世界で生き続けるイチロー（本名：鈴木一朗）選手の言葉には奥深いものがあります。

「**結果とプロセスは優劣つけられるものではない。結果が大事というのはこの野球を続けるのに必要だから。プロセスが必要なのは野球選手としてではなく、人間をつくるうえで必要と思う**」

　イチロー選手はこうも言います。

「負けには理由がありますからね。たまたま勝つことはあっても、たまたま負けることはない」

「本当の力が備わっていないと思われる状況で何かを成し遂げたときの気持ちと、しっかり力を蓄えて結果を出したときの気持ちは違う」

　これはつまり、結果が出た（＝勝った・記録を残した）からといって有頂天になるな、結果はウソを言うときがあるぞ、という彼独自の自戒の言葉です。

　プロセスが準備不足だったり、多少甘かったりしても、何かしら結果が出てしまうときがあります。そこで慢心してしまうと、次に思わぬ落とし穴にはまってしまうことが往々にして起こります。

　逆に、プロセスをきっちり積み上げても、期待どおりの結果が出ないときもあります。結果が出る／出ないは、ある部分、運任せのところがあるのが人生です。

　ただ、プロセスを重ねていくことによって、次の成功確率は確実に上がります。また、プロセスはそれ自体が自己の内面に貯まる財産です。そうした意味で、プロセスにはウソがないのです。

結果 ○ OR ✕	○結果が出る ○成功する ○目標達成する	もしくは	✕結果が出ない ✕失敗する ✕目標達成できない	どんな結果になるかは、自分でコントロールできない部分がある
プロセス（過程）	□練習・勉強・研究を重ねる □準備をする □いろいろな方法を試す		□考え方をいろいろ変える □小さな成功・失敗から学ぶ □人から助言をもらう	どんなプロセスを積み上げるかは、すべて自分の意志のもとにある

押さえるツボ！
- 〈結果〉はウソをいうときがある。
- 〈プロセス〉は自分の中で着実に積み重なる財産。
- 「プロセスづくりに力を尽くし、あとは結果を待つ」という姿勢で。

再現性のある結果を生み出すためにはきちんとプロセスを積み重ねること。
「勝ちに不思議の勝ちあり、負けに不思議の負けなし」──勝負師の世界の言葉

プロセスはウソをつかない

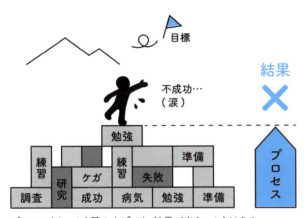

プロセスをしっかり積み上げても、結果が出ないときはある。

その後

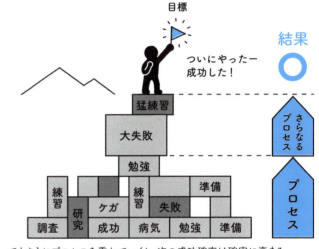

でもさらにプロセスを重ねていくと、次の成功確率は確実に高まる。
そこで勝ち取った成功は本当の自信になる。そしてプロセスは財産となる。

結果はウソをつくときがある

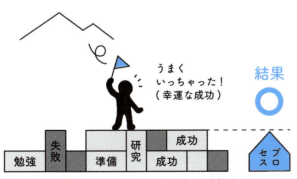

プロセスをいい加減にしても、よい結果が出てしまうときがある。

その後

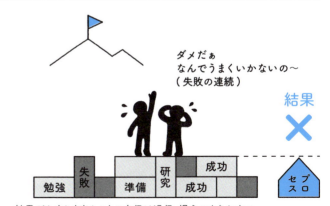

結果がたまたま出たときの自信は過信・慢心になりやすい。
次の成功を再現できる力を身につけたわけではない。

29 結果とプロセス②

30 孤独
深く大切なこと考えるために不可欠のプロセス

個として強く進むとき
その孤独は孤立を意味しない

Only is not lonely.——オンリー（独自・唯一）であることは、必ずしもロンリー（孤独）ではない。これは、糸井重里さんが主宰するウェブサイト『ほぼ日刊イトイ新聞』の表紙ページに掲げられているコピーです。

個性のない人びとが群れ合って、尖ろうともせず出るクイになろうともしない。あるいは、尖がった個性や出るクイを批評し、つぶす。そんなことが組織や社会では往々にして起こっています。

しかし同時に、「オンリーな人」たちが、深いところでつながって互いを理解し合い、協力し合うことも起こっています。

逆説的ですが、オンリーな存在として一人光を放てば放つほど、真の友人や同志ネットワークを得ることができます。個として強く立ち、独自性を追求する人の孤独は、決して孤立を意味しません。

歴史上のあらゆる偉業や名作は、根本的には、一人の人間の「孤独の時間」の中で芽生え、醸成され、決断されたものです。

私たち一人一人も何か深く、大切な仕事をしようと思えば、孤独というプロセスは不可欠です。孤独を敬遠せず、むしろ孤独をおおらかに受け入れる。それも大事な成長の観点です。

Only is not lonely.

「孤独」は、前提なのだ。
「ひとりぼっち」は、当たり前の人間の姿である。
赤ん坊じゃないんだから、誰もあんたのために生きてない。
それでも、「ひとりぼっち」と「ひとりぼっち」が、リンクすることはできるし、時には共振し、時には矛盾し、時には協力しあうことはこれもまた当たり前のことのようにできる。（中略）

「ひとりぼっち」なんだけれど、それは否定的な「ひとりぼっち」じゃない。
孤独なんだけれど、孤独じゃない。

——糸井重里「ダーリンコラム」（2000-11-06）より

 押さえるツボ

- 孤独であっても、孤立しない状態がある。
- 孤独の時間の中で、深く大切なことは育まれ、決断される。
- 孤独をおおらかに受け入れ、個として強く立とうとするとき、その次元にいる人や芸術とつながる。

個として強く立とうとする人は孤独を味わう。
でも、その孤独を通して深くつながることのできる人たちがいる。

その「つながり」は、互いにどんな中身を共有し、
どんなレベルでつながっている関係だろう？

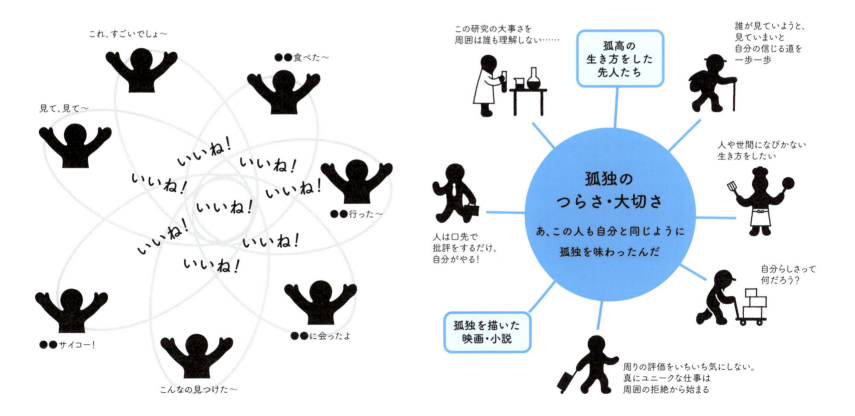

「個として強い職業人」チェックリスト

☐ 会社名・役職を取り外し、一職業人として、自分が何者であるかを語ることができる
☐ 日々に出くわすさまざまな情報・状況に対し、
　「自分はこう思う・自分はこうする」と押し出すことができる
　それにつき他と論議ができる。そして建設的に持論を修正できる
☐ そこに付いている権威に影響されず、中身を自分の眼で評価できる
☐ どのように振られた仕事であっても、それを「自分の仕事」に変換して、主体的に実行できる
　なぜその方法・選択肢を選んだのかを説明できる

☐ 職場が何か行き詰まった状態にあるときに、局面を打開できる発言・行動ができる
☐ 仮にいま、自分の会社がなくなったとしても、同じ職種・立場・条件で他に雇われることができる
　もしくはその分野で独立できる
☐ 自身の信念のもとにリスクを負うことをいとわない
☐ 反骨心や負けじ魂が強い

☐ 意固地になって突っ張っているのではなく、
　自分のやっていることの意義を周囲におおらかに語ることができる
☐ 一人でいる時間を設け、大切に使っている
☐ 独自性追求の心を失わない
　（そして独自性を追求している他者を尊敬できる）
☐ 独自であるがゆえの孤独を知っている。そしてそのために、真の友・同志を持つ

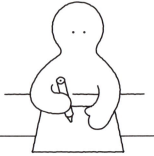

我々が一人でいる時というのは、
我々の一生のうちで極めて重要な役割を果たすものなのである。
或る種の力は、我々が一人でいる時だけにしか湧いて来ないものであって、
芸術家は創造するために、文筆家は考えを練るために、音楽家は作曲するために、
そして聖職者は祈るために一人にならなければならない。

――アン・モロウ・リンドバーグ『海からの贈物』

たとえ、明日に世界が滅びることを知っても、
私はきょうもリンゴの木を植えるだろう。

――マルチン・ルター

僕らはたいてい、部屋にいるときよりも、
人と交わっているときのほうがずっと孤独である。

――ヘンリー・デイヴィッド・ソロー『森の生活』

COLUMN 03
人は「無視・賞賛・非難」の3段階で試される

「毀誉褒貶（きよほうへん）」という言葉があります。「ほめたり、けなしたりすること」の意味です。私たちは人生を渡っていくうえで、この毀誉褒貶に振り回されることがしばしばあります。

例えば、周囲からちやほやされたり、実力以上に持ち上げられたり。また逆に、少し頭角を現すやいなや、嫉妬などによってつぶされそうになったり。

そんなときの大事なことをプロ野球選手・監督として活躍された野村克也さんは、こう表現しています。

「人間は、"無視・賞賛・非難"という段階で試されている」　　　　──『野村の流儀』より

段階1
「無視」によって試される

誰しも無視されることはつらいものです。自分なりに一生懸命やっても、誰も振り向いてくれない、誰も関心を持ってくれない、話題にも上らない、評価もされない……。

こうした「無視」という名の試練によって私たちは「負けじ根性」を試されています。ここではしぶとく精進を重ねて「人を振り向かせてやる！」という奮起しかありません。粘りや持続の中に飛躍の種が隠されていると信じることです。

段階2
「賞賛」によって試される

いまはネットでの情報発信、情報交換が発達している時代ですから、仕事の世界でも、趣味の世界でも、いわゆる「シンデレラボーイ／ガール」があちこちに誕生します。

ネットの口コミで話題になったラーメン屋が一躍「時の店」になることは珍しくありませんし、動画サイトでネタ芸を披露した人（ペット動物さえも）が、1週間後にはテレビに出演し、人生のコースが大きく変わることはよくある話です。人生のいろいろな場面で、こうした「賞賛」という名の"持ち上げ"が起こります。

「賞賛」は、受けないよりは受けたほうがいいのですが、これもひとつの試練です。「賞賛」によって、人は「謙虚さ」を試されます。

賞賛によってテング（天狗）になってしまい、その後、大失敗や大失脚してしまうケースがあります。賞賛はわがままを引き出し、高慢さを増長させるはたらきがあるからです（⇒仏教が説く「八風」115ページ）。

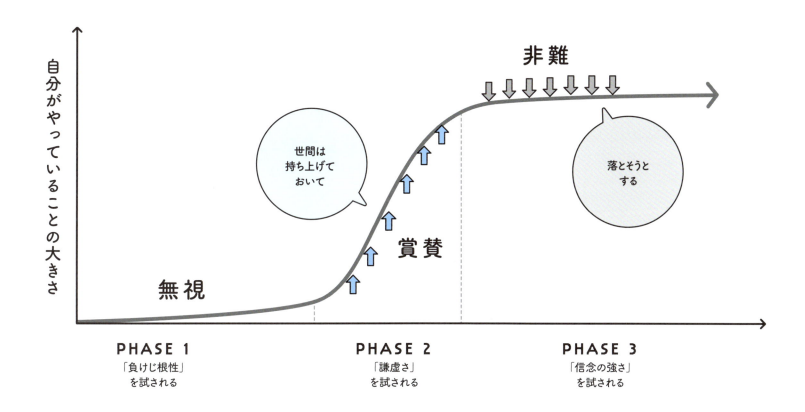

段階3
「非難」によって試される

 3番目の試練は「非難」です。その人のやっていることが大きくなればなるほど、妬む人間が増えたり、脅威を感じる人間が増えたりして、いろいろなところから非難や中傷、批判、謀略が降りかかってきます。

 野村さんは、「賞賛されている間はプロじゃない。周りから非難ごうごう浴びるようになってこそプロだ」と言います。

 自分を落としにかかる力をはねのけて、しぶとく高さを維持できるか、ここで篩（ふるい）にかけられるのは、その人が抱く信念の強さです。結局、自分のやっていることに「覚悟」のある人が、非難に負けない人です。

 芸術家として思想家として政治家として、生涯、数多くの非難中傷を受けたゲーテは次のように書きます。

 「批評に対して自分を防衛することはできない。これを物ともせずに行動すべきである。そうすれば、次第に批評も気にならなくなる」

—— 『ゲーテ格言集』高橋健二訳より

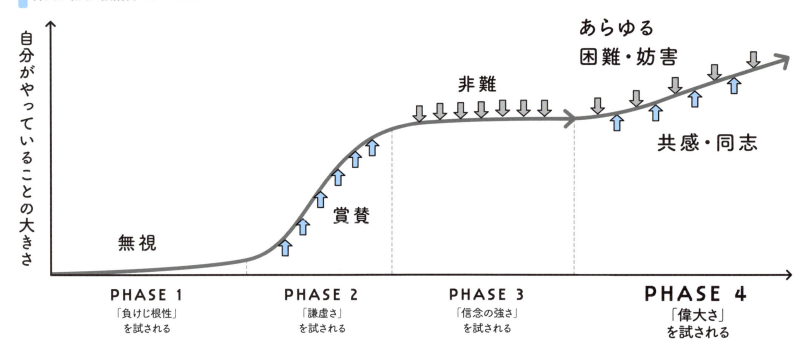

偉人が経る4段階目のプロセス

段階4
毀誉褒貶を乗り越えて

　さらに発展して考えると、歴史上の偉人たちはもうひとつ4段階目のプロセスを経ているように思えます。

　つまり、あらゆる困難や妨害を受けながらも、同時に、それを凌駕する上向きの力を得て高みに上がっていきます。偉大な仕事には、必ずそれを支える偉大な共鳴者や同志の力があったはずです。

　偉大な生き方をする人は大樹のようです。その大樹は、高く幹を伸ばし、枝葉を大きく広げているがゆえに風の抵抗をいっそう強く受けます。

　しかしその大樹は、人びとの目印となり、勇気づけとなる。暑い夏の日には広い木陰を与え、冷たい冬の雨の日には雨をしのぐ場所を与えてくれます。そしていつごろからか、そこにつながる蹊(こみち)もできます。春や秋には、樹の下で唄や踊りもはじまる。もはや、その大樹にとって、世間の毀誉褒貶はどうでもいいことになります。

　さて、私たち自身はどの段階までの試練を受け、人生を歩んでいくのでしょう。

八風（はっぷう）

人を押しつぶす風

[四違（しい）]
- 衰え［おとろえ］：衰えや損失
- 毀れ［やぶれ］：不名誉を受ける
- 譏り［そしり］：中傷される
- 苦しみ［くるしみ］：さまざまな苦しみ

ビューー

人をうわつかせる風

[四順（しじゅん）]
- 利い［うるおい］：目先の利益
- 誉れ［ほまれ］：名誉をうける
- 称え［たたえ］：称賛される
- 楽しみ［たのしみ］：さまざまな楽しみ

ひゅうひゅうー

仏教には、人生の要諦を簡潔に示した概念が豊富です。「八風」もそのうちの一つです。

八風とは人の成長や幸福を妨げる作用で、「利・誉・称・楽・衰・毀・譏・苦」を言います。

このうち前半4つは「四順（しじゅん）」と呼ばれています。これらは一面では幸運の作用をするのですが、他面では、人をうわつかせたり、高慢にさせたりします。

後半の4つは「四違（しい）」と呼ばれるものです。これらは当然、不幸を招きます。人を押しつぶし、卑屈にさせるはたらきがあります。しかし、これらを乗り越えることで強い自分をつくることもできます。

要は、八風には悪い作用と良い作用の両方がありますが、悪い方の作用に侵されるなというのが仏教のメッセージです。

PART 3 KNOWLEDGE & ABILITY

知識・能力について

知識や能力は「レゴ」ブロックに似ています。自分が表現したいものを組み立てるのに必要な部品。
部品を多く持つ人のほうが、表現(=仕事成果)の可能性は広がります。
しかし、部品をいくら多く集めてもそれを使いこなす能力やセンス、
表現に軸を貫く能力などより高次な能力がなければ、できあがるものは凡庸に留まります。
そんな知識・能力をいろいろな角度からみていきましょう。

この章でみていくこと

□ 仕事をする上で必要となる能力にはどんなものがあるだろう?
□ 「マネジメント」という能力を押さえる
□ 「リーダーシップ」と「フォロワーシップ」の概念をつかむ
□ 「人脈」を能力として生かすことを知る
□ 「偶然の幸運を呼び寄せる」力というものがある
□ 3つの「選ぶ力」を押さえる
□ 「習慣」がなぜ大きな力になりうるのだろう?

……など

登場する主なキーワード

#社会人基礎力　#ポータブルスキル
#行動特性　#思考特性　#コンピテンシー
#リテラシー　#T型人材　#知・情・意
#マネジメント　#リーダーシップ
#PM理論　#マネジリアル・グリッド
#状況対応リーダーシップ理論
#フォロワーシップ　#人脈　#セレンディピティ
#選択力　#習慣　#天性

31 職業人能力
働いていくうえで必要になるいろいろな力

ある職業に就いて、それを遂行し、報酬を得ていくために必要な力が職業人能力です。

①基礎学力
読み・書き・そろばん(計算)に始まり、ものを調べる、考える、判断する、知識を体系的に理解するなどの基礎レベルの力。社会で自立的生活を送っていくために最低限必要となる学力をいいます。

②社会人基礎力
就く職業にかかわらず、社会人として職場や地域社会でさまざまな人たちと協働していくために必要な基礎力です。例えば経済産業省はこれを3つのグループ・12の要素に分けてとらえました(⇒121ページ)。

③職業的能力
特定の職業に就き、仕事をこなし、仕事をつくりだす専門的能力をいいます。いわゆる「プロの仕事」と呼ばれるものは、この部分の能力から生み出されます。

職業的能力はさらに、「一般的／専門的」のレベル、「汎用スキル／組織固有スキル」といった分類ができます(⇒120ページ)。

能力は意識と不可分
健康があってこそ能力は出せる

④学ぼうとする意識
能力は意識と不可分なところがあります。いろいろなことに好奇心をもって学ぼうとする態度・志向・自分への動機づけは、能力習得のために重要なものです。

⑤キャリア形成意識
日々、漫然と働くのではなく、意志的な連続性・目的観を持って仕事に取り組んでいく。その中長期の流れから逆算して、どんな能力を身につけたらよいかを考えていく。そうしたキャリア形成の心構えは、職業人として重要な能力のひとつです。

⑥心と体の健康
健康であるというのは能力を習得し、発揮するうえで重要な条件です。たとえ100万人に1人の能力の持ち主でも、健康を害してしまえば、それは発揮できません。また、健康であればこそ、意識も鋭敏になって能力をさらに増進させていけます。

⑦人間性｜常識・倫理観
職業人としての能力の基盤にあるものは、人間性、常識・倫理観です。

人それぞれに人間性があります。また、それぞれに常識・倫理観の満ち具合や欠け具合、偏りがあります。まさにそれらの違いが各人の能力の個性となって表れます。

- 基礎学力と社会人としての基礎力の上に、職業的な能力は発揮される。
- 意識の持ち方や心と体が健康であることも能力のうち。
- 根底にある人間性が能力の個性を生み出す。

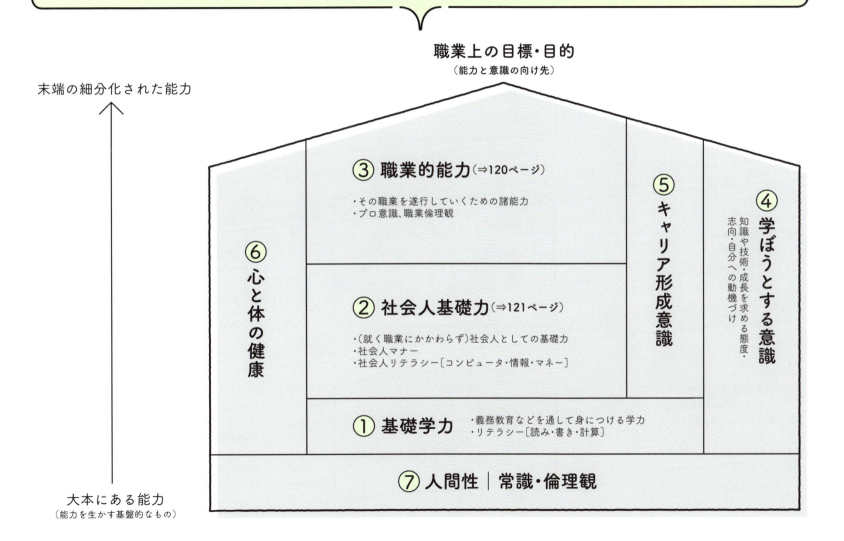

職業的能力におけるスキルのいろいろ

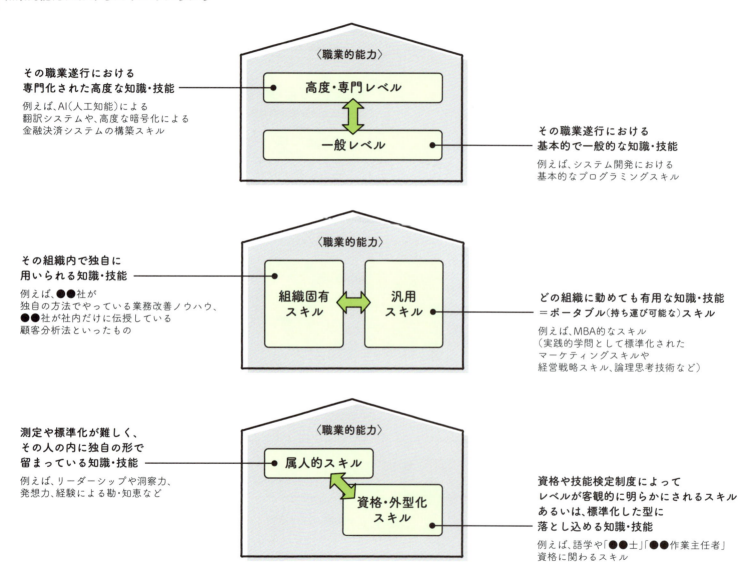

持ち運び可能なスキル その人だけに宿るスキル

職業的能力におけるスキル(特定の作業をこなすための知識・技能)はいろいろな観点からながめることができます。

例えばレベルの幅があります。持っているスキルが「一般レベル」のものもあれば「高度・専門レベル」のものもあります。

また、そのスキルが「汎用的」である場合もあれば、勤務している「組織固有の」ノウハウである場合もあります。ちなみに、汎用的なスキルは、どの会社に転職しても有用で持ち運びが可能なことから、「ポータブルスキル」と呼ばれています。

さらにはスキルの中には、「資格化・標準化」されるもの、その人の内だけに留まっている「属人的」なものがあります。

経産省が提唱する基礎力の重点は「行動・思考・協働」

経済産業省は、「職場や地域社会で多様な人々と仕事をしていくために必要な基礎的な力」として、2006年に『社会人基礎力』を提唱しました。

具体的には3つの能力と12の要素でまとめられています(右表)。

「アクション・シンキング・チームワーク」とあるように、行動・思考・協働に重点が置かれています。これらの基礎力は、どの職業に就き、どの会社に勤めようと共通に必要な能力といえるでしょう。

経済産業省が提唱する社会人基礎力

1. 前に踏み出す力 [アクション]

- 主体性:物事に進んで取り組む力
- 働きかけ力:他人に働きかけ巻き込む力
- 実行力:目的を設定し確実に行動する力

2. 考え抜く力 [シンキング]

- 課題発見力:現状を分析し目的や課題を明らかにする力
- 計画力:課題の解決に向けたプロセスを明らかにし準備する力
- 創造力:新しい価値を生み出す力

3. チームで働く力 [チームワーク]

- 発信力:自分の意見をわかりやすく伝える力
- 傾聴力:相手の意見を丁寧に聴く力
- 柔軟性:意見の違いや立場の違いを理解する力
- 情況把握力:自分と周囲の人々や物事との関係性を理解する力
- 規律性:社会のルールや人との約束を守る力
- ストレスコントロール力:ストレスの発生源に対応する力

この『社会人基礎力』は言ってみれば、経済産業省がニッポン株式会社で働く人全員に強化してほしいと願う行動特性・思考特性(⇒122ページ)です。

32 行動特性・思考特性
「どう行うか・どう考えるか」の傾向性

人はそれぞれに、物事をどう行うか、どう考えるかの傾向性、パターン、クセを持っています。それらを行動特性・思考特性と呼びます。

「〜ができる」と「成果が出せる」は違う

能力というと、知識や技能に目がいきがちですが、行動特性や思考特性はそれに劣らず重要な能力です。なぜなら、知識・技能を仕事上の成果に結び付けられるかどうかは、行動特性や思考特性にかかっているからです。

例えば、ここにコンピュータシステムについての専門知識があり、プログラムを組める技能を持ったAさんとBさんがいるとしましょう。

Aさんの行動特性は「粘り強く取り組む」「几帳面で仕事がていねい」「楽観思考」です。Aさんはこれらの特性が知識・技能と組み合わさり、信頼度の高いシステムをつくることができます。周囲からも成果の出せる人として認められています。

他方、Bさんの行動特性は「飽きっぽく集中力がない」「仕事が粗雑」「悲観思考」などです。これらの特性は当然、知識や技能の発揮に影響を与え、その結果、彼の納品物にはいつもクレームが多く発生しています。そのためBさんは、いわゆる成果が出せない人になっています。

このように「〜ができる」と、「成果が出せる」は別物です。知識や技能はあくまで仕事をする上での素材です。それを生かすも殺すも行動特性・思考特性しだいです。

行動特性・思考特性には、成果を生みやすいものとそうでないものがあり、前者を「コンピテンシー」と呼ぶことがあります。

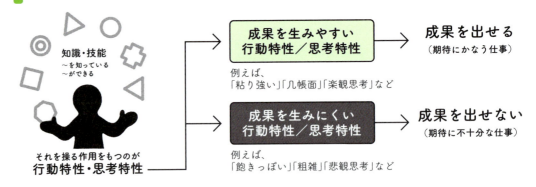

「行動特性・思考特性」が、成果に影響を与える

自分にはどんな「行い方のクセ」「考え方のクセ」があるだろう？

> いくら立派な知識・技能を持っていても
> 行い方や考え方のクセが悪ければ成果に結び付かない。

成果を生みやすい行動特性・思考特性の一例

仕事成就に関わるもの
- 品質重視
- スピード重視
- 生産性重視
- 目標を設定する力
- 短期から中長期の計画性
- 目標達成への執着心
- 発想力
- イノベーション追求
- 改善意識
- 柔軟性
- 粘り強さ
- 規律性
- ポジティブ思考
- ストレス共生
- 気分転換のアイデア
- 几帳面
- 情報収集力
- 自分を動機づける力

自己成長に関わるもの
- 自己啓発
- 好奇心
- チャレンジ精神
- リスクテイキング
- 楽観思考
- 持続心
- 環境適応力
- セルフイメージ力
- 将来を展望する力

リーダーシップに関わるもの
- ビジョン構築力
- 責任感
- 戦略的思考力
- 全体俯瞰
- 意思決定力
- 起業家精神
- 変革意識
- 概念化思考
- 影響力
- 原理重視
- 理念発信力
- 寛容性
- 誠実さ
- 説明責任能力
- 使命感
- 成果重視の姿勢
- ストレスマネジメント
- メンバーを動機づけ開発する力
- 失敗の許容力
- リスク分析力

協働促進に関わるもの
- チームワークを築く力
- 目標を掲げる力
- 対立を解決する力
- 他者を動機づける力
- 率先力
- 模範提示
- 異文化理解
- 気配り
- ムードメイキング(雰囲気づくり)の力
- ルールを設定する力

対人関係に関わるもの
- 会話力
- 傾聴力
- 他者の理解力
- 他者の個性受容力
- 関係を築く力
- 共感力
- アサーション(柔らかな自己主張)
- オープンマインド(開いた心)

行動特性や思考特性は具体的にどのようなものをいうか、その一例をあげました。どんなカテゴリーで分けるかや、どんな言葉で表現するかについて一定の決まりがあるものではありません。「コンピテンシー」に関わる書籍などを見れば、さまざまな言葉が出てくるでしょう。

COLUMN 04
仕事・キャリアは
レゴ作品づくりだ

状況変化の流れの中で
いかに軸を見出し表現を出すか

『キャリアダイナミクスゲーム』と名づけたこのプログラムは、仕事とは「能力×想い→表現」であり、その表現の連鎖・蓄積がキャリアであることを肚に落とさせる内容です。

ゲームは右の進行表にそって、20代から50代まで計4回創作します。最初に受講者たちが手にするのは、ブロック20個。そして表現すべきものは「船」。

これが意味するところは、20代に身につけた能力(知識や技能、人脈など)の種類が20、そして組織から言い渡された業務課題が船を作ること、です。

すると、各グループから実にいろいろな表現の船が出てきます。

作品の違いはひとまず個性の違いということなのですが、回を重ねるごとに、その違いがどこから生じるのかに受講者は気づきはじめます。

理由の一つは、ブロックを使いこなす器用さやセンスの違いです。30代、40代とブロックの数は増えていくのですが、やはりブロックを使いこなす力が弱いと、力強い表現に結びつきません。

もっと根本的な要因は、想い(コンセプトや表現意図)の違いです。

漫然と船を作るグループがある一方、うちは豪華客船でいくぞとか、軍艦でいこうなどの軸を決め、物語とともに表現を重ねるところが出てきます。

この両者の差は表現の強さに歴然と表れてきます。仕事・キャリアも同じです。漫然と働く人は、漫然とした仕事・キャリアにしかなりません。

では実際の自分の仕事・キャリアに貫く軸は何なのか? その内省がこのゲームの後に待っているという仕掛けです。

〈キャリアダイナミクスゲーム〉進行シート
「?」の箇所は進行とともに順次指示される

	能力	想い	表現
20代 創作1回目	ブロック20個	各自で自由に	船
30代 創作2回目	?		船
40代 創作3回目	?		?
50代 創作4回目	?	↓	?

ブロック〈=知識・技能・人脈〉をたくさん手に入れよう。
それらを組み合わせる力〈=行動特性/思考特性〉と作品コンセプト〈=想い〉で、表現〈=成果〉は無限。

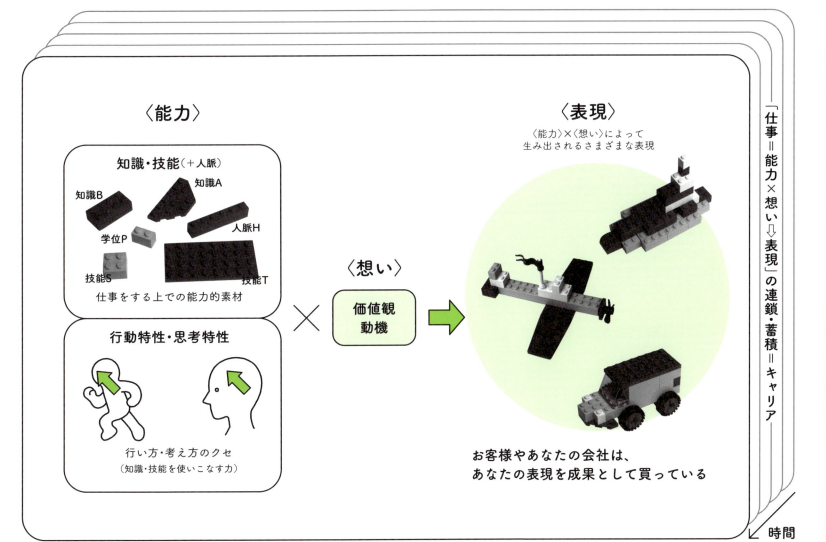

COLUMN 04 仕事・キャリアはレゴ作品づくりだ

33 リテラシー
最低限身につけておきたい基盤的能力

「読み・書き」は生きていくうえで必須の能力

> リテラシー〔英語：literacy〕
> ①読み書きできる能力。識字。読解から文章表現まで文字を使いこなす力
> ②特定の分野において、その知識や技術を使いこなす能力

「リテラシー」は、1番目の意味のとおり、もともとは文字の理解にかかわる能力をいいます。そこから意味が拡大され、いまでは「●●リテラシー」という形でさまざまに使われるようになりました。

例えば「コンピュータ・リテラシー」とは、コンピュータ（広くデジタル情報機器）にかかわる知識を持ち、ある目的を達成するために、適切なハードウエア・ソフトウエアを選び取り、それらを適切に使いこなす能力のことです。

読み・書きの能力が、社会を生きていくために必須のものであることから、「●●リテラシー」という場合にも、やはりそうした「最低限身につけておきたい基盤的能力」という含みを持ちます。

現代、私たちが社会人として生きていくときに求められるリテラシーはどんなものが考えられるでしょう。

1つには先に触れた「コンピュータ・リテラシー」があるでしょう。

そして「情報リテラシー」。情報が洪水のように溢れ出る時代に生きる私たちにとって、いかに情報を集め、正しく読み取るか。そしていかに適切に情報を発信するか。情報に振り回されず、だまされず、情報を賢く扱っていく能力が不可欠です。

また、「マネー・リテラシー」もあげられます。生活においても仕事においても、お金のはたらきや、その流れる仕組みを理解することは重要です。また、さまざまな金融商品とどう付き合っていくかも生涯を通して大事な問題です。

もともとの意味  **広がった使われ方**
- コンピュータ・リテラシー
- 情報リテラシー
- メディア・リテラシー
- マネー/金融リテラシー　など

その分野の知識や技術を使いこなす能力をいい、「最低限身につけておきたい基盤的能力」の意味合いを含む

 いまの自分がもっとよい仕事をするためにきちんと身につけておくべきリテラシーは何だろう？

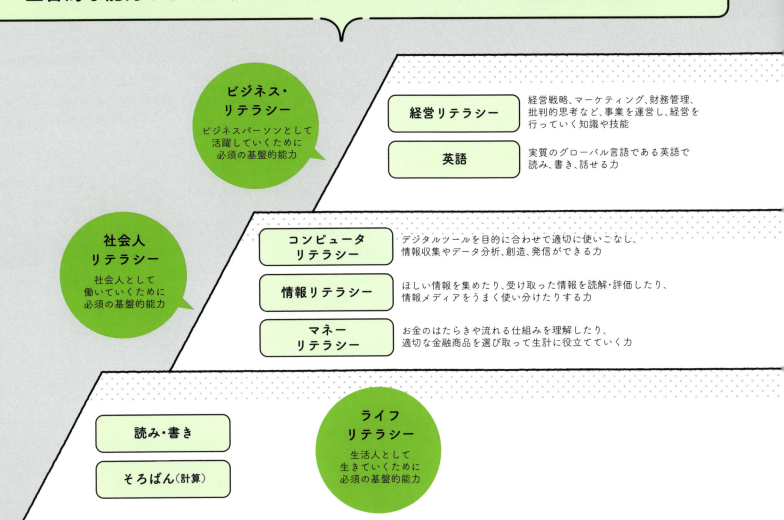

34 T型人材
能力の幅と深さを併せ持つ

専門的能力＝T字のタテ棒
汎用的能力＝T字のヨコ棒

　ある特定の分野の知識・技能を深く持ち（→T字のタテ軸）、かつ、さまざまな分野の知識・技能も幅広く持つ（→T字のヨコ軸）人材を、その形状に見立てて「T型人材」と呼びます。

　かつて戦後の高度成長期、日本の企業においては、「I型」のスペシャリストと、「一型」のゼネラリストの2種類の人材ががっちり組み合わさり、猪突猛進で欧米のキャッチアップを目指す時代がありました。

　ところがキャッチアップが終わり、世界に先駆ける革新的なモノ・サービスの開発が求められる今日、企業が人材に求める考え方も変わってきています。

　個々の中に専門的能力（タテ軸）と汎用的能力（ヨコ軸）の両方を養わせたいという意向が強まっているのです。異なる視点から複眼的に発想ができ、手が打てる。専門的な深いところを熟知しつつ、高台に立って統合的な考え方もできる。それがT型人材です。

　他の型として、専門分野を複数持ちハイブリッドに活かせる「π（パイ）型人材」、さまざまな人の持つ専門能力を越境的につなぎ合わせる「H型人材」もあげられます。

　また、これからの「I型」は、AI（人工知能）の優秀なエンジニアや、100分の1ミリの違いまで指で感じ取る旋盤職人のように突出した一本槍の人材が重宝されるでしょう。

　「一型」にしても、多才で人脈の幅広いプロデューサーのような人が生き残っていくと思われます。

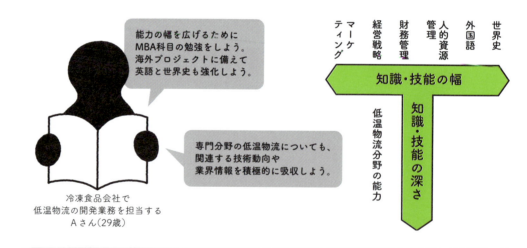

- 能力を「T型」に修練している人材を企業は欲している。
- 「π型」や「H型」のようにハイブリッド感覚・越境マインドを持った人材も貴重。
- 「I型」「一型」は凡庸さを排し、突出することが大事。

> 要は、能力の軸を複合的に持つ人になるか。
> ひとつの軸を突出させる人になるか。

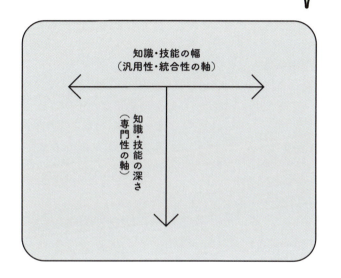

〈T型〉
クロス・ディシプリンド
（タテとヨコに修練した）
プロフェッショナル

〈I型〉
スペシャリスト

〈一型〉
ゼネラリスト

〈π型〉
ダブルメジャード
（2つの専門性を操る）
プロフェッショナル

〈H型〉
トランスバウンダリー
（越境して結び付ける）
プロフェッショナル

34 T型人材

35 知・情・意
人間がもつ3つの精神のはたらき

3つを豊かに活動させ深い次元で仕事を生み出す

哲学者カントは、人間の精神のはたらきとして「知・情・意」の3つを考えました。彼は「私は何を知りうるか｜私は何を望んでよいか｜私は何をなすべきか」との有名な問いを示し、人間の知性・感情・意志を吟味検討しました。

〈知〉
・知性に関わる心のはたらき
・「真」の価値を理想とする

〈情〉
・感情に関わる心のはたらき
・「美」の価値を理想とする

〈意〉
・意志に関わる心のはたらき
・「善」の価値を理想とする

仕事をする上でも、この「知・情・意」3つの要素は大事です。「知」だけに偏る仕事は無味乾燥になり、人びとの共感を得ることができません。「情」だけに走ってしまうと、あらぬ方向に逸脱する危険性があります。また「意」だけに凝り固まると、柔軟さや寛容さを欠くことになります。

大事なのは、自分を豊かにふくらませて、3つの方向から物事を考え、感じ、行動していくことです。そうすることで、より深い知・より深い情・より深い意の次元に下りていくことができます。

母親が我が子に対し「賢い子・優しい子・正しい子」になるように願うのと同じく、仕事人としての私たちも「賢い仕事・優しい仕事・正しい仕事」を生み出したいものです。

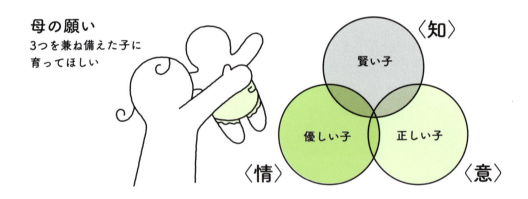

母の願い
3つを兼ね備えた子に育ってほしい

- 知だけ、情だけ、意だけでやる仕事には厚みが出ない。
- 「深い知×深い情×深い意」で生み出す仕事があなたの最強の仕事。

> 「智に働けば角が立つ。情に棹させば流される。意地を通せば窮屈だ」
> ——夏目漱石『草枕』

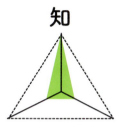

〈知〉だけに偏る仕事は無味乾燥になる

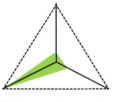

〈情〉だけに走る仕事は漂流する危険性がある

〈意〉だけに固まる仕事は柔軟性や寛容性を欠く

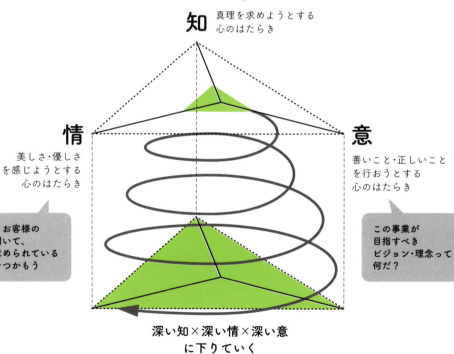

35 知・情・意

36 マネジメント
物事を手なずける能力

経営以外にも適用が広がっているマネジメントの概念

> manage〔英語〕＝
> ①困難を乗り越えてやり遂げる。
> 　何とかやっていく。手なずける。
> ②会社や事業を経営管理する。
>
> management＝
> ①巧みな取り扱い。管理。統御。
> ②会社や事業の経営管理。あるいは、
> 　その能力、機能、執行者。

「マネージ」は、「馬を手なずける」の意味合いから来た言葉です。荒くれた野生馬を手なずけるためには、さまざまな要素を感知し、分析し、全体を把握しながら巧みな技術で馬を制御しなければならない。そして自分の意図のもとに役立たせるものにしていく。それが「マネージ」です。

馬よりはるかに手なずけが難しい事業の経営にこの言葉を当てたのが、ピーター・ドラッカーです。彼は「マネジメント」を重要な経営概念に昇華させました。

マネジメントは一般的に「管理」と訳語がついていますが、実際のニュアンスは「管理」よりもずっと幅広いものです。感知、収集、洞察、分析、予測、回避、改善、開発、統合、調整、指示、最適化、概念化、組織化など、これらを総合した概念としてとらえたほうがいいでしょう。

昨今では、こうしたマネジメントの概念の適用範囲が広がり、「●●マネジメント」という言葉が増えてきました。

マネジメントとは要するに「その物事を自分の意図のもとに手なずけること」。物事に振り回されず、流されず、物事の主人になるための能力です。

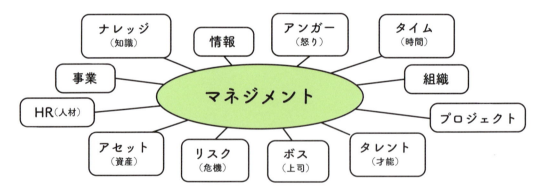

- 「マネジメント」の訳語は「管理」だが、実際は、「感知、洞察、分析、予測、回避、改善、統合など」を総合した概念。
- 「■■マネジメント」とは「■■を手なずける能力」。

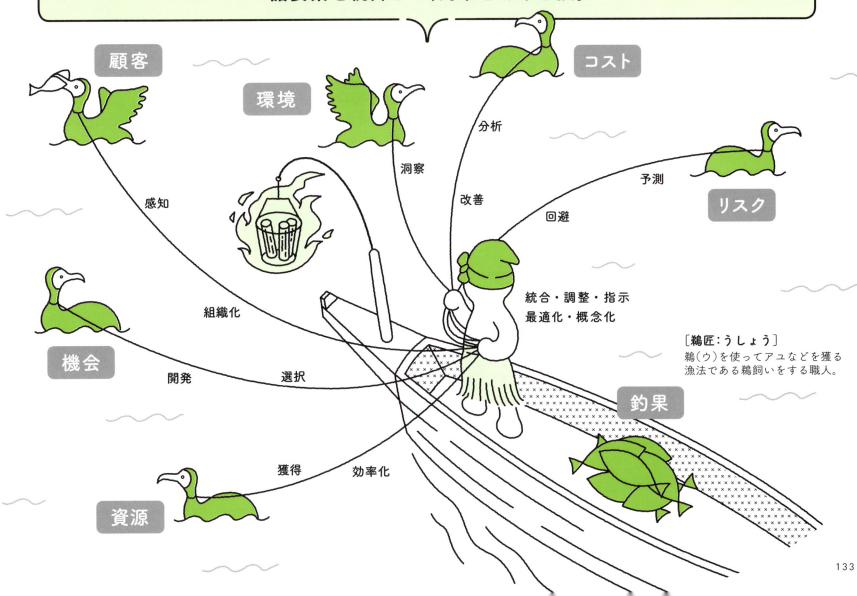

37 リーダーシップ① 2つのリーダーシップ
自己を導く・他者を導く

家族や学校や会社には必ずリーダーがいる

> lead〔英語〕＝人を導く、率いる
> leader ＝指導者、統率者
> leadership ＝人を指導・統率する能力や行動、作用、立場

人間は社会的動物であると言われるとおり、私たちはさまざまに集団をつくり、何か目的に向かって進みます。

そして、家族にせよ、学校にせよ、会社、趣味の会、地域の会にせよ、そこには必ずリーダーがいる(発生する)ことに気づきます。「導く者」がいて、「導かれる者」がいる。この二者の関係性は人の集団に起こる必然の構造と言えます。

リーダーシップは「人を」導くことが暗黙の前提として語られます。しかし、リーダーシップの生成を考えるとき、リーダーになるべき人の「自己を」導く段階を無視することはできません。

つまり、おおよそ人を導こうとするときには、まず、リーダー本人が何かの理想や信念を持ち、そこへ自己を導くという状態をつくらねばなりません。みずからを導けない人が、人をどこかへ導くことはできないからです。

また、ある人が、自身の胸中にある理想や信念の実現に向かって一人進むとき、その姿や想いに感化された人たちが彼・彼女の後についていったとします。まさにこれが、リーダーとフォロワーの発生であるわけですが、この起点もまた、自己を導くということだったのです。

このように、リーダーシップは2つの段階でとらえることができます。すなわち、1つめの段階として「自己を導く(セルフ・リーダーシップ)」があり、2つめの段階として「人を導く(インターパーソナル・リーダーシップ)」があります。

① 自己を導く

② 人(他者)を導く

- 何か目的に向かう人の集団では、「導く人」と「導かれる人」の二者構造が生まれる。
- 人を導く前に、自己を導かねばならない。
- たくましく自己を導く人に、人がついていくとも言える。

> 理想や信念に向かって自己を導いている人は、すでに半分リーダーである。
> その姿を見て誰か一人でも後についてくれば、まさにリーダーとなる。

2つの段階のリーダーシップ

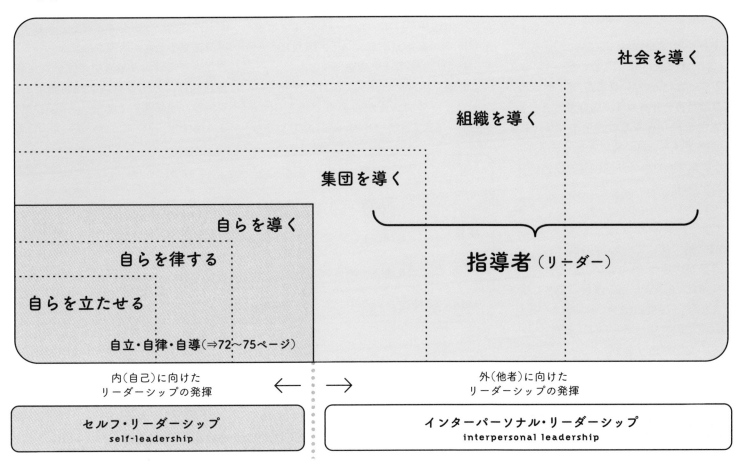

38 リーダーシップ② リーダーシップ論
人を導くことに関するさまざまなアプローチ

研究者の理論から実践者の持論まで百花繚乱

リーダーシップ研究は20世紀に入ってから盛んに行われるようになりました。

まず取り組まれたのは「資質論」でした。古今東西の指導者を分析して、指導者に必要な資質や特性を探り出すというものです。ただ、このアプローチは、資質という先天的、静態的な要素を扱う点でやや発展性に欠けるものでした。

そこで動態的なアプローチとして出てきたのが「行動論」です。この理論の核は、リーダーの行動が課題（コト）に向いているか、人間（ヒト）に向いているかという視点です。有名な研究に『PM理論』（三隅二不二ら）や『マネジリアル・グリッド』（ロバート・ブレイク、ジェーン・ムートン）などがあります。

さらに登場してきたのが「状況適合論」です。有効なリーダーシップの発揮は状況によって異なることを核に据えた主張です。環境や課題の性質、フォロワーの成熟状態などを変数として考慮し、最適のリーダーシップスタイルを探り出します。フレッド・フィードラーの理論や、ポール・ハーシィとケネス・ブランチャードによる『状況対応リーダーシップ理論』などが有名です。

その他、リーダーシップ論はリーダーとフォロワーの関係性から分析するものや、リーダーをサーバント（奉仕者）としてみるものなど、さまざま出てきています。

リーダーシップを学ぶ場合、実践者の持論も見逃せません。政治や経営、スポーツの世界における偉大な指導者の言動や生きざま、著作物は、とても有益な教科書です。リーダーシップはあくまで「行」（ぎょう）を基にするからです。

研究者による理論	ⅰ）資質論	リーダーシップに適する資質（性格や能力など）を探っていく
	ⅱ）行動論	有効的なリーダーのとる行動やスタイルを突き詰めていく
	ⅲ）状況適合論	あるべきリーダーシップは状況によって異なることを理論の核に据え、さまざまな状況変数を考慮したリーダーシップモデルを考える
	ⅳ）関係性論・その他	リーダーとフォロワーとの相互関係性からリーダーシップの本質をとらえていくものや、リーダーをサーバント（奉仕者）とみるものなど
実践者による持論		実践者の経験や信念に基づく独自のリーダー論・指導者哲学・帝王学

- リーダーシップがいかなるものか、有効なリーダーシップとは、について一様の固定化された答えはない。
- それほどリーダーシップは複雑で奥の深い能力・行動・作用。
- リーダーシップは「行」を基にする。そこに「論」が付く。

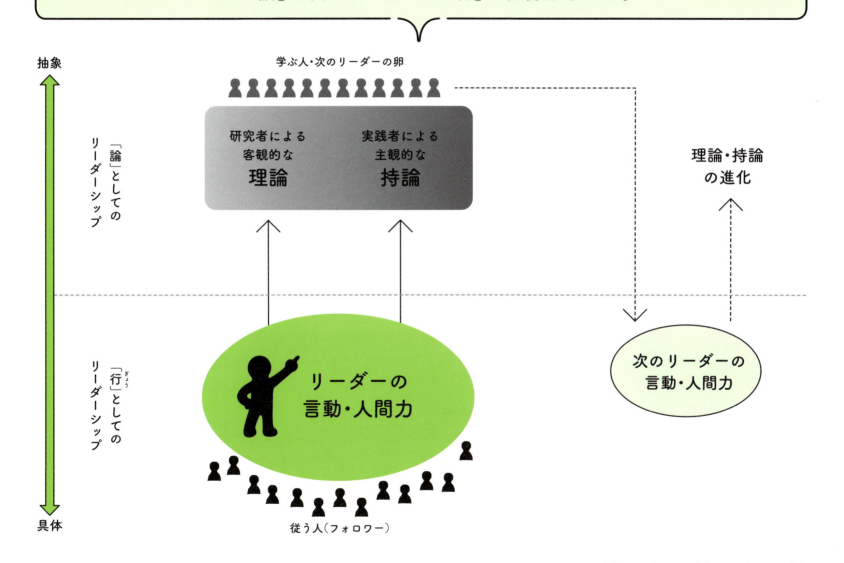

リーダーたちの言葉

日本サッカーはブラジルと近いね。ブラジル人コーチ達の影響が非常に大きいよ。
しかしそのような最高の教師達がいるとはいえ、日本の選手は一つのことだけ学ぶことができない。
ピッチで誰も責任を引き受けたがらないのだ。
彼らは疫病から逃れるかのように責任から逃れようとする。

——イビチャ・オシム（元サッカー日本代表監督）

勇気は自信に先行する。
——西堀栄三郎（第一次南極観測隊・越冬隊長）

人のやったことは、まだやれることの百分の一にすぎない。

——豊田佐吉（トヨタ・グループ創始者）

国家があなたがた国民に何をしてくれるのかを問うのではなく、
あなたがた国民が国家のために何ができるのかを問うてください。

——ジョン・F・ケネディ（第35代アメリカ合衆国大統領）

私は奴隷になりたくないがゆえに、主人にもなりたくない。
これが、私の民主主義の理念である。

——エイブラハム・リンカーン（第16代アメリカ合衆国大統領）

> 何が欲しいかを知ることは、
> 顧客の仕事ではない。
> ——スティーブ・ジョブズ（アップル社創設者の一人）

> 状況？ 状況とは何だ？
> 状況とは私がつくるものだ。
> ——ナポレオン・ボナパルト（フランス皇帝）

> あまりにも先を読みすぎるのは誤りである。
> 運命の鎖の輪は一つずつ扱われねばならない。
> ——ウィンストン・チャーチル（第二次世界大戦下の英国首相）

> 経営リーダー10の条件
> （1）論理的思考
> （2）時代の風を読む
> （3）戦略的思考
> （4）攻めの経営
> （5）行政に頼らぬ自立の精神
> （6）政治家に頼るな、自助努力あるのみ
> （7）マスコミとの良い関係
> （8）明るい性格
> （9）身銭を切ること
> （10）高い倫理観
> ——小倉昌男（ヤマト運輸元社長）『経営学』

> パスなんかは反復練習でかなり上達するでしょう。反復練習というのは日本人は得意だから、パスの正確性や球さばきは日本人のほうがうまいくらい。でも、その要素がゲームの中でいったいどれだけ重要なのかということなんです。パスの大原則はどこへ放るかではなくて、いつ放るかなんですよ。
> （中略）
> 外国のプレーヤーはパスは不器用ですが、「いつ放るか」というのがきわめて正確なんですよ。
> ——平尾誠二（元ラグビー日本代表監督）『イメージとマネージ』

39 フォロワーシップ
リーダーに従い、リーダーを支える能力

フォロワーからリーダーへの影響力・作用は無視できない

歴史上の偉業を振り返るとき、偉大なリーダーの下には、必ず偉大なフォロワーがいました。集団や組織が、大きな目的を成就しようとするとき、そこには、優れたリーダーシップと優れたフォロワーシップの相互作用が欠かせません。

組織行動においてこの2つは重要な対概念ですが、一人の人間の中においても、リーダーシップとフォロワーシップは同居しています。優れたリーダーと呼ばれる人の若いころを探っていくと、実は優れたフォロワーシップを発揮していたことが事例としていくつも観察されています。

さて、ロバート・ケリー教授(米・カーネギーメロン大学)は、フォロワーを5つのタイプに分けています。

①模範的フォロワー

独自の視点や価値基準で思考し、上司にも積極的にはたらきかけをするタイプです。将来はみずからも優れたリーダーになっていく可能性が高いといえます。組織の中では「ホープ」「エース」的な存在です。

②孤立型フォロワー

自分独自の冷めた思考をし、上司へのはたらきかけをあまりしないタイプです。いわゆるアウトロー、批評家タイプの部下がこれにあたります。

③消極的フォロワー

みずからの視点で考えることをせず、上司に対しても積極的にはたらきかけるわけでもなく、言われた分だけ「ま、やるか」というタイプです。事なかれ主義の部下といっていいでしょう。

④順応型フォロワー

上司から言われたことを無批判に受け入れながら、積極的に動くタイプで、いわゆる「太鼓持ち」「ゴマすり」的な存在。

⑤実務型フォロワー

上の4つのタイプの中庸をいき、組織内での生き残りをしたたかに考える現実派タイプといったところです。

私たちは上司をつかまえて、「あの人にはリーダーシップがない」と簡単に批評はできます。では、「自分には優れたフォロワーシップがあるだろうか?」と自問してみてください。あるリーダーの下に、「賢従者」となるか、「愚従者」となるかは、フォロワー自身の態度にかかっています。

- フォロワーシップとは、リーダーに対する「従支力」。
- 優れたリーダーシップと優れたフォロワーシップの相互作用によって、組織は大きな力を出す。

「賢従者」になるか、「愚従者」になるかは
リーダー側の問題ではなく、フォロワー側の問題。

ロバート・ケリーによるフォロワーの分類

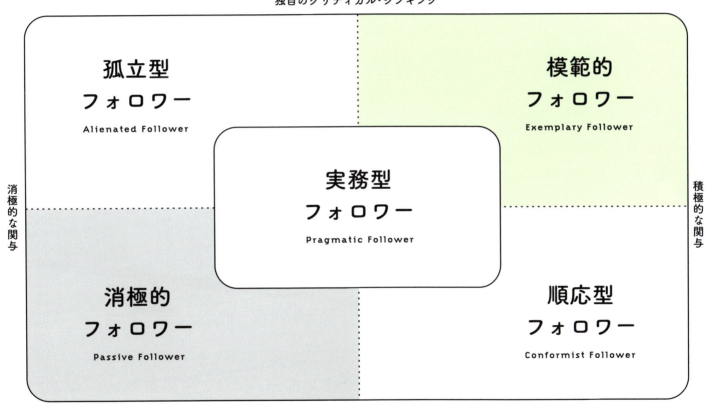

※出所:『指導力革命』ロバート・ケリー著、牧野昇訳、プレジデント社(一部簡略化して作成)

40 会社につく人脈／個人につく人脈
利でつながる人たち／信でつながる人たち

人脈は大事な能力の一つです。人脈は自分の力を増大させるテコのようなものです。ですから、「あ、このことならあの人に相談できるかも」という人を社内外に、多方面に持っておくほど、テコの出番は増え、仕事の突破・展開が進むでしょう。

その人脈は
その会社をやめても継続する？

会社員が持つ人脈には2種類あります。「会社につく人脈」と「個人につく人脈」です。

その会社を辞めた後、断ち切れる人脈は、会社についていた人脈です。その人は、あなた個人と付き合っていたわけではなく、その会社の担当者Aさん、あるいは役職者Aさん（たまたま、あなただった）と付き合っていたわけです。

他方、個人につく人脈とは、仕事人としてのあなたを信頼し、あるいはまた、一人間として慕い、どこの会社に移ろうとも関係が保持される人脈です。

結局のところ、「会社につく人脈」は、〈利〉の関係です。両者の間にあるのは、損得感情です。

それに対し、「個人につく人脈」は〈信〉の関係で保持されます。「あの人なら、個人としてずっと付き合ってみたい」という信頼・共感です。

「会社につく人脈」が世知辛いとはいえ、会社の看板（名刺）で付き合える人の幅は広いものです。ですから、会社はおおいに利用すべきです。当初は「会社につく人脈」であったとしても、その後、個人的な信頼を得れば、その人は「個人につく人脈」に変わります。

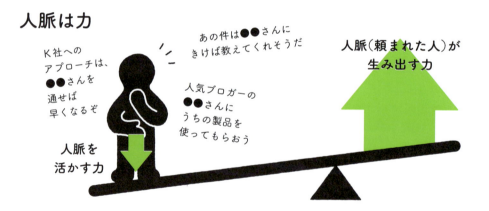

人脈は力

考えてみよう

名刺箱の何人の人が、会社をやめてもつながり続ける人だろう？

会社の看板で寄せた人でも
個人としての信頼を得ることで、自分につく人脈になる。

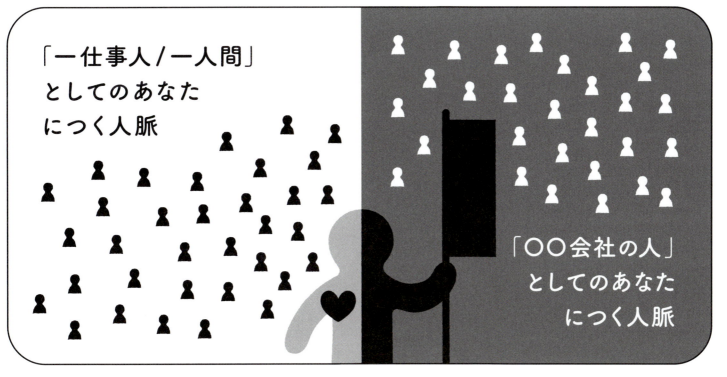

「信」の関係に基づいており、
勤める会社や立場に関係なく継続していく人脈

「利」の関係に基づいているので
その会社・役職をやめてしまうと途絶える人脈かも

41 セレンディピティ
偶然の中から幸福をつかまえる力

偶然の幸運をつかまえる力は鍛えられる！

> セレンディピティ
> 〔英語：serendipity〕
> ＝偶然、嬉しいものを見つけ出すこと、幸運に出合うこと。またはその能力。

　科学の世界での偉大な発明・発見の中には、偶然の出来事がきっかけになるものが少なからずあります。しかし、それは本当に偶然なのでしょうか？　「いや違う。そのチャンスは自分が呼び込んだものなのだ！」と主張するのがパスツールです（右ページの言葉）。

　感覚を鋭敏にして、そこに専念するという心の準備状態をつくれば、見えなかったものが見えてきます。

　例えば、あなたは突然会社から、半年後にフランス支社への駐在を命じられたとします。あなたの中に「フランス生活」という意識のアンテナが強く立ちました。するとどうでしょう、新聞を読んでも、街を歩いていても「フランス」の情報が見えてきてしょうがありません。それらの情報は以前も同じようにあなたの周りに流れていたはずなのに、です。

　世の中には実は幸運やチャンスの素（もと）がたくさん流れています。それはあたかも、目に見えない電波がこの空間に無数飛び交っているように。感度のよいラジオであればいろいろと電波を受信することができます。ところが感度の悪いラジオはなかなか電波を拾いません。

　偶然の中から幸運をつかみとる力、すなわち、セレンディピティを高めるには、意識のアンテナを立て、自分がチャンス感度の鋭いラジオになることです。

 押さえるツボ
- 「待っているだけの偶然」ではなく、「呼び寄せる偶然」というものがある。
- 意識のアンテナを立てることでチャンス感度は上がる＝セレンディピティを起こす確率が上がる。

> いま・ここに幸運の出来事の素は飛び交っている。
> それをつかまえられるチャンス感度の鋭いラジオになろう。

運命的な出来事

発見・気づき

アイデア

チャンス

出会い

たしかにわたしたちは幸運だった。でも、あまり幸運だ、幸運だ、とばかり言われると、それはちがうだろう、と言いたくなる。幸運はみんなのところに同じように降り注いでいたではないか、それを捕まえるか捕まえられないかは、ちゃんと準備をしていたかいなかったかの差ではないか、と。
──小柴昌俊（2002年ノーベル物理学賞受賞）『物理屋になりたかったんだよ』

チャンスは心構えした者の下に微笑む。
（Chance favors the prepared mind.）

──ルイ・パスツール（細菌学者）

41 セレンディピティ

42 選択力
「選ぶこと」に関わる3つの力

「選ぶ力」においても受動的と能動的とがある

人生は選択の連続です。私たちは朝起きてから夜寝るまで、大小無数の選択をして進んでいきます。そのとき人には「選択力」の差が出ます。「選択力」とは——

> 1 選択肢を分析・判断する力
> 2 選択肢をつくり出す力
> 3 選択を（事後的に）正解にする力

1番目は、眼前にある選択肢のうちどれが最良のものかを決める力、あるいは優先順位をつける力です。

情報を集めたり、違った視点でながめたり、本質的なことを洞察したり、人に助言を求めたり、そういった力が問われます。

2番目は、選択肢を増やす力、呼び寄せる力です。

容易に揃う選択肢、受け身で与えられる選択肢、既存の枠にはまった選択肢、そこから何かを選ぶのは、ある種簡単なことです。しかしそこからは決定的な状況打開ができないとき、どうすればいいでしょう。

それには、新たな選択肢をつくり出すしかありません。

遠回りになりつつも、積極的に、既存の枠の外から選択肢をつくり出せるかどうか。仕事・キャリアを独自に大きく切り拓いている人は、この点に地力があります。

また、そうした選択肢をつくり出す過程で、状況打開の筋が見えてくる場合も多い。

そして3番目は、自分が選んだ道をその後の努力で「これが正しかった！」と思える状況をつくる力です。

選択は往々にして、その行った時点では正しいとも正しくないともわからないものです。それを事後的に自分が納得できる形に持っていく。図太く、粘り強く未来をつくっていく力と言ってもいいでしょう。

▍人生・キャリアは絶え間ない「選択」の連続

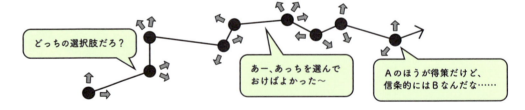

- まず、目の前の選択肢を評価する明晰な力がいる。
- 容易に揃う選択肢から選ぶというのは、ある種簡単なこと。新しい選択肢をつくり出せるか。
- 選択を事後的に正解にするとは、意図する未来をつくる力。

> 「選ぶこと」の連続によって、人生は織られていく。
> だから「選ぶ力」を強く豊かに持ちたい。

3つの「選択力」

1 選択肢を分析・判断する力

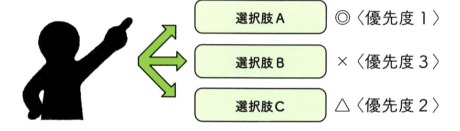

2 選択肢をつくり出す力

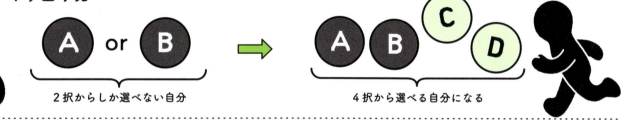

3 選択を(事後的に)正解にする力

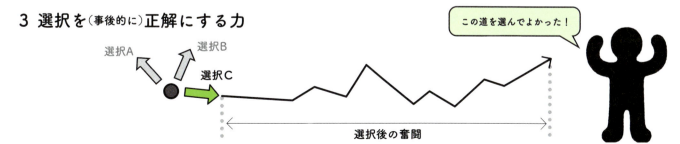

43 習慣
努力によってつくることのできる第二の天性

習慣は大きな心的負荷なしに生活・人生に大きな影響を及ぼす

「人格は繰り返す行動の総計である。それゆえに優秀さは、単発的な行動にあらず、習慣である」——『7つの習慣』の著者スティーブン・R・コヴィーは、アリストテレスの言葉を引用し、習慣の重要性をこのように強調しています。

習慣は日常の反復的な行動です。それはたとえ小さな行動であっても、長い間積み重なることで、あたかも生まれつき持っていたかのような性向として固まってきます。習慣が「第二の天性」と言われるゆえんです。そして習慣は、自分自身にさほど大きな心的負担をかけないにもかかわらず、結果的に生活・人生に強い影響を及ぼします。

習慣は右図のように、天性と努力の中間に位置します。

天性は先天的に受けるもので、もはや変えられません。そして天性は、自分が無意識のうちに生活や人生に作用してきます。

他方、努力は後天的に「いま・ここ」から自分で意図的に変えていけるものです。

習慣はこれら両方の性質を持つことが重要な点です。すなわち習慣は、なかば天性のように自分に定着している性向・行動・態度・姿勢ですから、知らず知らずのうちに人生に影響を与えることができます。

また習慣は、努力の一部、技術の一部ですから、意志を持って取り組めば、自分をそう仕向けることが可能です。そこには、まったく新しい第二の天性を後天的につくることができるという希望があります。

ただ、習慣には「よい習慣」と「わるい習慣」があります。習慣の力は薬として効きもすれば、毒としてはたらく場合もあります。習慣のポジティブ作用とネガティブ作用の仕組みを次ページに示しました。

習慣は「天性」的なものでもあるし「努力」でもある

- 先天的＝もはや変えられない
- 無意識のうちに生活・人生に作用してくる

天性
- 遺伝的な性格や能力特性
- 出自の環境

習慣
（第二の天性）

努力
- 学習
- 熟慮と決断
- 果敢な行動
- 反省

- 後天的＝「いま・ここ」から変えられる
- 意図を持って生活・人生に作用させる

考えてみよう

自分にとって「よい／わるい」習慣は何だろう？
それは生活にどんな「よい／わるい」影響を与えているだろう？

> 習慣を薬として効かせるか、
> 毒としてはたらかせてしまうか。

☺ 習慣のポジティブ作用

たとえ「天性」に恵まれていなくても

「天性のよい面」と「よい習慣」が組み合わされば

最強のポジティブ・ミックス！

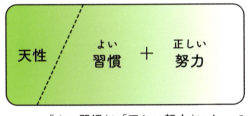

「よい習慣」と「正しい努力」によって事を成していける

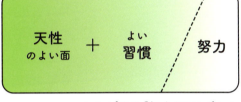

おおげさな「努力」をせずとも事を成せる

☹ 習慣のネガティブ作用

「わるい習慣」と「まちがった努力」が組み合わさると

「天性のわるい面」と「わるい習慣」が組み合わさると

最強のネガティブ・ミックス！

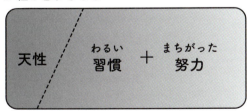

いくら「天性」に恵まれていてもそれは生かされない

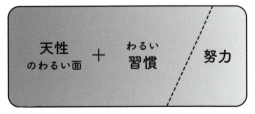

「努力」しようとしなくなる

深掘り思索

行動の4割は習慣
私たちは習慣という衣を着ている

「自分には習慣はない」という人でも実際は、無意識のうちにお決まりの考え方、お決まりの行動で済ませる部分がかなりあります。米国デューク大学の論文によると、毎日の人の行動の40パーセント以上が、その場の決定ではなく、習慣だといいます（チャールズ・デュヒッグ著『習慣の力』より）。

その意味で、私たちは四六時中、習慣という「衣（ころも）」をまとい、生活を回していると言っていいかもしれません。

そうした「衣」ともいうべき習慣は、内側には自分の心と、そして外側には環境や運命とつながっています。それを表現した古人の言葉がこれです——

> 心が変われば、行動が変わる。
> 行動が変われば、習慣が変わる。
> 習慣が変われば、人格が変わる。
> 人格が変われば、運命が変わる。

日米のプロ野球界で活躍した松井秀喜さんも、星稜高校野球部時代に山下智茂監督からこの言葉を教わり、以降人生の指針にしているそうです（『不動心』より）。

私たちは、環境や運命は変えるには大きすぎると感じるときがあります。しかし、「いま・ここ」の自分の心は、習慣を介して、環境や運命と地続きです。習慣は、能力としては意識されない小さくて静かな運動ですが、偉大な力を発揮する運動です。

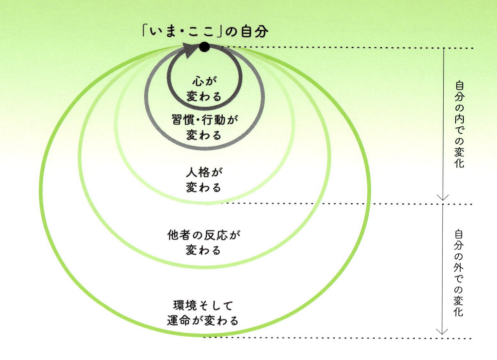

「心」と「環境・運命」は習慣を通じてつながっている

深める言葉

習慣は太い縄のようなものだ。
毎日1本ずつ糸を撚り続けると、
やがてそれは
断ち切れないほどのものになる。
　　　——ホーレス・マン（米国の教育改革者）

習慣によって、いわば第二の天性がつくられる。
　　　——キケロ（共和制ローマ期の政治家）『善と悪の究極について』

人生の特性を決定するのは、日常の小さな事柄であって、偉大な行動ではない。
——カール・ヒルティ（スイスの法学者・思想家）『眠られぬ夜のために』

習慣として
身についているものは、
事実上、
持って生まれついたのと
同じようなものになっている。
　　　——アリストテレス『弁論術』

天才とは、蝶を追っていつの間にか山頂に登っている少年である。
——ジョン・スタインベック（米国の小説家）

習慣を自由になし得る者は人生において多くのことを為し得る。
習慣は技術的なものである故に自由にすることができる。
　　　——三木清『人生論ノート』

COLUMN 05
「知っている」が学ぶ心を妨げる

**ああ、それ知ってるよとなると
もう好奇心の窓を閉じる**

　本書では、働くことについての基本的な概念を一つ一つ見つめなおしています。私はこの内容を企業内研修でも行っています。「仕事とは●●である」「自律とは●●である」「目的と目標の違いはここにある」といった観点で議論をし、ところどころで偉人・賢人たちの言葉を紹介します。

　受講者の反応は大きく2つに分かれます。一方に、「自律って、あらためて考えるとそういうことだったんですね」「この人の言葉は以前耳にしたことがあったのですが、いま読み返すとその真の意味が味わえるようになりました」と解釈を深める人たちがいます。
　もう一方に、「わかりきった内容のことが多かった」「どこかで聞いたような話だった」「理論的に目新しいものではない」「業務に直接つながる内容ではない」といった人たちがいます。

　自律や仕事、目標、目的といった語句は単純です。辞書的な意味ならたいてい知っています。また、名言と言われるものも一見ありきたりで退屈な内容です。
　しかし、そうした根っことなる概念や時代の風雪に耐えた名言ほど、その奥にとても大切なことを含んでいます。

　私たちはあまりに知識の所有を優先させる教育を受け、情報を消費する社会に生きているので、「ああ、それなら知ってるよ」と思ったとたん、それ以降の「考えること」をしなくなります。そして、もっと知らない知識、もっと目新しい情報、もっと速効的なハウツーの狩りに目を向けます。

　右ページにあげた小林秀雄の言葉は、彼が小中学生に語ったものです。何かはっとさせられるものがないでしょうか。

言葉・概念
含蓄や示唆
解釈

文面だけをなぞって「わかっている」
断片的な知識を得るだけで「知っている」
と思う

意味の掘り起こしや
独自の解釈によって見えてくる
奥行きのある世界がある

広大で深遠な
いまだ知らない世界

言葉は眼の邪魔になるものです。例えば、諸君が野原を歩いていて一輪の美しい花の咲いているのを見たとする。見ると、それは菫の花だとわかる。何だ、菫の花か、と思った瞬間に、諸君はもう花の形も色も見るのを止めるでしょう。諸君は心の中でお喋りをしたのです。菫の花という言葉が、諸君の心のうちに這入って来れば、諸君は、もう眼を閉じるのです。それほど、黙って物を見るという事は難しいことです。

（中略）

言葉の邪魔の這入らぬ花の美しい感じを、そのまま、持ち続け、花を黙って見続けていれば、花は諸君に、嘗て見た事もなかった様な美しさを、それこそ限りなく明かすでしょう。画家は、皆そういう風に花を見ているのです。
—— 小林秀雄『美を求める心』

内面のものを熱望する者は、
すでに偉大で富んでいる。
—— ゲーテ

COLUMN 05 「知っている」が学ぶ心を妨げる

PART 4 MEANING & MOTIVATION
働く意味について

「人はパンのみに働くのか?」――という問いを人類は何千年も前から、繰り返し、繰り返し、投げかけてきました。

私たちは、ただ食べるために働くよりも、何か意味を満たすように働きたい。

でも、その「働く意味」って何なのでしょう。

それは見つけてつかめるものなのでしょうか。

いや、そういう大きな問いを考える前に、明日までにやらなければならない業務があり、達成すべき数値目標がある。

それらに忙殺されながら、1年が過ぎ、3年が過ぎ、10年が過ぎていく……

この章でみていくこと

- □「目標」と「目的」の違いを押さえる
- □ときに手段が目的に入れ替わるのはなぜだろう?
- □動機・モチベーションについて理解を深める
- □働く理由を階層的に見つめてみる
- □自分は何の価値を世の中に提供する職業人だろう?
- □「成功」と「幸福」の本質をつかむ

……など

登場する主なキーワード

\#目標と目的　\#自分ごと　\#目標疲れ　\#坂の上の太陽
\#目標設定のSMART　\#目的と手段　\#モチベーション
\#デモチベーション　\#内発的動機　\#外発的動機
\#利己的動機　\#利他的動機　\#動機づけ要因・衛生要因
\#アブラハム的性質・アダム的性質
\#働く動機の5段階　\#使命的動機のシャワー効果
\#仕事の報酬　\#提供価値宣言　\#コーポレートスローガン
\#自己実現　\#至高体験　\#定規モデル・器モデル

44 目標と目的① 概念の違い
「何に向かって行動するか」について2つの概念

目標は具体的なしるし
目的は抽象的で意図を含む

まず「目標」とは——

- ・達すべき数値
- ・成すべき状態
- ・目指すべきしるし（具体物／像）

例えば、「今月は売上高●●円を目指す」とか、「今期の来場者数目標は対前年比●●％増加」「作業目標は今週中にこの分析を終える」「将来、■■さんのようなプロスポーツ選手になりたい」など。

目標の「標」は、「しるし・めあて」という意味です。そのように目標は、何かに取り組む上で、目指すべき程度やレベル、目印を具体的に考えるものです。

それに対し、「目的」は——

- 最終的に目指す事柄
- ＋それをやる意味・意図

例えば、「我々の目的は、月面に人類を着陸させること（科学技術の進歩のため。そして地球外への人類移住の可能性を探るため）」とか、「この政策の目的は、地方の活性化である（首都への一極集中を緩和させるため）」など。

目的は、どちらかというと抽象的・包括的な観点で語られることが多く、なぜそれをやるのかという意味を含んで使われます。

右ページに、江戸時代の伊勢神宮参りを例として、目標と目的の整理をしてみました。ここからは、目的のもとの目標という構図も見えてきます。

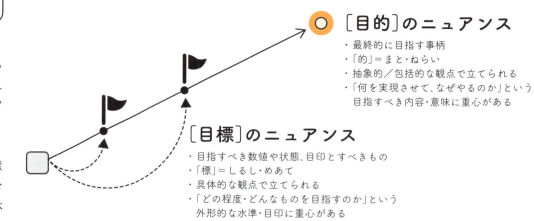

［目的］のニュアンス
- ・最終的に目指す事柄
- ・「的」＝まと・ねらい
- ・抽象的／包括的な観点で立てられる
- ・「何を実現させて、なぜやるのか」という目指すべき内容・意味に重心がある

［目標］のニュアンス
- ・目指すべき数値や状態、目印とすべきもの
- ・「標」＝しるし・めあて
- ・具体的な観点で立てられる
- ・「どの程度・どんなものを目指すのか」という外形的な水準・目印に重心がある

 目標も目的も向かうべきものだが その違いは何だろう？

PART 4 働く意味について

お伊勢さんに行って祈願するのが目的。
その旅を成功させるために目標をいくつか立てる。

江戸の庶民にとってお伊勢参りは、一生に一度実現できるかどうかの一大イベントでした。江戸の日本橋から伊勢神宮（現在の三重県伊勢市）までは、徒歩で片道15日前後かかったと言われています。旅費も大金になります。旅の途中で事故に遭ったり、けがや病気になったり、大きな川で足止めを食らったり。この旅において、旅人はしっかり目的を抱き、きちんと目標を立てていかないと、無事祈願を終えて帰ってこられないのでした。

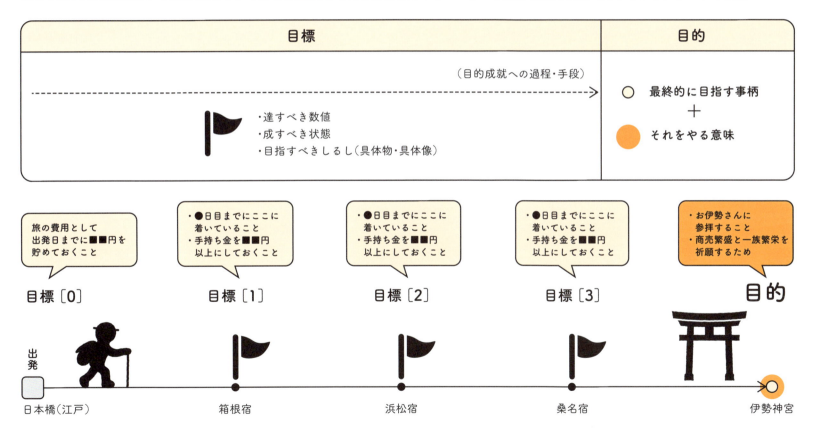

44 目標と目的① 概念の違い

45 目標と目的② 目的の意味性
目標に働かされるのか・目的に生きるのか

レンガを積む3人の男
彼らの目標・目的は何だろう？

> 中世のとあるヨーロッパの町。建築現場に3人の男が働いていた。「何をしているのか？」ときかれ、それぞれの男はこう答えた。
>
> 「レンガを積んでいる」。最初の男は言った。2人めの男が答えて言うに、「カネ（金）を稼いでいるのさ」。そして、3人めの男は明るく顔を上げて言った──「後世に残る町の大聖堂を造っているんだ！」

3人の男たちにとって目標は共通です。つまり、1日に何個のレンガを積むとか、何ミリの精度で組み上げるとか、何月何日までに聖堂を完成させるとか。

そのように目標は外形的なものであり、他者が一律に与えることができます。しかし、目的（＝意味を含んだもの）は他者から与えられません。「なぜそれをやるか」は、自分で見出すものだからです。

実際、3人の目的はばらばらです──1人めの男は目的を持っていません。2人めの男は生活費を稼ぐのが目的です。3番めの男は歴史の一部に自分が関わり、世の役に立つことが目的となっています。

何十年と続く職業人生にあって、他者の命令・目標に働かされるのか、自分の見出した意味・目的に生きるのか──これは大きな一点です。

別の言い方をすれば、関わる仕事を「自分ごと」としてとらえられるかどうか。「他人ごと」になっている仕事のもとでは、たぶん目的はそこにはなく、目標に働かされている状態になっているでしょう。

	外形的 → 内容的・意味的	
	目標	目的
第1の男「レンガを積んでいる」	［積み上げ目標］1日に●個のレンガを積む［精度目標］●ミリ以内の精度で積む［納期目標］●月●日までに聖堂を完成させる……など	特になし（聖堂建設は「他人ごと」）
第2の男「カネを稼いでいるのさ」		食うため（聖堂建設は「他人ごと」）
第3の男「大聖堂を造っている！」		後世に残る建設事業に加わるため（聖堂建設は「自分ごと」）

押さえるツボ

- 目標は他者から与えられることがあっても、目的は他者から与えられない。それをやる意味は自分で見出すものだから。目的はその人独自のものになる。
- その仕事は「自分ごと」か「他人ごと」か。

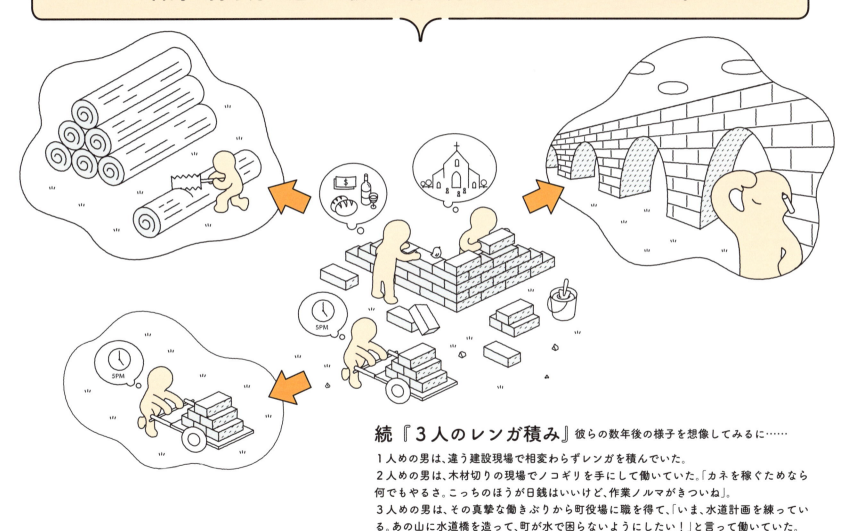

数年後、男たちはそれぞれ違う現場で働いていた。
目的の持ち方の違いが彼らの行き先の違いを生んだのだった。

続『3人のレンガ積み』彼らの数年後の様子を想像してみるに……
1人めの男は、違う建設現場で相変わらずレンガを積んでいた。
2人めの男は、木材切りの現場でノコギリを手にして働いていた。「カネを稼ぐためなら何でもやるさ。こっちのほうが日銭はいいけど、作業ノルマがきついね」。
3人めの男は、その真摯な働きぶりから町役場に職を得て、「いま、水道計画を練っている。あの山に水道橋を造って、町が水で困らないようにしたい！」と言って働いていた。

46 目標と目的③ 坂の上の太陽
目的のもとに目標はある

私たちはつねに坂に立っています。仕事をやるというのは、いわば坂を上っていく努力と言ってもよいでしょう。坂の傾斜角度は仕事の難度です。難しい仕事であればあるほど角度は大きくなります。

私たちは坂の途中に目標A、B、Cを設けます。働く個人においても、事業組織においても、目標の設定は欠かせません。目標なき仕事・事業は、惰性に陥り、存続が危うくなるからです。

給料もらうための目標だから
がんばろうでは長続きしない

ただ、目標は往々にして、義務的、受動的、圧迫的になりやすいものです。目標管理制度と成果主義が多くの職場に導入されている昨今、数値目標をクリアしなければならないという恒常的なプレッシャーは、働き手に「目標疲れ」を生じさせます。

悪くすればメンタル問題も引き起こします。「給料もらうための目標だから、やらなきゃしょうがない。がんばろう」だけの根性論では長続きしません。

いまの職場には「数値目標は溢れるが、目的がない」ところが多く見うけられます。

数値的な到達点は目的ではありません。なぜ自分は、あるいはなぜ我が社はその数値を目指すのか、そのことが社会や自分にどんな意味や価値をもってつながっているのか、それが目的です。目的が語られてこそ、数値目標は生きたものになります。

そのために、私たちは「坂の上に太陽を昇らせる」ことが必要です。すなわち、目標の先で輝く意味の創出です。

太陽は坂道を照らし、エネルギーをくれます。意味から湧く内発的なエネルギーは強力かつ持続的です。目的は「あり方」を決めます。坂の上にどんな太陽を昇らせるのか。これはけっこう大きな問いです。

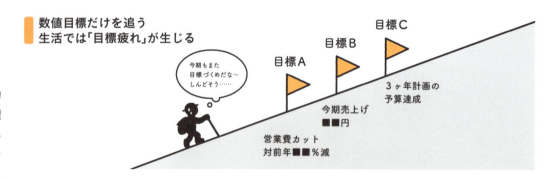

数値目標だけを追う生活では「目標疲れ」が生じる

- 私たちはつねに坂に立つ。坂の傾斜は仕事の難しさ。
- 目標は溢れるが、目的のない職場が多い。
- 目的のもとに、過程・手段として目標はある。

> あなたの仕事人生・あなたの職場には、目標の先で輝いている目的がありますか？

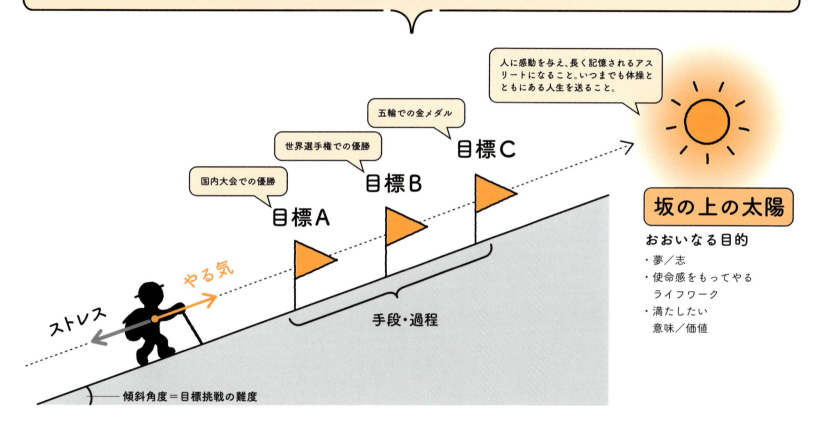

ある体操選手が国内の大会で優勝し、インタビューに応じていました。彼は冷静に「これは一つの通過点ですから」と答えました。実は彼にとって今回の優勝は単に目標Aであって、その次に世界選手権で優勝する目標Bを抱いています。さらにはオリンピックで金メダルを取るという目標Cまで描いています。そして彼の心の中に赫々と燃える目的は何かといえば、「強く美しい演技を通して人を感動させ、長く記憶されるアスリートになること。引退しても育成者となり、体操とともにある人生を送ること。それが自分の使命であり存在意義」。そのおおいなる目的を成就するための過程・手段として目標Aがあり、Bがあり、Cがあります。

46 目標と目的③ 坂の上の太陽

47 目標と目的④ 目標設定の「SMART」
効果的な目標設定のための5項目

人は漫然とがんばっても漫然としか力は出ない

目標設定をするとき、盛り込むべき効果的な要素として「SMART」の5つがよく知られています。

Specific	具体的な
Measurable	測定可能な
Achievable	達成可能な
Relevant	関連のある
Time Bound	期間を決めて

日々の業務において、また、個人のキャリアにおいて、目標を立てることはさまざまなメリットがあります。

人は漫然とがんばっても十二分に力は引き出されないものです。具体的に目標を置いてそれをクリアしようとすれば、そこにエネルギーを集中でき、具体的に能力を引き出すことができます。

そしてそれを達成できれば自信、実績になります。達成できなければ、反省や修正も具体的に考えることができます。

また、会社にとっては、目標設定とその達成度合いによって諸々の管理がしやすくなります。

実際、会社では「MBO（Management By Objectives）：目標管理制度」を導入するところが増えており、それによって従業員の業績評価や能力開発に役立てています。

ただ、業務目標はややもすると、その数値・内容が一人歩きを始め、強制的なノルマになってしまう場合があります。

そうならないために、上司と部下は目標を設定するプロセスにおいて、互いに目的を共有し、なんのための目標数値なのかを確認し合うことが大切です。目標はあくまで目的のもとの手段として活用されるべきです。

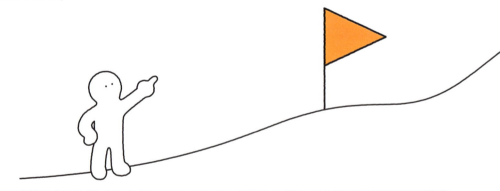

 押さえるツボ

- 具体的な目標に向かうことで、具体的に集中でき、具体的に成長が実感できる。
- 目標が一人歩きしてノルマ化することに気をつける。
- 目標を立てる——そのプロセスにも大事な意義がある。

> 「ちいさいことをかさねることが、とんでもないところに行くただひとつの道」
> ——イチロー（野球選手）

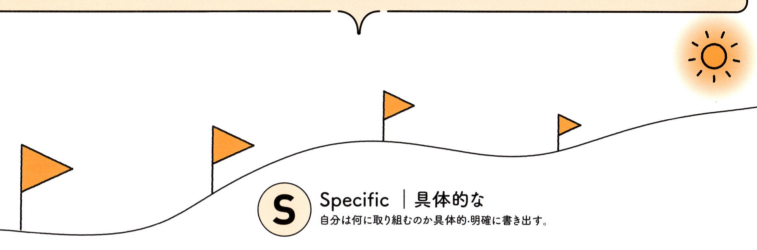

S Specific ｜ 具体的な
自分は何に取り組むのか具体的・明確に書き出す。

M Measurable ｜ 測定可能な
どの程度までやるのかというレベル設定をする。数値化して示す。最低限の目標レベルを決めるのは当然だが、ここまでいったら金賞、ここまでなら銀賞というように、どことなくゲーム感覚を取り入れると面白みも出る。

A Achievable ｜ 達成可能な
背伸びしすぎた無茶な目標を掲げるのではなく、現実的に成し遂げられそうな内容にする。

R Relevant ｜ 関連のある
チームの目標や会社の事業目的、自分が中長期的に実現させたい理想像とつながった内容にする。そのために、この目標の上位にある目指したい事柄も同時に熟考することが求められる。

T Time Bound ｜ 期間を決めて
「いつか実現できればいいな」ではなく、「いつまでにやるか」を紐づけて！

48 目的と手段
ときに目的と手段がすり替わるのはなぜか

ふと冷静に考えると
手段が目的になっていた⁉

「目的」とは目指す事柄。そして、その事柄を実現するための行為・方法・要素が「手段」です。何かを成し遂げようとするとき、目的と手段は組み合わさり、「～実現のために、～する／～がある」という形をとります。

例えば、「平和を守る〈＝目的〉ために、署名活動をする〈＝手段〉」。「平和を守る〈＝目的〉ために、法律がある〈＝手段〉」といった具合です。

私たちは日々の仕事のなかで、自分のやっていることが袋小路に入ってしまうことがよくあります。

そんなとき、冷静に原因を分析してみると、いつしか当初の目的がどこかに消えてしまっていて、手段が目的にすり替わり、それに振り回されていたことに気づきます。そうしたことがなぜ起こるのか。それは目的と手段の関係性を把握するとみえてきます。

目線の位置で
目的と手段は相対的に決まる

右ページ図は、ある一般的な人生の流れを描いたものです。小学生のころであれば、「テストで良い点を取る」ために「しっかり算数を習う・きちんと漢字を覚える」という目的／手段の組み合わせがあります（レベル1）。

ところが、レベル2の高校生くらいになると、レベル1では目的だった「テストで良い点を取る」は、手段となります。その手段の先には、「希望の大学に入り、好きな研究をするため」という目的が新たに生じました。

このように、ある1つの目的は、より大きな目的の下では手段となります。つまり、自分がどのレベルに目線を置くかによって、何が目的か、何が手段かが相対的に決まってくるといえます。

ある目的を達成した後、次の新たな目的を掲げ続けるかぎり、この目的／手段の入れ替わりはどこまでも続くことになるでしょう。逆に、何を成したいかという目線が下がってしまえば、やはり目的／手段の入れ替わりが起こります。

「目的」と「手段」の基本形

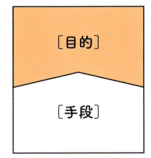

［目的］目指す事柄（＊例：平和を守るために）
［手段］それを実現するための行為・方法・要素（署名活動をする）

押さえるツボ
- 最上位に来るのは目的。そのために手段がある。
- 手段に手をかけるだけで満足しているとすれば、そのときたぶん意識目線が下がり、本来の目的が忘れられている。
- つねに目的は何であったかに立ち返ることが大事。

> どのレベルに意識の目線があるかで
> 「目的／手段」の組み合わせは変わってくる。

目的と手段の入れ替わり

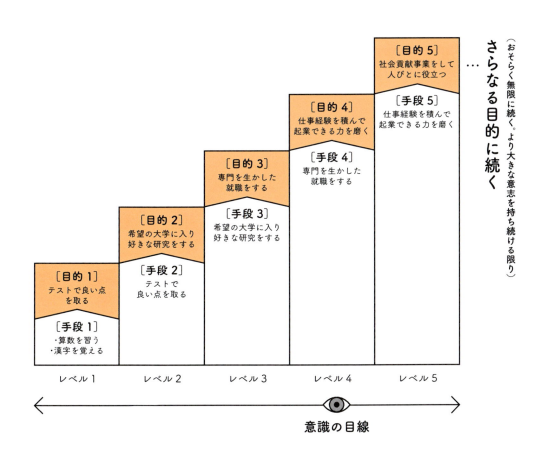

意識の目線

深める言葉

知識の大きな目的は、
知識そのものではなく、
行為である。
──トマス・ヘンリー・ハクスリー（イギリスの生物学者）

最も満足すべき目的とは、ひとつの成功から次の成功へと無限に続いて、決して行き詰ることのない目的である。
──ラッセル『ラッセル幸福論』

私の哲学は技術そのものより、思想が大切だというところにある。思想を具現化するための手段として技術があり、また、よき技術のないところからは、よき思想も生まれえない。
人間の幸福を技術によって具現化するという技術者の使命が私の哲学であり、誇りである。
──本田宗一郎『私の手が語る』

組織は、自らのために存在するのではない。組織は手段である。組織の目的は、人と社会に対する貢献である。あらゆる組織が、自らの目的とするものを明確にするほど力を持つ。
──ピーター・F・ドラッカー『断絶の時代』

48 目的と手段

49 動機① モチベーション・デモチベーション
正の動機づけ・負の動機づけ

いろいろな刺激が意欲に影響を与えている

「動機」とは、人が何か行動を起こしたり、決意したりするときの心的な原因をいいます。単純に言えば、「やる気が起こるきっかけ」。

動機という概念を表す英単語のひとつが「モチベーション」です。反対語は「デモチベーション」。それぞれ下のようなニュアンスで使われています。

モチベーション〔英語：motivation〕
・意欲、やる気
（何か目標達成に向かう心的エネルギー）
・やる気を起こさせること
・意欲喚起の要因や刺激
・正の動機づけ

デモチベーション〔英語：demotivation〕
・意欲喪失、げんなり感
・やる気をなくさせること
・意欲喪失の要因や刺激
・負の動機づけ

働く意欲をわかせる要因（＝モチベーション）や、意欲を失わせる要因（＝デモチベーション）は、さまざまあります。

例えば、「この仕事は成長実感が得られてオモシロイ！」というのは、仕事の内容が働く意欲を高める刺激になっています。逆に、「この仕事は毎年同じことの繰り返しで成長が期待できない」というのは、働く意欲を失わせる要因になっています。

そのように、仕事の内容がどうであるかや、人間関係、職場の制度・環境、家庭の状況などがどうであるかが、モチベーション・デモチベーションとして心にはたらきかけてきます。

働く意欲をわかせたり／失わせたりする要因はさまざまある

 モチベーションとは「やる気｜やる気を起こさせる要因」。
用例1：「今度の新しい給与制度は──が上がるね」
用例2：「働く側に立って──を探ってみましょう」

> モチベーションは「やる気アップ」スイッチ。
> スイッチにつながるものはさまざまある。

やる気[UP]スイッチ

やる気[DOWN]スイッチ

	モチベーション（意欲をわかせる要因）	デモチベーション（意欲を失わせる要因）
仕事内容から くるもの	この仕事は、やるごとに 成長実感があってオモシロイ！	この仕事は、ルーチン作業の 繰り返しで成長感が得られない。
待遇条件から くるもの	この営業目標を達成するとボーナスアップ （それで正月は海外旅行しよう！）	これだけがんばって目標達成している自分と 未達の人と給料が変わらないっていうのは……
顧客から くるもの	きょうもお客さんに喜んでもらえた。 うちはいいお客さんが多いなぁ。	きょうもお客さんからの クレーム処理で1日が終わった……
人間関係から くるもの	●●部長はこれまでで最高の上司だ。 部長にうまく育てられている感じがする。	●●部長のあのやり方や性格は苦手。 部長が席にいるだけで胃がシクシク痛む。
職場環境から くるもの	うちの会社は自由闊達な雰囲気だ。 アイデアを出した者に仕事を任せてもらえる。	この会社では上層部がすべて決めてしまう。 下の者が何か提案してもムダだ。

49 動機① モチベーション・デモチベーション

50 動機② 内発的動機・外発的動機
内から起こる意欲・外から誘い出される意欲

内からの意欲は持続的
外からの意欲は単発的

> 内発的動機＝
> 　自分の内側から起こる意欲、
> 　またはその意欲を起こす要因
>
> 外発的動機＝
> 　自分の外側から誘い出される意欲、
> 　またはその意欲を起こす要因

例えば、仕事に対し「一つ一つが勉強になるので楽しい」「技術を磨けることがおもしろい」というのは、内発的動機が刺激されている状態です。自分の内側にある興味や好奇心に自然と火が着いてやる気が生じています。起点は内にあります。

他方、外発的動機は起点が自分の外にあります。「この仕事をやればよい収入が得られる」「この仕事をやらないと上司から叱られる」「この仕事は人からカッコよく見られるのでやってみよう」といった具合です。自分の外側にあるもの（金銭的報酬とか権威者の圧力、世間の評判など）が意欲を誘い出しています。

　一般的に、内発的動機は持続的で意志的です。それに対し、外発的動機は単発的で反応的になります。成果主義は、ある種、賞罰（アメとムチ）による競争制度で、外発的な動機刺激をベースにするものです。

　私たちはそうした外発的動機づけに反応するのみで長いキャリアの道のりを進んでいくには限界が出てきます。人間は刺激疲れ、競争疲れしてしまうからです。

　中長期にわたってその仕事をまっとうし、納得のいくキャリアを送っていくためには、やはり、仕事そのものの中に面白さを見いだしていかねばなりません。

やる気を生じさせる
起点が「自分の内」にある。

この「改善レポート」の仕事はいつも自分によい気づきを与えてくれる。さぁ、しっかり書こう！

やる気を生じさせる起点が
「自分の外」にある

「改善レポート」を明日までに出さないと、課長に叱られる。給料減らされたら困るしな。さぁ、何書けばいいかな……

- 人は仕事そのものに面白さを見いだすと、やる気が自分の内からわいてくる。
- その仕事に必ずしも興味がない場合でも、外からの刺激によって、やる気にさせられることがある。

あなたの仕事のやる気は「内から」のわき出しですか？ それとも「外から」の焚きつけですか？

内発的動機

自分の内にあるものが活性化して意欲がわき出す

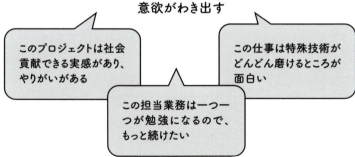

- このプロジェクトは社会貢献できる実感があり、やりがいがある
- この担当業務は一つ一つが勉強になるので、もっと続けたい
- この仕事は特殊技術がどんどん磨けるところが面白い

□ 会社・上司が、従業員・部下の内発的動機を刺激するには、一人一人の内面の興味に合わせなくてはならないので、方法が一様ではなく、実行が難しい。粘り強い対話や協働、細かな育成施策を通して動機づけられる。
□ そこから生じる意欲は「持続的・意志的」である。

外発的動機

- 報奨金・罰則（アメとムチ）
- 評価制度・競争システム
- 権威者の圧力
- 他者の目、世間の評判
- ……など

こうした外的刺激を「インセンティブ（誘因）」と呼ぶ

自分の外にあるものによって意欲が誘い出される

- この仕事はきつくて大変だけど、よい収入が得られるのでやめられない
- この仕事をやらないと上司から叱られる
- その仕事は人からカッコよく見られるので、やってみよう

□ 会社・上司は、大勢の従業員・部下に対し、一斉に意欲を刺激したい場合、賞罰制度などを導入する。外発的動機づけの施策は一律的にやりやすい。
□ ただ、そこから生じる意欲は「単発的・反応的」である。

50 動機② 内発的動機・外発的動機

51 動機③ 利己的動機・利他的動機
自分のためが最優先・他者のためが最優先

人の動機はひとつではなく複雑な混ぜ合わせ

利己的動機とは、自分の利益を第一に置く動機です。その仕事をすることで何か自分の得になる。その会社を選ぶことで何か自分が有利になる。そういった場合、利己的な動機がはたらいていることになります。

それに対し、利他的動機は他者の利益が第一にあり、他者が喜べば自分もうれしいという動機です。自分の損得勘定よりも他者への思いやりや貢献を優先させる行動理由です。

前項の「内発的｜外発的」と、この「利己的｜利他的」の2つの軸で、動機を4象限に分けると右図のようになります。

人が仕事や会社に持つ動機はひとつではなく、これら4つの象限の複雑な混ぜ合わせになります。人により、また同じ人の中でも人生の状況により、4つの動機構成は流動的に変化していきます（右ページ図）。

また、自分が抱いている利他的動機に共感者がつくと、その動機は萎えにくいものになります。

2つの軸による動機の分類

内に閉じた理由 ←——→ 外に開いた理由

	利己的動機	利他的動機
内発的動機 （意志的・持続的）	・知識／技能／経験が身につく ・いろいろな人に出会える ・自信がつく ・技術を使うこと自体が楽しい ・真理の探究が面白い ・人間的に成長できる ・誇りを持てる	・お客さんの喜ぶ顔が見られる ・社会的使命がある ・困っている人びとを救いたい ・これは世の中をよりよく変えるかもしれないプロジェクトだ
外発的動機 （反応的・単発的）	・よい年収がもらえる ・昇格／昇進がかかっている ・世間体がいい、社会的信用がある ・それをやらないと叱られる／クビになる ・つぶれなそうな会社である ・通勤がラク ・オフィスビルがカッコイイ	・親の介護があるのでUターン就職しなければ ・家族に心配をかけたくないのでもうしばらくこの仕事を続けよう ・支援してくれた人のために必ず成功しなければならない

押さえるツボ

- 誰にも自分の損得を最優先にしたい利己の動機がある。
- と同時に、他者を第一に考え、他者を喜ばせるために行動するという利他の動機もある。
- 人の動機は混合的であり、流動的に変わっていく。

あなたの「働く動機エンジン」はどんな構成だろう？

〈共感者の応援〉とは……
例えば、利他的な精神に満ちて、発展途上国に学校をつくる仕事に頑張っている人が知り合いにいたとすると、私たちは応援してあげたくなる。その人の動機に共感するからです（利己的な動機で頑張っている人に対しては、この共感はあまり起こらない）。
そうなると、本人が少し仕事にやる気を失いかけた場合にも、共感者からの励ましや支援があるために、その動機は萎えにくくなる。利他的動機は他の人たちと共有されることによって、ねばり強くなる。

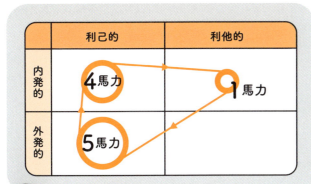

20代のときのAさん
・「外発的×利己的」が主導エンジン

やっぱりいくら給料がもらえるかが最優先だなぁ
その上で仕事の内容がよければ

仕事の中身を一番に考えたい
それで、そのやりがいが
自己満足じゃなくて
社会に通じたものでありたいな

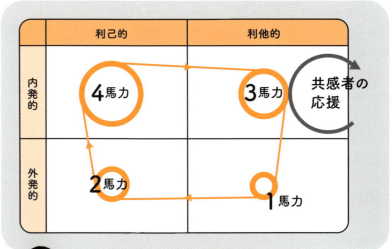

30代になってからのAさん
・「内発的×利己的」が主導エンジン
・「内発的×利他的」が第2主導エンジン
　共感者からの補助パワーを得ているのでねばり強い

52 動機④ 動機づけ要因・衛生要因
成長を促し満足を与えるもの・保全を欠き不満をまねくもの

人間の欲求を2つの側面からながめたハーズバーグ

米国の心理学者ハーズバーグは会計士や技術者を対象に、これまでの仕事の中で、いい思いをした経験と、悪い思いをした経験をインタビューしました。

すると、いい思いをしたという話では、仕事の達成感や承認評価、仕事そのものの面白さ、そして責任感などが数多くあげられたといいます。他方、悪い思いをした話の中では、会社の方針や経営のしかた、人の監督のしかた、人間関係、労働環境などが主としてあげられました。

この調査からハーズバーグが見出したのは、職務の満足感／不満足感、およびそれらを引き起こす要因は、ひとつながりの連続したものではなく、2つの別のものだということでした。

職務満足感は、人間の中にある自己充実や精神的成長を志向する欲求に根ざしており、それを引き起こすものを彼は「動機づけ要因」と名づけました。

他方、職務不満感は、苦痛や不快を与える環境を避けたいという欲求に根ざしていて、それを引き起こすものを彼は「衛生要因」と名づけました。

彼はさらに考察を進め、職務従事者を2つの種類に分けました。「動機づけ要因追求者」と「衛生追求者」です。

そのようにハーズバーグは、人間を2つの次元——彼の表現では「人間｜アブラハム」的性質と「動物｜アダム」的性質——でとらえようとしました(次ページ)。

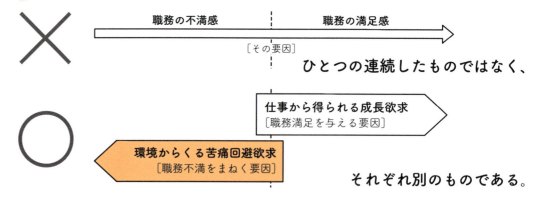

職務の満足感と不満感(およびそれを起こす要因)は……

× 職務の不満感 ← → 職務の満足感 〔その要因〕
ひとつの連続したものではなく、

○ 仕事から得られる成長欲求〔職務満足を与える要因〕
環境からくる苦痛回避欲求〔職務不満をまねく要因〕
それぞれ別のものである。

押さえるツボ

ハーズバーグがみた欲求の2つの側面——
①積極的に成長を望む「人間｜アブラハム」的性質
②痛みのある環境を避けようとする「動物｜アダム」的な性質

> トイレの汚いオフィスでは、仕事のやる気は落ちる。
> かといって、ピカピカのトイレを新設すれば、成長意欲が増すわけではない。

〈衛生要因〉
職務の不満をもたらすもの

- 会社の政策と経営
- 監督技術
- 給与
- 対人関係ー上司
- 作業条件

● 主に職務の不満感につながっており、改善されても、それに比例して積極的な職務態度を促すようにはたらかない要因

● 苦痛や不快を与える環境を回避したいという欲求＝「動物｜アダム」的性質に根ざしている

● 「衛生追求者」の特徴
- 職場環境や労働待遇がどうであるかに敏感で、それによって意欲を左右されやすい
- 環境の改善によって（過剰な）満足を示すが長続きしない。慢性的に不満を持つ
- 仕事や人生一般の積極的価値について冷笑的な態度

〈動機づけ要因〉
職務の満足に影響を与えるもの

- 達成
- 承認
- 仕事そのもの
- 責任
- 昇進

● 主に職務の満足感につながっており、それが刺激されれば、積極的な職務態度を促すようにはたらく要因

● 仕事を通じて自己充実や精神的成長を得たいという欲求＝「人間｜アブラハム」的性質に根ざしている

● 「動機づけ要因追求者」の特徴
- 仕事の内容によって意欲を刺激されやすい 衛生要因の欠乏に対しては許容力がある
- 仕事の達成から持続的な満足を得ている
- 仕事や人生一般に対して積極的感情を持つ

『仕事と人間性』（フレデリック・ハーズバーグ著、北野利信訳）をもとに整理

深掘り思索

仕事はいわば"完全栄養食" すべての階層の欲求を満たせる

下の図は、マズロー、アルダーファー、ハーズバーグの欲求階層についてのとらえ方を横並びにしたものです。

アルダーファーはマズローが5つに分けた階層を「生存欲求(Existence)・関係欲求(Relatedness)・成長欲求(Growth)」の3つに集約しました。また、ハーズバーグは人間の中に、成長を欲する「人間｜アブラハム」的本性と、苦痛や不快を避けたい「動物｜アダム」的本性を見ました。

3者とも階層分けは異なりますが、低次から高次にグラデーション的に変わっていく欲求のとらえ方は共通しているように思われます。一端に物質的な充足と生命・生活維持への欲求があり、もう一端に精神的充足と自己発達への欲求があります。

さて、私たち人間は、食べる、眠る、遊ぶ、働くなどさまざまな活動をする存在です。それら活動の中で、唯一、「職業に就いて働くこと＝仕事」のみが、上にあげたすべての欲求を満たすことができます。

睡眠や食事、趣味活動、ボランティア活動、親としての活動、学習活動などは生活において大切な活動ではあるものの、一部の欲求を満たすのみです。その点、仕事は低次から高次の欲求までを充足できるまさに"完全栄養食"的な活動と言えます。

人間の欲求階層〈3者比較〉

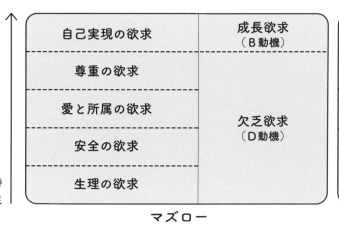

＊B動機＝Being(実存・成長)に関わる動機、D動機＝Deficiency(欠乏)に関わる動機

WORK 02

「働く理由」を
あらためて見つめる

**根源的だが真面目すぎて
真正面から扱われない問い**

　この仕事をなぜやるのか、働く理由は何か、をあらためて見つめる内省ワークです。

　このような問いは、あまりにも根源的で、真面目すぎるので、私たちはついつい敬遠しがちになり、職場の会話の中で真正面から扱われることはありません。

　ですが実際、これを研修でやってみると、受講者は何かずっと胸の奥底にくすぶらせていた固まりを一気に吐き出す感じで、各自が実に熱く語り出します。「人はパンのみに生きるのか?」という問いは、いまもって大きく深いテーマだといえます。

　ワークに用いる自問シートは次ページのものです(回答記入例は右)。

　シートの左側には、働く理由が列挙されています。これらの中で当てはまるものにチェックを付けていき、それぞれの理由の大事さについて1〜5の数値で重み付けをしていきます。そして最後に、最も大事だと思う理由の上位3つを自分の言葉で書き出します。

　Q3の箇所の働く理由のトップ3にはさまざまなものがあがってきます。その中でもトップ1にあがるものは何でしょう。当然、お金でしょうか?

　研修対象の企業、受講者の年次によって多少差が出ますが、私の顧客企業でみると、20代受講者で「お金」を第一にあげる人は4割、「非お金=成長や出会い、志の実現など」をあげる人は6割です。働く理由の最上位に「非お金」をあげる人は、実は少なからずいるのです。

　ちなみに、40代受講者になると、「お金」を第一にあげる人が7割、「非お金」が3割になります。

WORK02 「働く理由」をあらためて見つめる　175

「この仕事をやる理由／働く理由」リフレクションシート

Q1 なぜこの仕事をやっているのだろう？ 下にあげた理由のうち当てはまるものにチェック印をつけてください（その他があれば、自分なりに記述する） ※「この仕事を行う」＝広く「働く」と置き換えてもよい	Q2 その理由の大事さは？ Q1でチェックを入れた理由につき5段階で評価してください （1：大事である〜5：きわめて大事）	Q3 上位3つの理由をあげる Q2で高く評価した理由、上位3つは何ですか？ 下の空欄に自分の言葉を入れて整理してください
☐ この仕事を行うことによって、生計が立てられるから	1　2　3　4　5	1. この仕事（働くこと）は ために大事である。
☐ この仕事を行うことによって、財を成し、裕福に暮らしたいから	1　2　3　4　5	
☐ この仕事をすることで暇がつぶせるから	1　2　3　4　5	
☐ この仕事を行うことによって、自分は尊敬されたり、頼りにされたりするから	1　2　3　4　5	
☐ この仕事を行うことによって、成功し、有名になりたいから	1　2　3　4　5	2. この仕事（働くこと）は ために大事である。
☐ この仕事を行うこと自体が楽しいから	1　2　3　4　5	
☐ この仕事を行うことによって、自分を成長させることができるから	1　2　3　4　5	
☐ この仕事を通じて、自分の生き方を表明したいから	1　2　3　4　5	
☐ この仕事は、家族に誇れたり、家族が応援してくれているものであるから	1　2　3　4　5	3. この仕事（働くこと）は ために大事である。
☐ この仕事を行うことによって、さまざまな人との出会いが生まれるから	1　2　3　4　5	
☐ この仕事を行うことによって、社会に影響を与えることができるから	1　2　3　4　5	
☐ この仕事を通じて、世の中に残したい何かがあるから	1　2　3　4　5	
☐ その他（　　　　　　　　　）	1　2　3　4　5	

このワークの目的は、働く理由（ここでは動機と置き換えてもよい）はひとつではなく複数あること、そして、その複数ある理由（動機）がどういう構造になっているかに気づくことです。

働く動機の5段階
「お金」から「使命」まで

私の研修講義では、働く動機を5段階に整理しています（右図）。

［段階Ⅰ］金銭的動機

動機の一番土台にくるのが金銭的動機です。そこには「生きていかねばという自分」がいます。

お金は生命や生活を維持するために最も大事なものです。お金への動機が必ずしも卑しいということではありません。「食っていくためにきちんと働いて生活を立てていこう」とする姿はむしろ尊いものです。ただ、金銭的動機は「外発的」であり、「利己的」です。

［段階Ⅱ］承認的動機

誰しも他から自分の存在を認められたい、能力を評価してもらいたいと思います。そして仲間や集団の一員としてどこかに帰属していたい。そこにはたらくのが承認的動機です。

SNS（ソーシャル・ネットワーク・サービス）の機能で「いいね！」ボタンなどがありますが、これはこの承認的動機を満足させるものの一つでしょう。

また、より多くの金や物を所有して自分がよく見られたいというのも承認的動機に含まれます。この動機も「外発的」「利己的」の部類です。

［段階Ⅲ］成長的動機

仕事をやるほどに能力が伸びていく、自分が深まっていく、となればもっとその仕事をやってみたくなる。それはその仕事が「成長的」動機を刺激しているからです。仕事そのものの中に動機を見出しているので「内発的動機」です。しかしいまだ「利己的」寄りではあります。

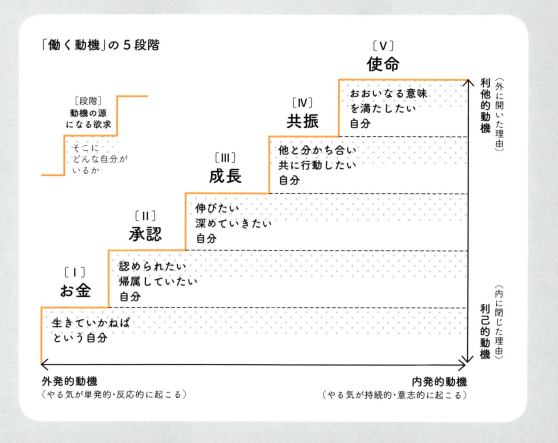

[段階IV] 共振的動機

段階IIの「承認」が他者から認められるのを待つというある種、受動的な態度であるのに対し、この段階IVの「共振」では、もっと能動的に、濃密に他者と結びつき、他者と共有する目的に向かって動こうとする態度になります。

この動機には「共に振るえて」何か行動を起こさずにはいられないという熱があります。この段階から「利他的」な動機へと変容してきます。

[段階V] 使命的動機

自分が見出した「おおいなる意味」を満たすために、文字通り、"命を使って"まで没頭したい何かがあるとき、それは「使命的」動機を抱いている状態であるといえます。

ここでいう「おおいなる」は、自己中心的に小さく閉じているのではなく、世の中に向かって大きく開いた状態を指します。社会的な意義を抱きながら、一途に事に向かう人がこの段階にあります。

動機を重層的に持つことでやる気を全体として維持できる

動機の持ち方として望ましいのは、動機を重層的に持つことです。動機が重層的であれば、仮に一つの動機が失われても、他の動機が補うこととなり、働く意欲を全体として維持できるからです。

また、動機どうしが相互に影響し合い、動機が深まりを増すこともあります。例えば、単なる成長動機よりも、それが承認的動機や使命的動機などと組み合わさったほうが、より重厚で広がりのある意欲が生まれます。

ただ、動機を重層的に持つといっても、上方にある共振的動機や使命的動機は持つのが難しいものです。

一つには、人間の心には常に生活維持の重力、利己の重力がかかっており、上方の動機ほど、それに逆らうように意志を起こさねばならないからです。

さらには、共振すべきテーマや使命と感ずべきテーマを見つけることは、お金を得るとか、人から認められる、のようにわかりやすい作業ではないからです。

動機[I]〜[III]がある程度満たされる生活の中では
それより上方の動機を見出しづらくなるかもしれない

（利己の重力）

もうこのあたりでいいかな〜

[V] 使命
[IV] 共振
[III] 成長
[II] 承認
[I] お金

生活維持の重力

使命的動機が持つシャワー効果

しかし、ひとたび、使命的動機を見出し、そこに邁進する人には、他の動機が上から順に喚起され、満たされるということが起こります。私はこれを、使命的動機の「シャワー効果」と呼んでいます。つまりこういうことです――

使命的テーマ(動機V)に邁進すると……

そのテーマに共振する仲間・支援者との出会いが生まれ深いつながりができる
(→動機IVが喚起され、満たされる)

そのテーマを成し遂げるための能力発揮・能力習得・能力再編成が起こる
(→動機IIIが喚起され、満たされる)

そのテーマの仕事がやがて人びとの耳目を集め出す
(→動機IIが喚起され、満たされる)

気がつくと必要なお金が得られていた。生活が経済的にきちんと回っていった
(→動機Iが満たされる)

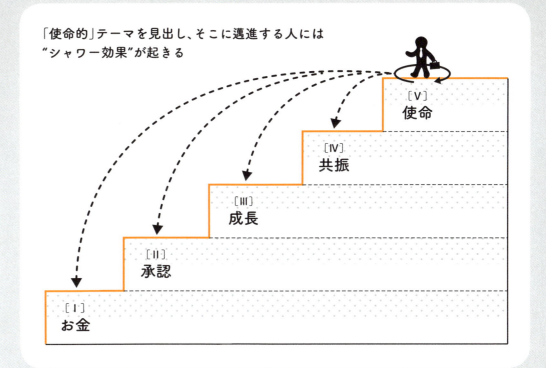

「使命的」テーマを見出し、そこに邁進する人には"シャワー効果"が起きる

[V] 使命
[IV] 共振
[III] 成長
[II] 承認
[I] お金

多くの人にとって、使命感を帯びた夢や志はそう簡単には描けません。

私が研修の中でやっていることは、段階Vの使命的動機に生きた人物をロールモデルとして取り上げ、彼(彼女)がいかに5つの動機を上から満たしていくかを一緒に考察することです。

受講者の中には「ともかく仕事の処理と生活を回すのがやっとで、志や使命を描くにはほど遠い」と漏らす意見もあります。しかし、想い描くことをしないかぎり、「食うための仕事」という強力な重力に縛り付けられたままになります。

「人はパンのみに生きるのか?」という問いに対し、私はこう答えるようにしています。――「人は志にこそ生きる。おおいにもがくことになるが、そこでパンを食いそびれることはない」と。

53 仕事の報酬
働くことから得る有形無形のごほうび

仕事がそれを成し遂げた者に与えるものはさまざまある

まず、〈報酬1〉として金銭的報酬があります。働く者にとって、お金は生計を立てるために不可欠なものであり、報酬として大事なもののひとつです。

〈報酬2〉は昇進・昇格・名誉。自分の能力が評価された証です。

〈報酬3〉として、仕事そのもの（行為・成果物）をあげることができます。

例えば、プロスポーツ選手の場合、その試合に選出されプレーできること自体が報酬です。補欠選手は、試合に出たくても出られないのです。また、小説家などは、自分の書いた原稿が一冊の本になって書店に並びます。その現物を手に取ったとき、とてもうれしいでしょう。それはかけがえのない報酬です。

〈報酬4〉は人脈、他からの信頼・感謝です。仕事はさまざまな人との出会いを生みます。また、お客様から発せられる「ありがとう」の言葉はなによりもうれしいものです。

仕事は「学習の場」でもあります。仕事を達成する過程で、私たちはさまざまな知識・能力、成長を得ます。それが〈報酬5〉です。

〈報酬6〉は安心感・深い休息・希望・思い出といったもの。人は何かに帰属して、働いていないと精神が不安になります。

最後に忘れてならないのが〈報酬7〉次の仕事機会です。この報酬は、上の2～6の報酬が組み合わさって生まれ出てくるものです。

よい仕事をして能力を蓄え、周囲の信頼を勝ち取ることで、「次はあいつに仕事を任せてみよう」となります。お金でこの機会が買えるわけではありません。

機会はひじょうに大事です。なぜなら、次の仕事を得れば、またそこからさまざまな報酬が得られるからです。そしてまた、次の機会が得られ……。つまり、機会という報酬は、未来の自分をつくっていく拡大再生産回路の"種"であるといえます。

大地は耕作者にさまざまなものを与える。
春には耕作する希望、そして耕作の技術。
夏には作物が育つ喜び。
秋には収穫物を食すること。
冬には安らかな休息。
そして、忘れてならないのは
――果実の中に忍び入れられた"種"。
この種によって、耕作者は来年もまた耕作が可能になる。

 仕事から得られる報酬ってお金だけ？

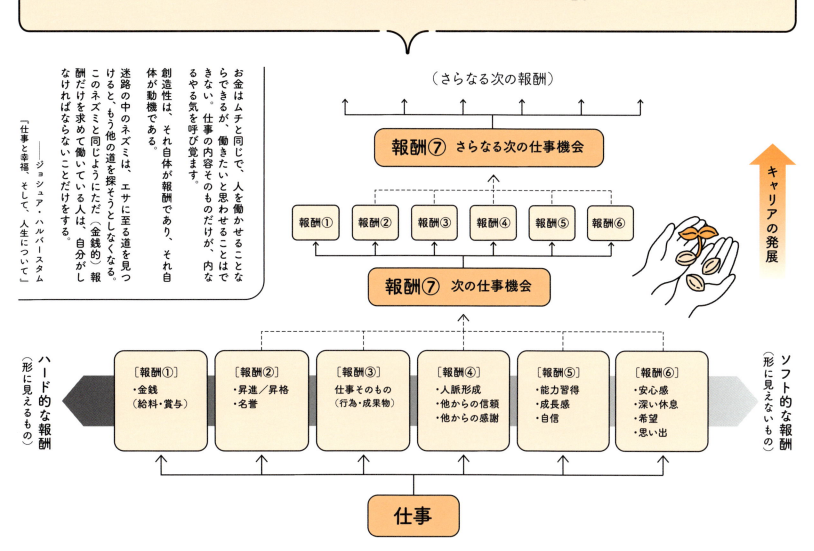

54 提供価値
私は世の中に何の価値を届ける職業人か

私たちはモノを売るのではなく その核にある価値を売っている

「自分は何のために働くのか?」という問いは漠然としすぎていて、考えようにもなかなかうまく考えられないものです。それをもう少し切り口をつけて考えるのがこの「私の提供価値宣言」です。

右ページの「私の提供価値宣言」シートにある空欄にあなたは何という言葉を入れるでしょう。私たちは仕事を通じて、目に見える具体的なモノやサービスを売っていますが、もっと根本を考えると、その核にある「価値」を売っています。

例えば、保険商品を売っているというのは、根本的には「経済的リスクを回避する安心」を売っていると言えます。

また、新薬の開発研究であれば、「人類の健康のための発見」あるいは「その病気のない社会」を売っている。財務担当者は経営者に対し、「数値による企業の健康診断書」を売っている。米作りの農家なら、「生命の素(もと)」という価値をお客様に届けています。

いずれにせよ、ここには主観的で意志的な言葉が入ります。この主観・意志こそが、キャリアという長き旅路における目的となり、アイデンティティーとなります。

自分の目的を製品・サービスの技術や外形的要素に結び付けてしまうと、変化の波に揺さぶられてしまいます。

例えば、録音再生の技術はつねに変化しています。針を落とすアナログレコードから磁気式テープレコーダーへ。そして MD や CD へ。さらには半導体メモリへ。

技術は手段であり、変化していくものです。しかし自分の働く目的やアイデンティティーは不変の軸であったほうが望ましい。「私は音楽を楽しむライフスタイルを提供する職業人である」と構えれば、技術の変化を超えていける。

製品・サービスの核にある提供価値は変わらない。それを実現する外形要素や技術は変わっていく。自分の職業を考える上で、どちらにまなざしを向けるか……

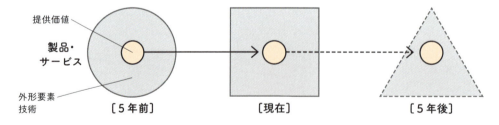

- 自分の働く目的やアイデンティティーを外側のものに紐付けると、変化の波に揺さぶられる。
- だから内側の核にある不変の価値にまなざしを向ける。

> 自分は職業人として何者であるかを
> 価値の次元で言葉にしてみよう。

［私の提供価値宣言］

私は仕事を通し

＿＿＿＿＿＿を売っています。
＿＿＿＿＿＿を届けるプロでありたい。

- 保険会社のライフプランナーは
  「経済的リスクを回避する安心」
- 自動車メーカーの開発者は「快適な移動空間／道具」
- レストランのシェフは「幸福な舌鼓の時間」
- 新薬の開発者は「その病気のない社会」
- コンサルタントは「専門の知恵と手間ヒマの短縮」
- 財務担当者は「数値による企業の健康診断書」
- プロスポーツ選手は「筋書きのないドラマと感動」
- コメ作り農家は「生命をつくる素（もと）」

……（という価値）を売っている／届けている。

深掘り思索

「我が社の提供価値宣言」そのもとで技術は手段になる

　企業という組織も、みずからの存在目的を提供価値の観点から考えます。企業理念（⇒204ページ）を短く凝縮したものがコーポレートスローガンです。

　ピーター・ドラッカーは「ガスレンジのメーカーは、競争相手は同業他社と考える。しかし、顧客たる主婦たちが買っているのは、レンジではなく料理のための簡単な方法である。電気、ガス、石炭、木炭のいずれのレンジであろうと構わない」と言いました。

　これは企業に対し、事業の目的をガスレンジというモノの次元から、「日常の料理における簡便さ」という価値次元にシフトしなさいという指摘です。提供価値が最上位の目的としてあり、手段として製品および製造技術があるという考え方です。

　技術は変転が激しく、一つのハード技術に凝り固まると組織は柔軟性を保てなくなります。しかしその上位に置く価値は本質的であるほど不変・普遍です。組織みずからの存在理由を提供価値で考えることは、そういう点で意義のある作業です。

コーポレートスローガンの一例

- 「地図に残る仕事」大成建設
- 「100年をつくる会社」鹿島建設
- 「駆けぬける歓び」BMW
- 「クルマはつくらない。クルマのある人生をつくっている。」ヤナセ
- 「服を変え、常識を変え、世界を変えていく」ファーストリテイリング
- 「Inspire the Next」日立製作所
- 「ideas for life」パナソニック
- 「一瞬も　一生も　美しく」資生堂
- 「ひらめき・はかどり・ここちよさ」コクヨ
- 「Channel to Discovery」みずほフィナンシャルグループ
- 「JUST DO IT.」ナイキ
- 「お口の恋人」ロッテ
- 「やがて、いのちに変わるもの」ミツカン
- 「おいしい記憶をつくりたい。」キッコーマン
- 「Sensing Tomorrow」オムロン
- 「"あったらいいな"をカタチにする」小林製薬
- 「あたらしい ふつうをつくる。」日本郵政
- 「驚安の殿堂」ドン・キホーテ
- 「まだ、ここにない、出会い。」リクルート

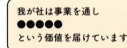

我が社は事業を通し●●●●●という価値を届けています

自分の定義のしかたで
働くことへの向き合い方が変わる

　あなたは初めて出会った人に、職業人としての自分をどう自己紹介するでしょう。つまり自己をどう定義するかです。定義する観点はいろいろあります。

　①は「**勤務会社・役職**」で自分をとらえるものです。会社や役職といった外衣はわかりやすいものですが、アイデンティティの拠り所をそこに置いてしまうと、働く意識はつねに会社への帰属や役職への固執に向かいます。

　②は「**職種**」による定義です。職種およびそれに関わる知識・技術に自分を限定するとらえ方は、その分野へのプロ意識や矜恃を抱ける反面、いたずらに自分を型にはめることになり、自己の潜在的可能性やダイナミズムを失う危険性があります。

　③は「**提供価値**」による自己定義です。やや抽象的にはなりますが、届けたい価値のもとに、たまたま今の会社という舞台があり、職種があり、知識・技術があるというとらえ方になります。キャリア形成に柔軟さとしなやかさが生まれます。

職業人としての自分を何で定義するか

①〈勤務会社・役職〉で定義する

私は
「●●株式会社」に勤める者です。
そこで「部長」をやっています。

②〈職種〉で定義する

私は
「ITシステム構築」に携わる者です。
＝「システムエンジニア」です。

③〈提供価値〉で定義する

私は
「顧客の購買体験を劇的に変える仕組み」
を売っている創造者です。

\ 研修の現場から /

WORK 03
「私の提供価値宣言」
私は世の中に何の価値を届ける職業人だろう

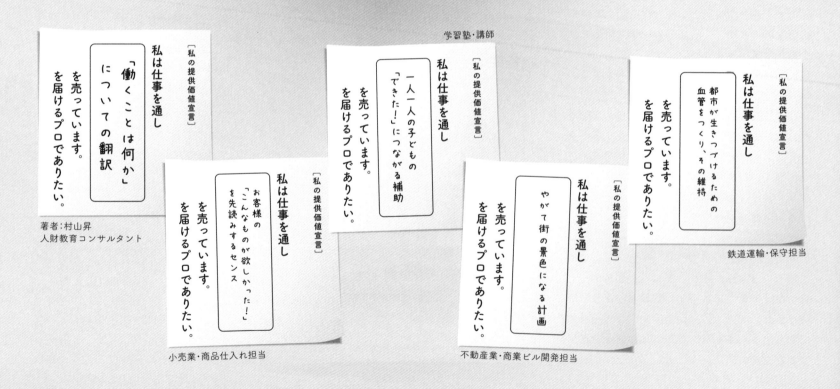

[私の提供価値宣言]
私は仕事を通し「働くことは何か」についての翻訳を売っています。を届けるプロでありたい。

著者：村山昇
人財教育コンサルタント

[私の提供価値宣言]
私は仕事を通しお客様の「こんなものが欲しかった！」を先読みするセンスを売っています。を届けるプロでありたい。

小売業・商品仕入れ担当

[私の提供価値宣言]
私は仕事を通し一人一人の子どもの「できた！」につながる補助を売っています。を届けるプロでありたい。

学習塾・講師

[私の提供価値宣言]
私は仕事を通しやがて街の景色になる計画を売っています。を届けるプロでありたい。

不動産業・商業ビル開発担当

[私の提供価値宣言]
私は仕事を通し都市が生きつづけるための血管をつくり、その維持を売っています。を届けるプロでありたい。

鉄道運輸・保守担当

総合商社・営業

［私の提供価値宣言］

私は仕事を通し **10年後の金のなる樹** を売っています。を届けるプロでありたい。

広告代理業・CMプランナー

［私の提供価値宣言］

私は仕事を通し **15秒に詰めた欲望の着火剤** を売っています。を届けるプロでありたい。

経営コンサルティング業・コンサルタント

［私の提供価値宣言］

私は仕事を通し **お客様の課題に向けて鋭い・深い、そして効く解決提案** を売っています。を届けるプロでありたい。

金融業・総務担当

［私の提供価値宣言］

私は仕事を通し **一人一人の社員が納得をもって働ける環境** を売っています。を届けるプロでありたい。

電機メーカー・財務担当

［私の提供価値宣言］

私は仕事を通し **数値による経営の判断材料** を売っています。を届けるプロでありたい。

小売業・店舗開発担当

［私の提供価値宣言］

私は仕事を通し **その品物と出会うために引き寄せられる場** を売っています。を届けるプロでありたい。

ホテル業・接客担当

［私の提供価値宣言］

私は仕事を通し **非日常でありながら自宅のようにくつろげる空間** を売っています。を届けるプロでありたい。

人材紹介業・コンサルタント

［私の提供価値宣言］

私は仕事を通し **その人の人生コースを劇的に変えるかもしれない機会** を売っています。を届けるプロでありたい。

55 自己実現
最善の自己になりゆくこと

自己実現の状態にある人はおよそ自己中心的な態度とは真逆

「自己実現」という言葉は、今では一般的に使われるようになりました。しかし、自己実現のある割合が「やりたいことをやりたいようにやる」といった自己中心的なニュアンスも含むようになり、この言葉に眉をひそめる向きもあります。

この概念を普及させた第一の功労者であるアブラハム・マズローによれば、自己実現［self-actualization］とは、最善の自己になりゆくことであるとし、こう付け加えています——「自己実現の達成は、逆説的に、自己や自己認識、利己主義の超越を一層可能にする。（中略）つまり、自分よりも一段大きい全体の一部として、自己を没入することを容易にするのである」（『完全なる人間』より）。

彼は自己実現にある状態を「至高経験」とか「最高水準の人格発達」とも呼んでいますが、そこでは自己を超越した感覚、大きな全体につながる境地があると言っています。自己実現はある種、宗教的経験というべきものであり、東洋思想の「涅槃（ねはん）」にもなぞらえています。したがって、自己実現にある人はおよそ自己中心的に閉じる態度とは真逆の態度になります。

こうみると、「自己実現」なる言葉は安易には使えないのですが、ただ、誰しも本当に深い意義を感じている仕事に、真剣に、必死に取り組み、そこに没入するとき、何かおおいなるものにつながる感覚、抱かれる感覚は生じます。

そうしたときに、彼の書き残している自己実現の描写や、14項目の「B価値」（右ページ）をながめると、彼の伝えたかった内容がある程度感得できるのではないでしょうか。

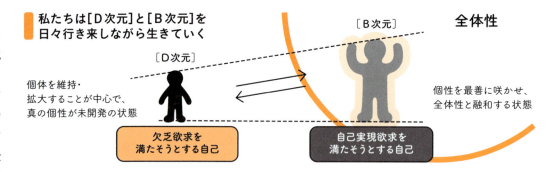

私たちは[D次元]と[B次元]を日々行き来しながら生きていく

[D次元] 個体を維持・拡大することが中心で、真の個性が未開発の状態　欠乏欲求を満たそうとする自己

[B次元] 全体性　個性を最善に咲かせ、全体性と融和する状態　自己実現欲求を満たそうとする自己

押さえるツボ

- マズローが言う自己実現において自己は、利己を超え、全体性と融和していく感覚がある。
- 私たちは欠乏を満たしながら個体を維持する一方、個性を精一杯咲かせようと自己実現に向かう。

実は「わたし、ジコジツゲンしてまーす！」と気軽に言えないくらい
その境地は複雑で深い。

マズローによる「自己実現」の記述

自己実現の欲求	成長欲求 （B動機）
尊重の欲求	欠乏欲求 （D動機）
愛と所属の欲求	
安全の欲求	
生理の欲求	

自己実現にある人の特徴

- □ 現実をより有効的に知覚し、それと快適な関係を保つ
- □ 自己、他者、自然を受容する
- □ 自発的な衝動・内面生活・思考
- □ 課題中心的にエネルギーを振り向ける
- □ 人間関係において内向性／外向性の二分法から超越している
- □ 外部的な影響要素としての文化や環境から独立し自律している
- □ 物事に対し常に新鮮な評価ができる
- □ 強度の集中による自己超越的な神秘体験がある
- □ 共同社会感情を持つ
- □ 対人関係において寛大で、忍耐強く、深遠である
- □ 民主的な性格構造
- □ 手段と目的を区別し行動する
- □ 哲学的で悪意のないユーモアセンス
- □ 子どものようにとらわれのない創造性
- □ 文化に組み込まれることに対する抵抗、あるいは文化の超越

――『人間性の心理学』より要点を整理

自己実現にある状態において知覚される「B価値」14項目

①真・正直・現実性
②善
③美
④全
　a：二分の超越、共同作業
⑤生気
⑥独自性
⑦完全
　a：必然性
⑧完結
⑨正義
　a：秩序
⑩簡素
⑪豊かさ
⑫無努力
⑬遊戯性
⑭自足性

――『創造的人間』より

※マズローの記述において、「B」はBeing＝実存、「D」はDeficiency＝欠乏を意味する。「B動機／B価値」は実存・成長に関わる動機／価値。「D動機」は欠乏に関わる動機。

COLUMN 06
成功と幸福

年収1000万円の人と年収300万円の人とでは、年収1000万円もらうほうが「成功者」でしょうか。有名な大企業で働いていれば「勝ち組キャリア」で、なかなか稼げない自営業者は「負け組キャリア」でしょうか……。

いつしか私たちの社会では、定量的、功利的な考え方が幅広く支配するようになったために、他人と自分を量的尺度で比較して、「多い／少ない」、「勝ち／負け」、「成功／不成功(失敗)」を峻別し、自分の人生の良し悪しを決めがちになっています。

ですが、ここでじっくり見つめなおしてみたいのは、はたして、他者との比較で「多・高・優・強」を獲得した人が、「成功者」であり、それが「幸福」を保証するものなのか。また逆に、他より「少・低・劣・弱」である人は、「不成功(失敗)者」であり、それが「不幸」を意味するのか、という問題です。

現実社会をみてみると、仕事やキャリアで「成功」している人が、「不幸な」生き方をしているケースは多々あります。同様に、世間の尺度で言えば、必ずしも働き手として「成功者」とはいえないけれど、「幸せな」生き方を実現している人は大勢います。

そうしてみると、「成功」と「幸福」は別ものと考えるべきなのでしょう。

成功／不成功の本質は「定規を当てる」ことにある

私は、成功と幸福の違いを、右ページのようなイメージでとらえます。

まず、左側が成功の本質をつかむ「定規」モデルです。

この図は、自分が仕事上で獲得したもの、例えば収入とかそれで買ったモノ、あるいは知識や能力、さらには仕事の成果・業績などに定規を当て、他人との比較で評価することを表しています。

その結果、自分の相対的な位置が確認できます。自分が優位にいれば喜び、劣位にいればくやしがります。

このとき、当てる尺度はたいてい一般化された定量的なものか、単純な定性的なもので、どれも本人の複雑で繊細な個性価値を表すには粗すぎるものになっています。

しかし、世に言う「成功と不成功(失敗)」「勝ち組と負け組」とは、まさにこのような定規による相対的な判別を指しているのではないでしょうか。

幸福は「器を作り・満たし・分ける」こと

他方、幸福とはどういうことでしょう。それを表すのが「器づくり」です。

幸福は、まず自分の「器(うつわ)」をこしらえることから始まります。器の素材や形状は、自分が自由に決めてよいものです。それは、作り手の個性・美意識・価値観の表れですから。

また、こしらえていくうちに、器の大きさは、しだいに自分の精神的な懐(ふところ)の深さや見ている世界の大きさといったものを反映するようになるでしょう。そして、その器は自分が行う仕事や仕事から得られるもので満たされていきます。

ここには作り手の3つの喜びがあります——1つに、器を作る喜び。1つに、器を満たす喜び。1つに、満たしたものを他者に注ぎ分ける喜び。

幸福はこれら「作る・満たす・分ける」という作業自体にあります。他者との比較相対からまったく自由であり、意識は器に向かっています。

成功＝定規をあてる

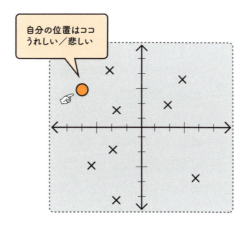

「定規」をあてて
自分の相対的位置をみる

他より「多・高・優・強」
であることを狙う

幸福＝器づくり

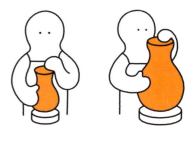

自分の「器」をこしらえる
そして「器」を満たす
さらに
満たしたものを他者に分けてあげる

これらの作業自体が喜び

成功は相対的なもの
幸福は個性的なもの

「定規と器」モデルから、成功は他との比較相対によって生じるものであり、幸福は自分独自の軸を据えて、それをもとに生み出すものととらえることができるでしょう。哲学者、三木清は右に掲げた言葉で喝破しています。

とはいえ、成功はけっしてネガティブなものではありません。成功は当然目指すべきものです。最初から失敗でよいなどということでは、何事も成し遂げられません。ただ、成功は取り扱いにおいて、注意が必要だということです。

1つには、成功は点数(多くはお金の量)による評価で決まることが多く、野心や自己顕示欲と結びついて俗的な手垢の付きやすいものになること。

もう1つには、成功は一過性のものであり、消費されること。成功は歓喜・高揚感・熱狂を呼びますが、長続きしません。幸福が与えてくれる持続的な快活さとは対照的です。

イギリスの作家スウィフトは、「歓喜は無常にして短く、快活は定着して恒久なり」とも言っています。

成功と幸福とを、不成功と不幸とを同一視するようになって以来、
人間は真の幸福は何であるかを理解し得なくなった。
自分の不幸を不成功として考えている人間こそ、まことに憐れむべきである。

他人の幸福を嫉妬する者は、幸福を成功と同じに見ている場合が多い。
幸福は各人のもの、人格的な、性質的なものであるが、
成功は一般的なもの、量的に考えられ得るものである。
だから成功は、その本性上、他人の嫉妬を伴い易い。(中略)

純粋な幸福は各人においてオリジナルなものである。
しかし成功はそうではない。
エピゴーネントゥム(追随者風)は多くの場合成功主義と結びついている。
近代の成功主義者は型としては明瞭であるが個性ではない。

――三木清『人生論ノート』

順番なんて
ほんとうの人間の価値とは
何の関係もないんだよ。

――岡本太郎『強く生きる言葉』

成功や失敗のごときは、
ただ丹精した人の身に残る糟粕(そうはく)のようなものである。

現代の人の多くは、
ただ成功とか失敗とかいうことのみを眼中に置いて、
それよりもモット大切な天地間の道理をみていない、
かれらは実質を生命とすることができないで、
糟粕に等しい金銭財宝を主としているのである、
人はただ人たるの務(つとめ)を完(まっと)うすることを心掛け、
自己の責務を果たし行いて、
もって安んずることに心掛けねばならぬ。

＊糟粕＝酒を造るときに出る原料の残りかす

―――渋沢栄一『論語と算盤』

（ねたみの本質は）ものをそれ自体として見るのではなく、他との関係性において見ることにある。

たとえば、私が不自由しないだけの月給をもらっているとしよう。私は満足すべきだが、どう見ても私よりも優秀だとは思えないような人が私の二倍の月給をもらっていることを耳にする。私がねたみ深い人間であれば、自分の持っているものから得られる満足は、たちまち色あせてしまう。

―――バートランド・ラッセル『ラッセル幸福論』

気がつけば「幸福である」という状態

江戸・明治・大正・昭和を生き、"日本資本主義の父"と呼ばれる渋沢栄一は、成功は糟粕(そうはく)だと言います。では幸福とは何なのか。

幸福とは、"丹精"込めて励みたいと思える仕事をつくりだすこと。そしてその仕事を通して自分の責務をまっとうしていくこと。これが渋沢の幸福観であったように思います。

もしそうした過程に没頭し、自分の全能力を発揮しているなと思えれば、それこそが最上の報酬であり、他者との比較で一喜一憂する自分は消滅しているはずです。

幸福は、それ自体を追ってつかめるものではありません。自分が献身できる、自分が意味を込められる何かをこしらえて、そこに没頭する。そしてある時点で、振り返ってみて、「あぁ、自分は幸せだったんだな」と気づく――それが、幸福の実体に近いものではないでしょうか。そこに成功が重なれば、もう言うことはありません。

さあ、あなたはどんな「器づくり」を始めるでしょうか？

PART 5 WORKING IN A COMPANY
会社の中で働くこと

現在、国内の就業者のうち、会社をはじめ官公庁や団体に雇われて
給料を得ている人の割合は、ゆうに8割を超えます。
働く人の圧倒的多数が「雇われる生き方」を選択しています。
会社（あるいは組織）の中で働くことは
自身の職業人生にどんな影響を与えているのでしょうか。
また、「雇われない生き方」という視点から何が見えてくるでしょうか。

この章でみていくこと

- □「会社」がどういうものかを理解する
- □組織風土と組織文化の違いは何だろう?
- □よい会社とは? 働きやすさと働きがいの観点から考える
- □2つのジンザイ「人材・人財」の違いを押さえる
- □個と組織の関係性はどうあるべきか?
- □絶え間ない変化の中で、変えるものは何か、変えないものは何か?
……など

登場する主なキーワード

\#株式会社　\#東インド会社　\#ステークホルダー
\#コーポレート・ガバナンス　\#会社と企業
\#企業の社会的責任(CSR)　\#企業理念　\#鬼十則
\#組織風土と組織文化　\#人材と人財　\#P人材・U人材
\#エンプロイアビリティ　\#会社人の意識・仕事人の意識
\#企業内プロフェッショナル　\#野ガモを飼い慣らすな
\#プロジェクト　\#クラウドソーシング

について

56 会社① 会社の定義
営利を目的とする社団法人

共通の営利目的のもとに人が集まり法人組織をつくる

会社とは「営利を目的とする社団法人」。つまり、共通の経済的目的を達成するために何人かの人が集まり、法人化したものです。会社法に基づいて設立され、株式会社、合名会社、合資会社、合同会社の4種があります。

その中のひとつである株式会社は、株式を発行して、広く投資家から資金を集め事業活動を行う形です。

出資と経営が分離されていること、出資者は自分の出資額以上の責任を負わなくてすむこと、公開された株式についてはそれを売買できる市場が発達していることなどから、株式会社は最も利用されている会社形態となっています。

株式会社の起源は17世紀の東インド会社

大航海時代のまっただ中、16世紀末から、イギリスを中心にオランダやフランスは重商主義政策を掲げ、海外への貿易競争を繰り広げていました。当時の貿易活動は非常に危険を伴うもので、航海がうまくいけば莫大な利益を得られる一方、失敗すればすべてをなくしてしまうリスクをはらんでいました。

そんな中、イギリスは1600年（日本では関ヶ原の合戦のとき）に東インド会社を設立。続いて1602年にはオランダがオランダ東インド会社を設立しました。

彼らは、必要な資金を広く世の中から集め、同時に、危険な航海を実行する乗組員を雇い入れました。そして成功の暁には、出資者に利益を還元し、乗組員たちにも成功報酬を与えるという仕組みを開発しました。これが株式会社の始まりとされています。

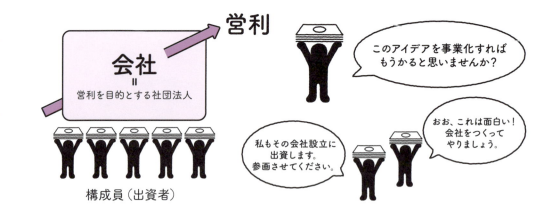

「会社」ってどんな発明物だろう？

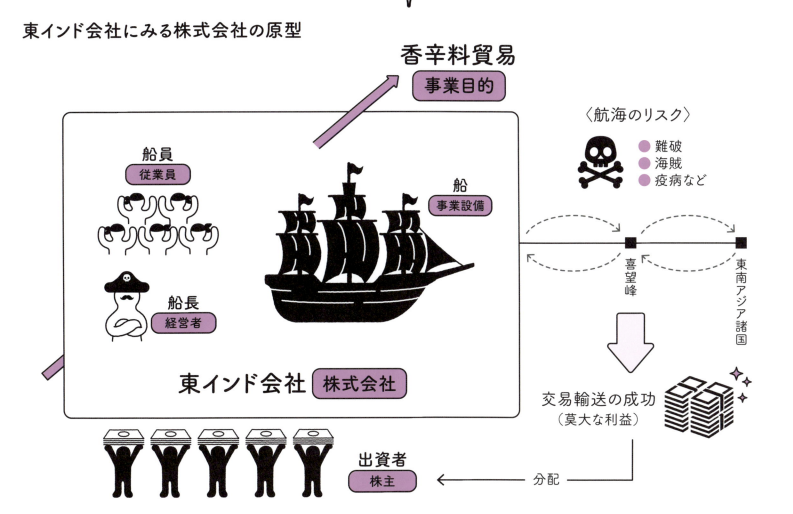

57 会社② ステークホルダー
会社を取り巻く利害関係者

　会社がいろいろな関係者とともに成り立っていることを株式会社を例にしてみていきましょう。

直接的・間接的に会社と利害をともにする関係者たち

〈株主〉

　会社に対して出資を行う個人や法人です。株主は出資額に応じて配当金や株主優待を受け取ることができ、株の値上がり益を期待できます。また、会社が倒産した場合にはその出資額以上の債務責任は負いません。その点で有限責任です。

〈経営者〉

　「取締役」として株主から選任され会社を経営します。株主がリスクを覚悟で出資したお金を預かり、利益を継続的に株主に戻していく仕事請負人です。大きな権限を持つと同時に、重大な責任を負います。損失を発生させた場合には、株主に対して無限の賠償責任を負うこともあります。

〈従業員〉

　会社から雇われ、雇用契約のもとで業務にあたる人です。会社法上では「使用人」と呼ばれています。なお、一般的にその会社に雇用されて働く人を「社員」と呼んでいますが、法律上の用語として社員といった場合には出資者(=株主)を指します。

〈顧客〉

　事業はたいてい製品・サービスという形をとって販売されます。その製品・サービスを買い求めるのが顧客(消費者・利用者)です。

〈取引先｜金融機関〉

　会社は製品・サービスづくりでさまざまな仕入れ先や委託先などと関係します。それは事業規模が大きいほど多岐にわたってくるでしょう。また、会社は事業資金を銀行などの金融機関から借りる場合もあります。

〈地域社会｜行政機関〉

　会社が円滑に事業を進めていくためには、地域社会や行政機関とうまく協力、連携していく必要があります。

　このように会社はいろいろなところと結びついて事業を行います。事業がうまくいっているときには、これらすべての関係者はその利益をともに享受できます。しかし、業績が悪くなってくると、当然これらの関係者にも悪い影響が出ます。

　こうした直接的・間接的に会社と利害をともにする関係者を「ステークホルダー」と呼んでいます。「ステーク：stake」とは賭け金・危険にさらすものという意味、「ホルダー：holder」は保持者という意味です。

- 会社が行う事業のもとには、利害を共有するさまざまな関係者がいる。
- 会社はそれ単体では成り立たない社会的な存在である。

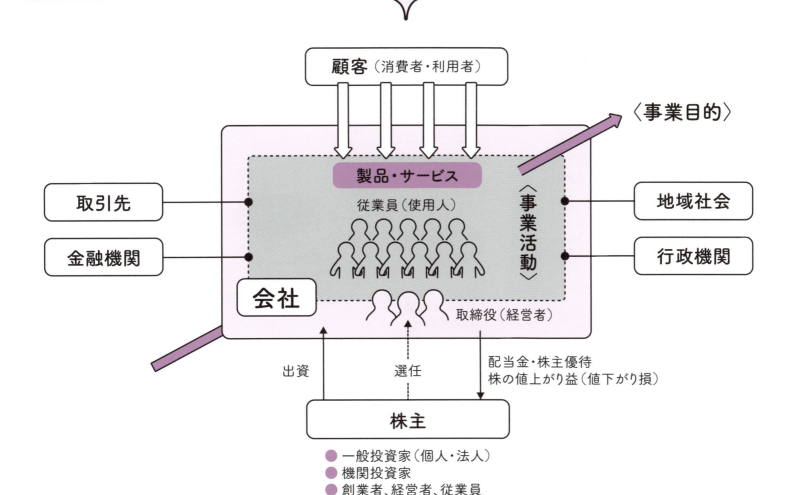

58 会社③ 会社の所有
会社はだれのものか？

「（株式）会社はだれのものか」——こうした会社の"所有"に関わる問いは過去から頻繁に投げかけられてきました。法律的な解釈からすれば、答えは一応、「会社は株主（出資者）のもの」となります。

しかし会社は株主のものだといっても、株主が会社のビルや会社がつくった製品を所有しているわけではありません。ましてや、会社で働く従業員や彼らが持つ知識や技術を所有するわけでもありません。

株主は諸権利を保有する形で会社を所有する

株主がリスクを負って出資金と交換したものは、具体的には株主総会の議決権や配当の請求権、残余財産の分配請求権、株主優待といった権利です。こうした権利を束ねた有価証券として株券があり、株主はこの株券を通して会社を所有する形をとっています。

株主が多数いる場合、会社の所有度合いはすなわち株式の持ち分です。最終的にだれの声が強いかは、数の論理で決まります。

会社はだれものかという問いについては、答えはこのようにあっさり出てしまいます。が、会社は「何のためのものか」「どうあるべきか」といったあり方を問うなら、さまざまな観点での答えが出てきます。

会社は単なるモノではなく、ヒト・モノ・カネ・技術・情報・時間・意思が融合した有機的な仕組みであり、経済的な価値以外の価値をも生み出す運動体です。

会社がみずからどういった存在でありたいのかは、「事業理念」や「コーポレート・ガバナンス（企業統治）」「CSR（企業の社会的責任）」などへの取り組みよって意思表明されることになります。

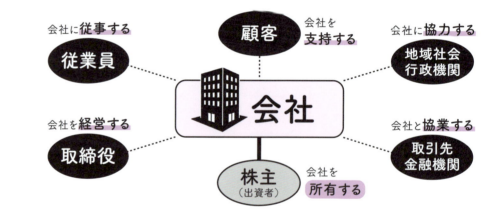

- 株主は、出資分に応じた経営参加権や配当請求権などを保有する形で会社を所有する。
- 「会社の所有」の問いから、「会社のあり方」の問いへ。

COLUMN 07
「会社」と「企業」
概念の広さの違い

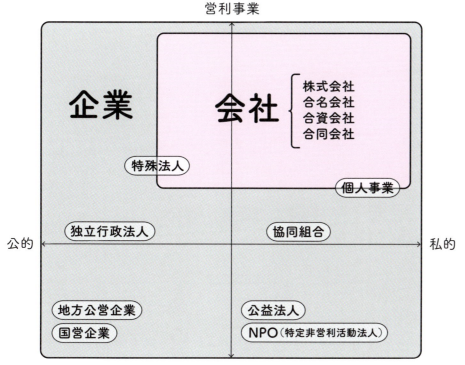

「業を企てる＝企業」形態は「会社」以外にもいろいろある

「会社」と「企業」は、ほぼ同じ意味で使われることが多いようです。しかし、正確には左図のように、概念の広さに違いがあります。会社はすべて企業と呼んでいいのですが、企業のすべてが会社というわけではありません。

企業とは、まさに「業を企てる」こと。業を企てる形態は、会社以外にもたくさんあります。

個人事業主が会社をつくらずに企業活動をすることもありますし、JA（農業協同組合）のように協同組合という形態の企業もあります。

また公益法人（公益社団法人や公益財団法人）やNPO（特定非営利活動法人）も企業です。

さらには、国の行政機関が所管する特殊法人や独立行政法人、地方公共団体が運営する水道事業や地下鉄・バス事業なども企業です。

いずれの形態にせよ、会社・企業は、私たちの社会にとってきわめて重要な経済活動単位です。

59 会社④ コーポレート・ガバナンス
健全に経営を行うための仕組み

コーポレート・ガバナンス[英語：corporate governance]とは、企業の不正行為を防ぎ、遵法精神に基づいた経営を行うための仕組みをいいます。一般的には「企業統治」と訳されています。

不正への誘惑・温床を仕組みでなくす

経営者は、日々、事業の利益を拡大せねばならないというプレッシャーにさらされています。また、強力な権限と情報を手にしているために、個人的な野心にかき立てられることもあります。

そうした動機や欲望が過度にふくらむと、経営者はときに不正な手段に手をかけます。会社の不祥事が起こる要因の一つは、そうした経営者の暴走です。

また、経営者だけでなく、従業員もときに不正への誘惑や倫理意識の欠如から問題を起こす場合もあります。

いずれにせよ、もはや会社は株主の所有を超えて社会的な存在です。松下幸之助は会社を「公器」だと言いました。

公器たる会社がひとたび不正や不祥事を起こして業績が悪化すれば、多方面への影響が避けられません。そこで、会社が不正を起こさないように、ステークホルダーが関与して、経営を監視する仕組みが必要になります。こうしてコーポレート・ガバナンスの考え方が生まれてきました。

この仕組みのもとで、会社は法令遵守の社内環境をつくり、社外には迅速かつ適切な情報開示をします。それが「企業の社会的責任(CSR)」を果たすということでもあります。

コーポレート・ガバナンス概括図

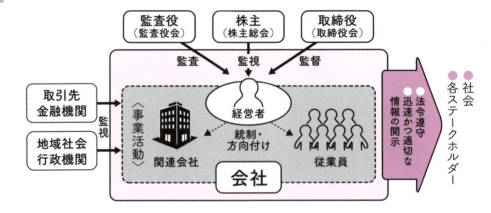

 なぜ会社は厳格にガバナンス（統治）されなければならない？

公器たる会社が健全な経営を保っていくには
会社が社会とオープンに対話していく仕組みが必要。

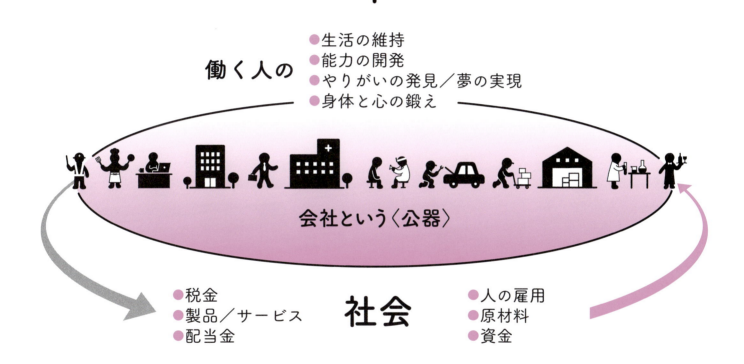

組織は存在することが目的ではない。種の永続が成功ではない。その点が動物とは違う。組織は社会の機関である。外の環境に対する貢献が目的である。
　　　——ピーター・ドラッカー『経営者の条件』

社会に対して責任を持たない会社、自分のところだけ儲けたらそれでいいという会社は社会に害を流す。またそんな会社は発展するはずがない。会社は社会と繁栄をともにする。運命をともにするという気持ちがなくてはならぬと思う。したがって会社は社会の公器である。
　　　——松下幸之助『物の見方考え方』

60 会社⑤ 企業理念
事業組織が持とうとする精神の軸

単なる利益追求組織でなく　理念のもとの事業組織でありたい

　会社という組織は、ある種、人と同じような存在です。実際、会社には法人格が与えられており、一市民と同じく権利を持ち、義務を負って社会で生きています。

　人はそれぞれに体格があります。身体が小さいとか、体格がしっかりしているとか。それと同じように、会社にも体格があります。売上規模が大きいとか小さいとかの違いです。もっと言えば、利益率が高くて、いわば脂肪が厚い身体もあれば、利益率が低くてやせている身体もあるでしょう。

　また、人はそれぞれに特技を持っています。そして経済力や性格もそれぞれに違っています。それは会社も同様です。

　そして精神性。これも多様です。私たち一人一人が、独自の理念や信条、志をもって生きていこうとするのと同じように、会社組織もまた、何らかの精神の軸を持って活動しようとします。

　会社の精神性を表明するものとして、古くから「社是・社訓」があります。今では、「企業理念」として掲げるところが多くなってきました。その他、「ミッションステートメント」や「バリュー」「クレド」といった用語も使われています。

　どのように社会の一市民として自社が貢献をしていくか。いかに理念のもとに人を呼び寄せるか。そのために事業精神の軸を表明する必要がある。そうした思いから企業理念は発せられるものです。

〈人〉Aさん			〈会社法人〉A社
体格がしっかり	**体格**	規模が大きい 従業員数は1万人	
手先が器用で 工作が得意	**特技**	緻密な製造技術を 持っている	
裕福な家庭	**経済力**	利益率が高く 給与水準も高い	
人に優しく社交的	**性格**	消費者や取引先、 従業員を大切にする	
つねに挑戦する心を 失わない生き方	**精神性**（理念・志）	社是・社訓 企業理念	

押さえるツボ
- 会社は人と同じように、さまざまな個性を持つ。外見も違えば、中身も違う。そして精神性も。
- 企業理念は「こうありたい」という思いを表明したもの。

真面目なる技術者の技能を、
最高度に発揮せしむべき
自由闊達にして愉快なる
理想工場の建設。
　　——東京通信工業株式会社（現ソニー）の設立趣意書の一文

〈ミッション〉
世界中のすべての人々と
ビジネスの持つ可能性を
最大限に引き出すための支援をすること

〈6つの価値〉
Integrity and Honesty——誠実で正直であること
Open and Respectful——オープンで、相手に敬意を表すること
Big Challenges——大きな課題に対しても果敢に挑戦し、最後までやり抜くこと
Passion——お客様、パートナー様、技術に対する情熱をもつこと
Accountable——自らの言葉とコミットメントに責任を持って何事にも取り組むこと
Self-Critical——自分に厳しく、自らの向上に努めること
　　——マイクロソフト社のミッション・バリュー

私たちは社会からより大きな「期待」を集め、
一人ひとりの「可能性」を信じて、
新たな「機会」の提供を目指す。
私たちの果たす役割は"まだ、ここにない、出会い。"
　　——リクルートグループ経営理念（抜粋）

リッツ・カールトンでお客様が経験されるもの、それは感覚を満たすここちよさ、満ち足りた幸福感そしてお客様が言葉にされない願望やニーズをも先読みしておこたえするサービスの心です。
　　——ザ・リッツ・カールトンホテル カンパニーのクレドの一部

三つの喜び
・買う喜び
・売る喜び
・創る喜び
　　——本田技研工業の基本理念

私たちは、第一に、医師、看護師、患者、母親・父親、そのほか私たちの製品を使うすべての人たちに対して責任を負う。彼らの要求に応えるため、製品は高品質でなければならない……（省略）
私たちは、従業員、世界中でともに働く男性・女性に対して責任を負う。皆が独立した個人として、それぞれの尊厳と長所を考慮されなければならない。……（省略）
私たちは、自分たちが生きる地域社会、世界に対して責任を負う。私たちはよき労働や慈善活動を支援し、税金を公正に負担するよき市民であらねばならない。……（省略）
私たちは最後に株主に対して責任を負う。事業は健全な利益を生まなければならない……（省略）
　　——ジョンソン・エンド・ジョンソン社のクレドの一部

深掘り思索

理念だけでは食っていけない……？
理念主導か利益主導か

　企業が掲げる理念は、事業に対する理想や目的観、従業員・顧客・社会に対しての貢献意識を表明するもので、その実現には往々にして、利益追求に反する要素が出てきます。したがって、経営者は心の中でつねに、理念主導でいくか、利益主導で行くかの綱引きがあります。

　企業によっては立派な理念を掲げながら、実際の仕事現場は利益追求の空気が張り詰め、理念が置き去りにされるところもあります。メディアで頻繁に話題になる企業の不正会計やデータ改ざん、材料偽装などは、それが高じて起こる事件です。

　また、電通の『鬼十則』のようにユニークな行動規範でありながら、業績至上の流れの中に組み込まれるや、次第にそれが従業員への歪んだ働かせ方につながってしまったケースもあります。結局、よい意味での伝統を死なせる形になりました。

　会社によっては、あくまで理念を主導にし、利益獲得はある程度辛抱するというところもあります。例えば『日本でいちばん大切にしたい会社』(坂本光司著)には、社会貢献意

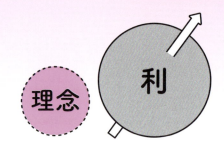

①〈利益主導・飾り理念〉型
会社の中には、立派な理念を掲げつつ、実際はそれがお題目だけのものになっていて、社内では利益追求の雰囲気が支配的になっているところがある。

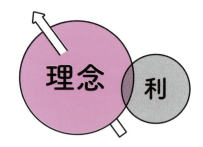

②〈理念主導〉型
その一方、理念が主導的な駆動力になっていて、儲け主義に走らない会社もある。社会的意識の強いオーナー社長が率いる中小企業やNPOにこのタイプが多い。

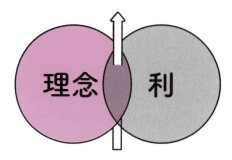

③〈理念・利益共導〉型
理念の具現化を強く押し進めつつ、利益追求も目指すタイプ。独自の技術やビジネスモデルで高成長するビジョナリーな会社がこのタイプ。

識の高い経営者が、1円でも多く利益を上げる会社ではなく、1人でも多くの人から世の中に必要だと思われる会社でありたいという事例が多数紹介されています。

理念の具現化と利益追求を相反させることなくやっているところもあります。創業者・経営者が強力なビジョンを持ち、かつ、利益を稼ぎ出せる強力な技術・ビジネスモデルを持っている企業がそうです。マイクロソフト社やグーグル社、フェイスブック社などIT分野の成功企業はその典型です。

長くいたいと思える会社は3つの円が重なること

世の中にあまたある会社から1社を選び、そこで働こうとする人間からすれば、その会社がどんな理念を持ち、利益追求に対してどんなスタンスを持っているのかはとても気になるところです。

それが自分の考え方や価値観とどう重なるのか、重ならないのか――会社というのは、いざ入社してみないとわからないところも多いのですが、いずれにせよ、3つの円がうまく重なる会社が長くいたいと思える会社ではないでしょうか。

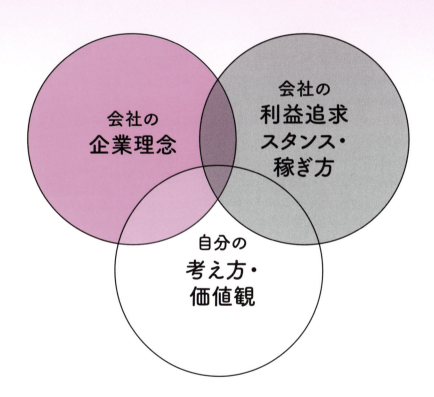

自らの価値観が組織の価値観になじまなければならない。同じである必要はない。だが、共存できなければならない。さもなければ心楽しまず、成果もあがらない。
――ピーター・ドラッカー『明日を支配するもの』

61 組織風土と組織文化
組織という場に生じる環境特性

風土はどの組織にもあるが明瞭な文化を持つ組織は少ない

組織風土と組織文化は、ともに組織という場に生じる環境特性であり似通っています。しかし、厳密にみていくと違いがあるようです。

文化には「化」という字があるとおり、何か人為的・意思的に変えていく能動性があります。文化は英語で[culture]。手で耕す・育てるという意味を持っています。

それに対し、風土は「風と土」。英語では[climate]。天候の意味です。

つまり、文化は耕すという努力が必要なのに対し、風土は人間の努力のあるなしにかかわらず、無意識のうちに生じ、何かしらそこに漂い覆うものです。

また、文化は意思的であるがゆえに、その中核には理念・哲学のような基軸価値が必要で（たいていは組織の中心者が強く設定します）、個々の構成員はそれに対し、共感・共振をもって積極的に受け入れようとします。

その結果、組織全体は動的にある種の方向性や考え方、様式（スタイル）を持ちはじめ、熱を帯びます。それらが明瞭な形をとると、内外から「あの組織には独自の文化がある」と認識されるようになります。

他方、組織風土は成り行きで形成されてしまうものです。風土の形成には中核となる理念や哲学めいたものは必要ありません。

風土は、風のように雰囲気的で散漫としたものでありながら、長年の間には、土のように固まってしまい、組織に重力的に作用を及ぼすものです。それが悪いようにはたらくと、「風土病」を引き起こします。

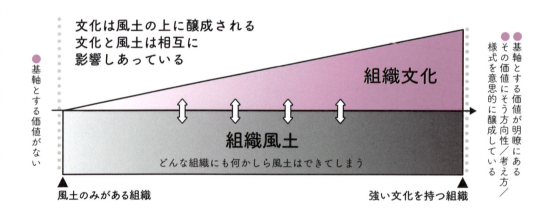

- 風土も文化も組織に生じる特性で、良くも悪くもさまざまな作用を組織自体および組織員に与える。
- 風土は無意識のうちに自然とできてしまうが、文化ができるためには基軸価値のもとの努力が要る。

> あなたは「強い文化を持つ」組織で働くのがいいですか？
> それとも「あたりさわりのない風土の」組織で働くのがいいですか？

組織風土

文化と呼べるものを持たず
風土のみがある組織の様子

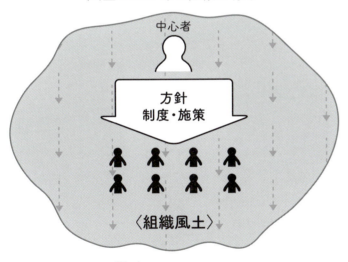

風土〔英語：climate〕

- 消極的形成（成り行きで起こり、漂うもの）
- 雰囲気的、慣性的
- 個と全体が共有する基軸価値がなくても風土はできる
- 風土の力は散漫としていて、かつ、固まっている感じ
- 風土は組織の重力作用としてはたらく
- 風土に合う合わないによって、人を留めたり、遠ざけたりするが、文化ほど強い力はない

組織文化

強い文化を持つ組織の様子

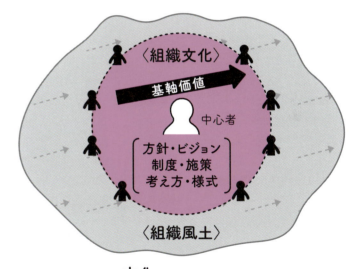

文化〔英語：culture〕

- 積極的形成（耕し、育てるもの）
- 意思的、求心的
- 個と全体が共有する基軸価値にそって文化ができる
- 文化の力は熱を帯び、方向性・考え方・様式を生み出す
- 文化は組織の推進・教化作用としてはたらく
- 文化に合う合わないによって、組織に人を引きつけたり、組織から人を排除したりする

61 組織風土と組織文化

COLUMN 08
「よい会社」とは

経営者・取引先・株主など 各々の視点からの「よい会社」

「よい会社」がどんなものであるかは、人により、視点によりさまざまです。

経営者にとっては、多様な人材と技術力を保持し、利益という形で継続的にステークホルダーに報いていくのが「よい会社」かもしれません。

取引先にとってみれば、儲けさせてくれる会社が「よい会社」でしょうし、株主からみれば、株価も配当も上がり続ける会社が「よい会社」かもしれません。

また、社会にとっては、雇用や納税など経済的な貢献と、商品・サービスを通して文化的な発展に貢献してくれるのが「よい会社」となります。

では、従業員にとって「よい会社」とは何なのでしょう？……給料の高い会社、やりたいことをやらせてくれる会社、長く雇用してくれそうな会社、ステータスのある会社、社風に活気のある会社、ブランド力の強い会社、理念に共感できる会社、子育てのできる会社など、いろいろあるでしょう。

長年、従業員意識調査などを数多く行ってきた米国の調査機関 Great Place to Work Institute は、従業員の視点に立った「働きがいのある会社」ランキングを発表しています。同機関は、働きがいに関わる5大要素として次の項目を指標にしているそうです――

①信用：従業員がマネジメント（経営陣）をどれだけ信用しているか

②尊敬：従業員がマネジメントからどのくらい尊敬・尊重されているか

③公正：従業員がマネジメントに公正に扱われているか

④誇り：従業員はどれくらいみずからの仕事にプライドを感じているか

⑤連帯感：従業員はどれくらい職場で連帯感を持っているか

従業員からみる2つの側面 「働きやすさ」と「働きがい」

これまで「優良会社」と言えば、どちらかというと財務的、外形的に強く安定した会社を指すものでした。それとは異なり、この5つの要素は従業員目線から会社の状態を評価するもので、とても大事な観点を提示しているように思います。

そこで、従業員にとって「よい会社」とはどんなものかを本書なりに整理したのが次ページの図です。

「よい会社」の「よい＝良い・善い・好い」には2つの側面があるように思われます。すなわち、「働きがい」と「働きやすさ」です。

働きがいがあるというのは、働き手が能動

従業員にとっての「よい会社」とは……

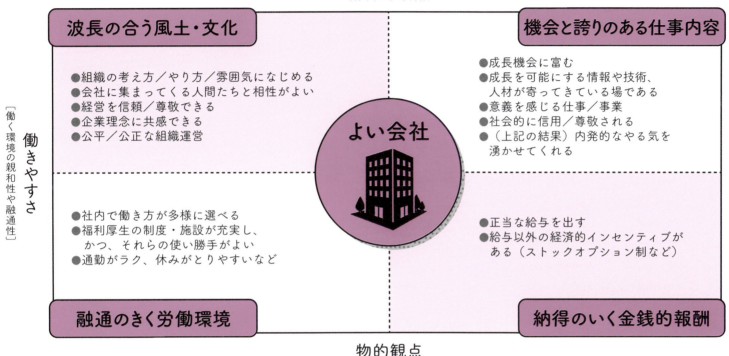

的に働けば、その分、会社がきちんと応えてくれる、報いてくれるものがあるということです。物的には金銭的報酬、精神的には成長感や仕事への誇り・意義といったものです。

　もう一方、働きやすさは、一つに職場の環境が自分になじむこと。さらには制度や設備が充実し、かつ、それらの使い勝手がよいことにあります。

　人手不足の昨今、会社は従業員の獲得と保持のために働きやすさの拡充を図っています。働き手のほうも雇用側に働きやすさへの要求を強めています。

　働きやすい職場になることは歓迎すべきことですが、働きやすさは、よい仕事を生むための土台でしかありません。働きがいを見つけるには、また別の努力がいります。

　働きがいは「働く目的」に関わる重大な問題です。働き手側も会社側も、この両方をからみ合わせて考えねばなりません。

62 人材と人財
代替のきくヒト・代替のきかないヒト

自分というジンザイは「材」なのか「財」なのか

キャリアを考えるにあたって、自分というジンザイが「材価値」なのか、それとも「財価値」なのかを意識することはとても有意義です。そこで、人材と人財の違いをみていきましょう。

まず、人材の「材」という文字のつくりの「才」は、能力・資質、はたらきといった意味です。そして、へんの「木」に込められているのは主に2つの意味です。

1つは、木はいろいろに加工され、活用されます。そのさまざまなものに化けるという潜在的な可能性。もう1つは、使い勝手がよい資源であること。

このことから、「あなたは人材です」と言った場合、次の2つの意味合いが出てきます。1つは「ポテンシャル人材」。その人の潜在能力を評価し、将来への期待を込めて使います。

もう1つは「ユーティリティ人材」。独自性や潜在能力はあまりないけれど、いろいろ使い勝手のいい人を指して言います。

それに対し、「あなたは人財です」言った場合、そこにはその人が生み出す仕事の独自性や影響性、効果性などを高く評価するニュアンスを含んでいます。まさに財（たから）の人を指す言葉です。

会社はだれを採用するにしても、無駄な人を採ることはありません。必ず期待を込めて「ポテンシャル人材」として迎え入れます。

採用された人の真の勝負はそこから始まります。3年後、会社から「人財」として見られているでしょうか、それとも「ユーティリティ人材」として扱われているでしょうか。

●宝（たから） ●価値の高いもの	= ●能力/資質 ●はたらき		➡ [人財] 貴重な能力を持ち、独自のはたらきをする人。他の人・機械に代替できない。
（木のように） ●いろいろ加工できる ●使い勝手がよい	= ●能力/資質 ●はたらき		➡ ポテンシャル[人材] 多様に能力を開発できる潜在力を持った人。 ➡ ユーティリティ[人材] 使い勝手のよい人。他の人・機械と代替がきく。

押さえるツボ
- 人材は潜在力で買われる人。でも、潜在力を発揮しないとやがて組織にいいように使われてしまう人に。
- 人財は財（たから）の人。組織から大事にされる。
- 他に代替されない独自な存在になろう。

> あなたは「人材」ですか、それとも「人財」ですか？
> その分かれ目は――他に代替される存在か、代替されない存在か。

ジンザイ価値 〈高い〉

人財

さすが、〇〇さんの提案には気づきが多い！

あなたが生み出す仕事は、あなたでしかできないものです。是非、プロジェクトに参加ください。
（他の人・機械と取り替え不可の人）

ポテンシャル [P]
人材

3年後 あなたはどちらの「ジンザイ」になっているでしょう……

うちの会社は、あなたの潜在能力を買いました。活躍を期待してますよ！

ユーティリティ [U]
人材

やたら使い回されるな〜

この仕事は、あなたでも、あなた以外の人でもできるんですが、とりあえずこれとこれをお願いします。
（他の人・機械と取り替え可能な人）

〈低い〉

62 人材と人財

63 エンプロイアビリティ
「この人なら雇いたいな」と思わせる力

雇われやすい人と雇われにくい人の差はどこにある？

> エンプロイアビリティ
> 〔英語：employability〕
> ＝雇用されうる力

　エンプロイアビリティとは、平易に表現すれば、企業側からみて「あの人なら雇いたいな」と思わせる魅力のことです。

　企業側はその人をおおむね3つの層でみます（右ページ表）。
　まずは、業務をこなすための知識や技能があるかどうか〈Ⅰ層〉。そしてそれら能力を会社の状況や文脈に合わせて発揮し、成果を出してくれるかどうか〈Ⅱ層〉。さらに、人柄や価値観が組織に馴染むかどうか〈Ⅲ層〉。

　Ⅰ層は比較的他者に示しやすいものですが、Ⅱ層、Ⅲ層へいくほど目に見えにくくなっていきます。ですから、具体的な材料をもとに、企業側の文脈に立って、自分はどんな特性を持っているか、自分はどんな価値観であるか、そして組織で自分はどう活躍できるかを会社に明快に示すことのできる人ほど、エンプロイアビリティは高まります。

悪い雇用主から身を守るためにも雇われうる力を高く保つ

　昨今、従業員の待遇を軽視し、過重な労働を強いる企業の存在が社会問題となっています。雇われる生き方を選択する人にとって、いわゆるこうした「ブラック企業」から自分を守るための根本の手立ては何でしょう──それはエンプロイアビリティを高く保つことしかありません。

　人をひどく扱う会社なら、そこを去っても他にちゃんと自分を雇ってくれるところがある。そういう実力と自信を養っておくことが最大の防御です。

　働く側は企業から「選ばれる自分」になる。そして企業側も人を大切にして「選ばれる企業」になる。そういう両者の綱引きによって、互いは磨かれていきます。

 自分が社長なら、自分自身を雇いたいか？

> 雇用する側の目線から自分という人材をながめてみる……
> はたして自分は「エンプロイアビリティ」が高いだろうか？

エンプロイアビリティ（雇用されうる力）

	低い人	高い人
[Ⅰ] 知識・技能	□ 社会人としての基礎力が弱い □ 職業人（プロ）としての汎用性能力がいまひとつで、専門性能力も弱い □ 即戦力としてアピールできない □ 潜在能力を感じさせられない	□ 社会人としての基礎力がある □ 職業人（プロ）としての汎用性能力を保持し、かつ専門性能力がある □ 即戦力として期待させる □ 潜在能力を感じさせる
[Ⅱ] 思考特性 行動特性	□ 思考・行動における自律性が弱い □ 自分の強みを具体的な実績をあげてアピールできない □ 雇用企業が人材を求める文脈に鈍感で、そこに自分を位置づけもしない	□ 自律的に思考・行動ができる □ 自分の強みを具体的な実績をあげてアピールできる □ 雇用企業が人材を求める文脈に合わせて、自分を位置づけられる
[Ⅲ] 価値観・人柄	□ 組織の中で協調的にやっていけなさそうな人柄である □ 自分の価値観を押し出すだけで、企業の理念やバリューに無関心	□ 組織の中で協調的にやっていける人柄である □ 企業の理念・バリューと、自分の価値観を調和させて、動機づけできる

この人は見送るか

この人なら是非採用したいね！

雇用企業側

64 会社人の意識・職業人の意識
献身の向け先がどこにあるか

2つの意識が心の中で複雑に混ざり合う

会社員として働くとき、あなたの献身の向け先は、会社（雇用組織）にあるでしょうか？ それとも職業にあるでしょうか？ その向け先によって「会社人」の意識と「職業人」の意識とが生じます。両者は心の中で複雑に混ざり合います（右図）。

多くの会社員は会社人的意識をベースにします。「会社に雇われ続ける」ことを目的にする気持ちが核になるからです。

一方、職業人の意識は、プロスポーツ選手の場合を考えるとわかりやすいでしょう。

例えば、プロサッカー界で活躍するＸ選手は、いまはたまたま海外の名門Ａチームに所属していますが、以前は国内のＢチームに所属していました。

彼らは、組織の中で食っているのではなく、自らの運動技術・競技精神を直接社会に売って生きています。彼らの目的は、その競技の道を究めること、トップレベルで勝負事に挑むことであって、会社はそのための舞台、パートナー、手段です。

そういう意識ですから、世話になったチームを出て、他のチームに移っていくことも当然のプロセスとしてとらえます。ただ、それは組織への裏切りではありません。「卒業」であり、「全体プロセスの一部」なのです。

会社と個人の関係をどうとらえるかというのも異なる点です。会社人的意識では「タテ関係」と見る傾向性が強いのに対し、職業人的意識では「ヨコ関係」と見ます（次ページ図）。

会社員の中にある2つの意識

←「会社人」的な意識	「職業人」的な意識→
●会社にコミットする（献身を誓う）	●職業にコミットする（献身を誓う）
●一社懸命／就社意識	●一職懸命／就職意識
●会社に雇われ続けることが一つの目的	●会社は働く舞台であり、手段の一つ
●会社の名刺で仕事をする	●個人の実力で仕事をする
●会社と個人はタテ（主従）の関係	●会社と個人はヨコ（協働者）の関係
●会社の要求に応じた能力を身につける	●仕事の要求に応じた能力を身につける
●会社内での評価を気にかける	●業界で一目置かれる
●会社ローカル的な世界観	●コスモポリタン（世界市民）的な世界観

▲ 自分の意識比率はどれくらいだろう？

押さえるツボ
- 会社人の意識は「雇われ続ける」ことに重きを置く。
- 職業人の意識は「職業を究める」ことに重きを置く。

> あなたは会社と自分の関係性を
> タテ（主従）関係で見ますか？ ヨコ（協働者）関係で見ますか？

会社と個人の関係性をどうとらえるか

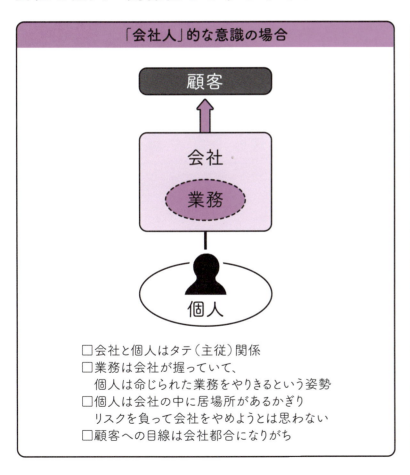

「会社人」的な意識の場合

- □ 会社と個人はタテ（主従）関係
- □ 業務は会社が握っていて、
  個人は命じられた業務をやりきるという姿勢
- □ 個人は会社の中に居場所があるかぎり
  リスクを負って会社をやめようとは思わない
- □ 顧客への目線は会社都合になりがち

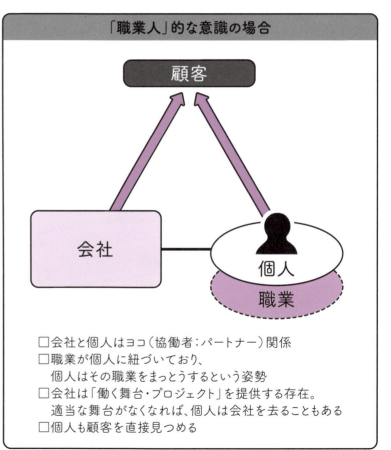

「職業人」的な意識の場合

- □ 会社と個人はヨコ（協働者：パートナー）関係
- □ 職業が個人に紐づいており、
  個人はその職業をまっとうするという姿勢
- □ 会社は「働く舞台・プロジェクト」を提供する存在。
  適当な舞台がなくなれば、個人は会社を去ることもある
- □ 個人も顧客を直接見つめる

深掘り思索

会社人的な意識の問題点
ぶら下がりや組織的不正の実行

　会社人的な意識はそれ自体悪いものではありません。ただ、その意識は過度になると問題もあります。

　一つには、会社人意識が依存心と結びついた場合です。そこでは「雇われ人根性」や「ぶら下がり意識」が生まれます。
　この意識に染まってしまった個人は、「しょせん仕事は会社のもの。自分たちはそれを受けてやる存在。つらい仕事でも理不尽な配属でも実直にこなしてきたのだから、主人である会社はいろいろと面倒をみるべき」という姿勢になります。

　会社人意識が能動性と結びついてもよからぬことが起こる危険性があります。
　メディアでは頻繁に企業や官公庁での不正・不祥事が報じられます。そうした事件の実行者は、実は組織の考え方に染まった人間であることが多いものです。組織の存続(それは働き手自身の存続でもあるのですが)のために進んで手を下すのも会社人意識が生む悪い一面です。

そのように、過度に会社人的な意識に偏る人が増えてくると、会社組織は硬直化や自浄作用を弱めることになりかねません。

米国のIBM社には『野ガモを飼い慣らすな』という教訓があると言います（右の言葉）。これは会社組織にべったり居つく人間をつくらないという意思の表れです。一人一人の従業員は、自律した職業人であれというのが同社の気風です。

逆に職業人としての意識が強まりすぎると、当然、会社を出ていく可能性は高まります。実際、IBM社は転職していく人が多い会社です。しかし、そのことで同社は「人材輩出企業」として有名となり、逆説的ですが、良い人材の流入も起きています。

これからの会社組織においては、一人一人の従業員が「自律した個として強い職業人」「企業内プロフェッショナル」に育つことが重要でしょう。すなわち自分の中で、会社人の意識と職業人の意識をうまくバランスを取りながら、会社に愛着を持ち、しかし会社とはある距離を置きながら、仕事を究めていく人です。

そして、会社はそうした人が"出世"していくことをおおらかに見守ることです。

ジーランドの海岸には毎年秋、南に渡る野ガモの巨大な群れがあった。
ある男は親切心から、野ガモたちに餌をやるようになった。
すると、一部のカモは南へ渡るのが面倒になり、
デンマークで冬を越すようになった。
3、4年も経つとそれらのカモたちは怠けて太ってしまい、
気づいたときにはまったく飛べなくなっていた。
IBMの伝説的な経営者であるトーマス・ワトソンJr.はこう言う———

「野ガモを飼いならすことはできるが、
飼いならされたカモを野生に戻すことは決してできない。
（中略）私たちは、どんなビジネスにも野ガモが必要なことを確信している。
そのためにIBMでは、野ガモを飼いならさないようにしている」と。
———『IBMを世界的企業にしたワトソンJr.の言葉』

自分の会社以外の世界からも尊敬される、愛される、
それは間違いなく「世に出る」ことであり、「出世」なのです。
そこで肝心なことは、
「世に出る」と言ったときの「世」は、
自分の勤めている会社ではないということです。

自分の選んだ会社を「寄留地」として、
そこを足場として初めて「世に出る」のです。
「寄留地」を仕事の足場として、
ビジネスマンという仕事のやりかたで、
もっともっと広い社会と関わっていくということが
「世に出る」ということなのです。
———藤岡和賀夫『オフィスプレーヤーへの道』

COLUMN 09
「個」と「プロジェクト」の時代

主要業務はすべて
プロジェクト化されていく

　1998年秋、MIT（米国・マサチューセッツ工科大学）スローンスクールのトーマス・マローン教授は、『ハーバード・ビジネス・レビュー』誌に「Eランス経済の夜明け」と題した論文を寄せました。先見性に富んだその中の印象的な一文はこうです──

　「来るべき経済の基本的単位は、会社ではなく、個人になる。仕事は一連の固定化した管理プロセスによって与えられ、コントロールされるのではなく、独立した個人事業主たちによって自律的に遂行される。電子で結びついたフリーランサー、すなわちEランサーが、流動的に臨時の連帯チームをつくり、製品やサービスを生産し、販売する。

　仕事が終われば（それらは1日仕事か1カ月仕事か、あるいは1年かもしれないが）、連帯チームを解散して、再び個人事業主にもどる。そして次の仕事（アサイン）を探しに出る」。

　この予見が含む重要な点は2つあり、1つは「個」として自立・自律する職業人の台頭、もう1つは仕事のプロジェクト化です。

　これからのビジネスの現場では、主要業務のすべてが、目的の大小、期間の長短はあれ、プロジェクト化されていくでしょう。

　プロジェクトとは、①設定されたミッションのもとに、②人材が社内外から集められ、③期間限定で成就を目指す集合離散型の協働形式です。

　一方、プロジェクト化されない定型作業はアウトソース（外部委託）されることになります。が、委託を受けた先においても、その定型作業の効率化を狙って、どのみちプロジェクトが起こされます。

プロジェクトを渡り歩く
「個」の職業人

　このことはつまり、職業人として私たちは、連続的にさまざまなプロジェクトを渡り歩いていく存在になるということです。

　会社も一つの大きなプロジェクトですから、いま会社員をやっていること自体も「プロジェクト●●（会社名）」に参画しているととらえることができます。

　人によっては生涯1つの会社の中でプロジェクト（業務ミッションが変わったり、配属が変わったり）を渡り歩くかもしれませんし、他方には、いくつかの会社に転職をし、最後には独立起業という形でプロジェクトを渡り歩く人がいるかもしれません。

　プロジェクトを渡り歩く「個」として自立・自律する職業の意識に立てば、部署異動や転職・起業は単に舞台の切り替わりにしかすぎなくなります。

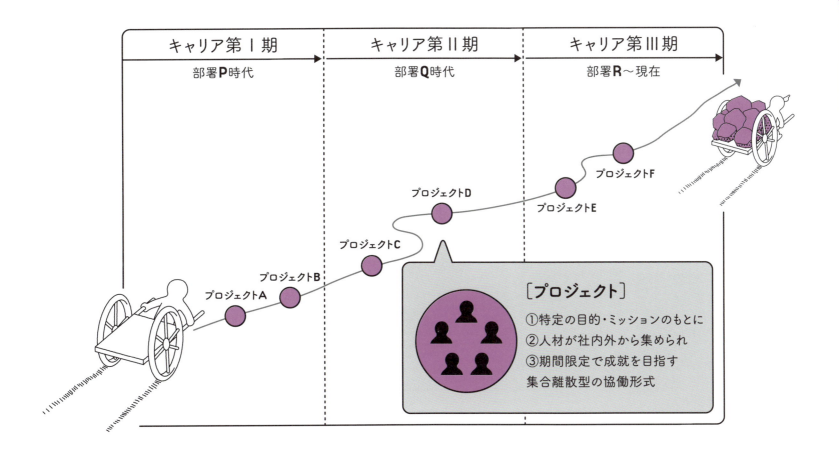

雇用という概念がなくなる？「流動」を肯定するたくましさを

　今後数十年の間に、雇用の形は大きく変わってくるでしょう。「雇用」という概念すらなくなるかもしれないとみる研究者もいます。企業の人材マネジメントに詳しい守島基博教授(学習院大学経済学部)は次のように言います。

「雇用というのは、所属企業に自分の時間を売って、指示された仕事を行うことでリターンとしてお金をもらうことです。しかし、これからはそういう『雇用』という概念自体が長期的にはなくなってくるのではないかと思っています。

　これからは様々な職務の各部分を切り出してコンパートメント化し、最適な人に業務委託するという労働の需要と供給とのマッチングが一般的になってくると思います」

■ 企業は「個」と「プロジェクト」をつなぐ存在に

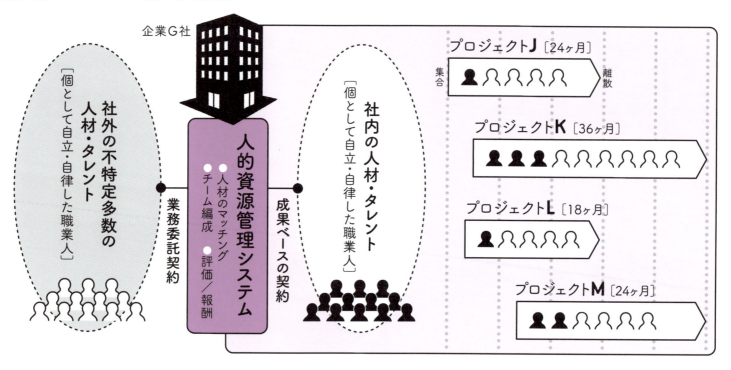

「実際グローバルに見ても大きく変わってきています。ひとつの企業にすべての労働時間を売って給与をもらう働き方ではなく、『自分はこれができます』という専門性を持ち、『こういう仕事をやります』と引き受け、『成果』に基づいてお金をもらっていくという、いわゆる業務委託的な働き方をしている人がどんどん増えてきています。

いわば、自分で自分を雇う（セルフエンプロイメント）という職人のような働き方が場所や時間を超えて実現していくのではないかと思います」（※出所は下記）

……主要な業務がプロジェクト形式をとり、どんどん流動化していく中にあって、企業はその都度、適した人材を社内外から集める柔軟な形をとるでしょう。

そのためのマッチング技術やクラウドソーシングサービスもますます向上し、普及してくると思われます。

そうした未来において、働く個人は自分の能力を成果に変えて売る力、そして流動を肯定するメンタリティが重要になります。また、企業はいかに魅力あるプロジェクトを用意し、優秀な人材を呼び寄せるかが鍵になります。

※出所）ProFuture社ウェブサイト　NEXT HR MAGAZINE キーパーソン特別インタビュー Vol.2より　http://www.hrpro.co.jp/next-hr_vol2.php

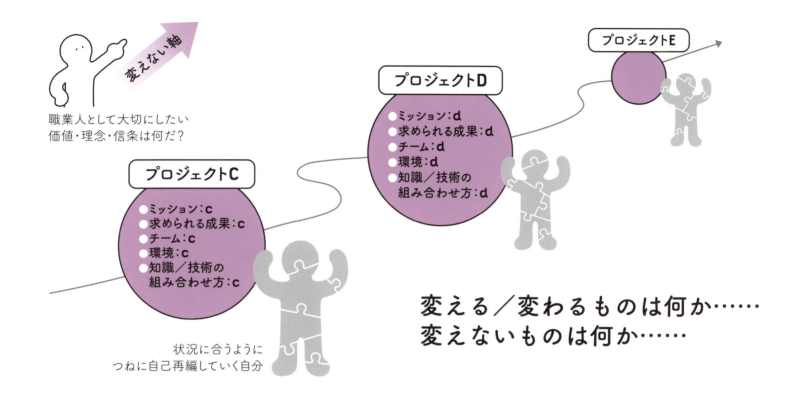

ぶれない軸を持ちながら つねに自己再編できるかどうか

あるテレビ番組で、横浜・中華街の老舗料理店の料理長がインタビューを受けていました。長年の人気を維持する秘訣は何かと問われ、こう答えました──「変える技術と変えない信念です」。

冒頭のマローン教授の予言どおり、これからの時代、事業や仕事を動かしていく基本単位は個人になります。その活動の場としてプロジェクトがあり、企業はそれを最適化するための機能的な存在になるでしょう。

そのとき「働く個」としての私たちは、流動・変化の中を生きることになります。

関わっていくプロジェクトが要求するミッションや成果は毎回変わります。環境やチームメンバーも変わります。知識や技術を更新し、成果を上げるための組み合わせ方も変えていかねばなりません。

そうして変わるもの・変えていくものがある一方、変えないものも必要です。価値や理念の次元で持つ軸です。

変えない軸を醸成しながら、自己をつねに再編していくしなやかさ。それこそが、これからの個人にとって要となる資質といえるでしょう。

COLUMN 09 「個」と「プロジェクト」の時代

PART 6 MENTAL HEALTH

心の健康について

本来、私たち一人一人が自分の仕事の主人になって働いていくものです。

ところが昨今、仕事のほうが主人（モンスター？）となって、

私たちを働かせるようになってきました。

そして中には、心身をひどく弱らせ、病気になる人が増えています。

長き職業人生を健やかに歩んでいくためにはどういった心の構え方が必要なのでしょうか。

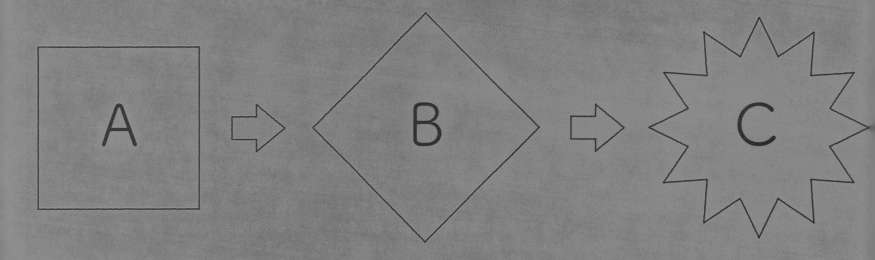

この章でみていくこと
□ なぜ職場の「メンタルヘルス」が問題化しているのか？
□ 「ストレス」とはどういったものか？
□ 心のネガティブ状態を和らげるためのいくつかの方法論を知る
□ ワーク（仕事）とライフ（生活）の組み合わさり方を再考する
□ 業務や会社が自分に合っていないと感じたとき、
　　そのミスマッチはどのレベルで起こっているのだろう？
□ 「持続可能性」という観点からキャリアのあり方をながめる
　　　　　　　　　　　　　　　……など

登場する主なキーワード

#メンタルヘルス　　#ストレス要因（ストレッサー）
#ストレス反応　　#快ストレス・不快ストレス
#レジリエンス　　#ABC理論　　#アサーション
#ワーク・ライフ・バランス　　#ワーク・ライフ・ブレンド
#職の不整合感　　#ミスマッチ
#アントレプレナビリティ（起業しうる力）

65 メンタルヘルス
精神面の健康

精神衛生の保全はもはや個人だけでは負いきれない問題に

厚生労働省が5年ごとに行っている労働者の健康状況調査によると、仕事や職業生活で強い不安・悩み・ストレスを感じている人の割合は、2012年で60.9％、2007年で58％でした。国内で働いている5人に3人が強い精神的負荷を自覚しています。

慢性的な強いストレスによる心身の健康喪失はいまや大きな社会問題となっています。うつ病をはじめとする精神障害の発症や自殺——厚生労働省『平成28年中における自殺の状況』によれば、当該年の労働者の自殺者数は8,313人にのぼる——は、もはや個人の問題としてではなく、事業の場全体および社会の問題として扱わなくてはならない状況にあります。

旧労働省は2000年に「事業場における労働者の心の健康づくりのための指針」を出し、4つのケアを指導しています。その4つとは——①セルフケア（労働者自身の予防や対処）、②ラインによるケア（管理監督者による予防や対応）、③事業所内産業保険スタッフなどによるケア、④事業所外の専門家・機関によるケアです。

さらに厚生労働省は2015年、一定の規模以上の事業者に対して、従業員へのストレスチェックを行うことも義務化しました。

ただ、こうした行政施策は最低限の環境を与えるにすぎませんし、あくまでネガティブな状況を改善する役割に留まります。心の健康を増進し、ポジティブな力を無限に湧かせていくことは、やはり働く人それぞれの意志と努力によります。

心は身体と環境と相互に影響し合っています。これら3つの観点から健やかさを考えることが必要です。

[労働者調査] 仕事や職業生活に関する強い不安・悩み・ストレスの割合

	強い不安・悩み・ストレスがある	強い不安・悩み・ストレスの内容（3つ以内の複数回答）										強い不安・悩み・ストレスがない
		仕事の質の問題	仕事の量の問題	仕事への適性の問題	職場の人間関係の問題	昇進・昇給の問題	配置転換の問題	雇用の安定性の問題	会社の将来性の問題	定年後の仕事、老後の問題	事故や災害の経験	
平成24(2012)年	60.9	33.1	30.3	20.3	41.3	18.9	8.6	15.5	22.8	21.1	2.1	39.1
平成19(2007)年	58.0	34.8	30.6	22.5	38.4	21.2	8.1	12.8	22.7	21.2	2.3	41.2

＊厚生労働省『平成24年労働者健康状況調査』より

- 調査では働く人の5人に3人が強いストレスを感じている。
- うつ病などの精神障害や自殺は、個人的な問題としてではなく、職場や社会の問題として取り組みが必要。

> 心の健康は、心だけの問題ではない。
> 身体と環境も合わせて健やかにしていかねばならない。

心・身体・環境の相互関係性

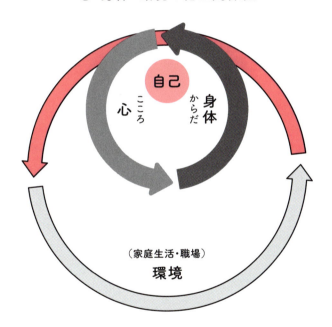

（家庭生活・職場）
環境

- 心は身体に影響を与え、身体は心に影響を与える。
- 自己は環境に影響を与え、環境は自己に影響を与える。
- 心の問題は、心の部分だけを切り出して
  病の治療や健康増進を行うことはできない。
  心・身体・環境の3方向からのアプローチが必要となる。

心を健全に保つための3方向からのアプローチ

心の健康
- 心をより豊かに強く安らかにするための精神的活動
- 病まないための適切な予防
- 病んでしまったときの適切な対処

身体の健康
- 体力を維持増進するための身体的活動
- 病まないための適切な予防
- 病んでしまったときの適切な対処

環境
- 労働環境の改善、人間関係におけるストレス軽減
- 職場からの健康ケアサポート
- 安らげる家庭環境づくり　など

65 メンタルヘルス

66 ストレス① ストレスとは？
外からの刺激に対し恒常性を保とうとする反応

ストレスとは歪みを元にもどそうとする自然の反応

ストレスとは、生体に外部から刺激がかかって内部環境に変化が生じたとき、生体が起こす反応を言います。

この場合、外部からの刺激を「ストレス要因：ストレッサー」と呼び、生体が起こす反応を「ストレス反応」と呼びます。

なぜこのようなストレス現象が起こるかというと、ヒトをはじめ生体は、自己の内部環境を一定に保とうとする「ホメオスタシス（恒常性）」の性質を有しているからです。外部からの刺激で、内部に通常とは異なる歪みが生じると、ホメオスタシスの作用がはたらき、歪みを元にもどそうと身体や心が反応するという仕組みです。

ストレス要因として考えられるものを4つに分類すると——①物理的要因、②化学的要因、③生物学的要因、そして④心理社会的要因となります（次ページ図）。

また、ストレス反応は次の3種類に分けることができます——①身体反応、②心理的反応、③行動反応。

刺激と反応の間にあるストレス感度・認知も見逃せない要素です。同じストレッサーを受けながら、個体によってその反応に差が出るときがあるからです。これはストレス感度・認知の差であると考えられます。

屋外で同じ太陽の紫外線を浴びていても、敏感な肌の人と、鈍感な肌の人との差が出ます。また、要求のきつい上司に対し、その存在を負担に感じる部下もいれば、それほどでもないと感じる部下もいます。ストレスにおいては、感度や認知のしかたという観点も重要です。

「ストレス」とは

生体には自己の内部環境を一定に保とうとする性質がある
＝「ホメオスタシス：恒常性」

生体に外からの刺激がかかり（ストレス要因：ストレッサー）、内部環境に変化が生じると、生体は恒常性を維持しようと反応を起こす。この状態をストレスと呼ぶ。

自分にとってストレスと感じるものがほかの人には何でもない場合があるのはなぜだろう？

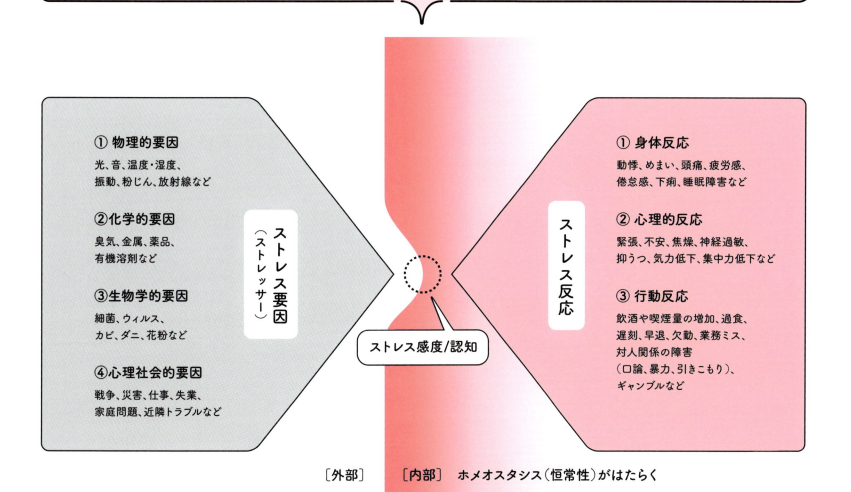

67 ストレス② 仕事のストレス
働くことで生じる心身への負荷や圧迫

仕事からくるストレスは心理的・社会的であり複雑

今日、私たちは仕事からさまざまな形で負荷や圧迫を受けています。ストレス要因には、①物理的要因、②化学的要因、③生物学的要因、④心理社会的要因がありましたが、仕事・キャリアに関わるストレス要因は、主に4番目の心理社会的要因です。

①〜③の要因は、物質的な次元ものであり、ストレスのメカニズムを分析することが比較的容易です。ところが、④の要因は心の世界の問題であり、メカニズムの分析が難しいものになります。

また、ストレスを軽減する方法についても、物質的な要因であれば、要因となる物質を取り除いたり、コントロールしたりして軽減が図れます。が、心理的な要因は個人によって複雑に認知プロセスの差があり、反応がまちまちであるために、ストレスを軽減する方法も一様では済みません。

仕事・キャリアに関わるストレス要因となりうるものを次ページにあげてみました。

このように多岐にわたる要因が、働く人の心と身体に負荷をかけてきます。

ただ、こうしたストレス要因が一概に悪いというわけではありません。ストレスには快ストレス［英語：eustress］と不快ストレス［英語：distress］があります。

適度な範囲であれば、それは快ストレスとなり、交感神経を目覚めさせ、人の行動力や志気、判断力、抵抗力などを高めます。しかしストレスが過剰であったり、慢性的になったりすると、それは不快ストレスとなり、心身に悪い影響を与えます。

快ストレス／不快ストレスの境目は、やはり個人によって異なるものです。

ストレス要因（ストレッサー）	特徴
①物理的要因 光、音、温度・湿度、振動、粉じん、放射線など ②化学的要因 臭気、金属、薬品、有機溶剤など ③生物学的要因 細菌、ウィルス、カビ、ダニ、花粉など	・物質的な要因であるため、ストレスメカニズムの分析が比較的容易。メカニズムが解明できれば、要因をコントロールして、ストレス抑制も可能になる ・要因に対する個人の感度差が比較的小さいので、多くの人に有効な共通のストレス抑制方法が開発できる
④心理社会的要因 戦争、災害、仕事、失業、家庭問題、近隣トラブルなど	・心理的な要因であるため、ストレスメカニズムの分析が複雑で難しい ・要因に対する個人の感度差や認知のしかたの違いが大きいので、一様の方法でストレス抑制はできず、個別の手立てが必要となる

押さえるツボ
- 仕事からくるストレス要因は、主に心理社会的要因。
- 心理社会的要因が心身に与える影響のメカニズムは分析が難しく、ストレス軽減の有効法も一様ではない。

> 働くうえで私たちは、さまざまな負荷や圧迫を受ける。
> それはときに「よいストレス」になり、ときに「わるいストレス」にもなる。

仕事・キャリアに関わるストレス要因

[人間関係]
・上司や職場の人間との付き合い
・セクシュアルハラスメント
・パワーハラスメント
・孤立化、いじめ、無視

[キャリア]
・配置転換、転勤、単身赴任、出向／転籍、昇格／降格、解雇、転職
・仕事と能力の不整合感
・将来への不安

[業務・職務]
・業務量過多（長時間労働、休みが取れない、自宅にいても仕事連絡に縛られるなど）
・加速化する知識や技術の変化スピード
・煩雑化する業務内容
・責任が過大／過小
・納期／締め切り、業務ミス、顧客クレーム、不断の交渉、プレゼンテーション、終わることのない競争
・能力不足
・成果主義／業務目標設定、評価制度／人事査定

[組織構造・風土]
・組織の意思決定に加われない
・組織のやり方／考え方／方針に疑問
・組織の風土／文化に違和感

67 ストレス② 仕事のストレス

68 ストレス③ ストレスへの対処
心の負荷を軽減させる4つのアプローチ

ストレスはなくせない
ストレスと共生していく意識で

　メンタルタフネス、ストレスマネジメント、ストレス・コーピング、マインドフルネス……書店にいくとこうしたタイトルの付いた本がたくさん並んでいます。それだけストレスは今日の仕事生活において、大きくて深い問題であるのでしょう。

　ただ、ストレスを完全になくすことは不可能です。また、ストレスにはプラスの作用もあり(＝快ストレス)、ある部分必要なものです。ですからストレスとは、どううまく手なずけていくかという"共生"の観点で付き合っていかねばなりません。

　レジリエンス[英語：resilience ＝復元力]という言葉も広く知られるようになりました。何か負荷や圧迫を受け形が歪んだとき、ぴんと元どおりにもどるのがレジリエンスの強い状態。逆に、くたっと曲がったり、ぽきんと折れてしまった場合はレジリエンスが弱い状態です。

　精神衛生上のレジリエンスは言ってみれば、"心のしなやかさ"のようなもので、ストレス耐性力のひとつになります。

　ストレス対処の代表的なものを4つのアプローチから整理し、右ページに示しました——①ストレスの大本である要因に手を打つアプローチ、②ストレスを受け止める感度や認知を変えるアプローチ、③復元力であるレジリエンスを鍛えるアプローチ、④外部サポートを求めるアプローチです。

　ストレスを乗り越えていくのはあくまで自分自身の力です。が、ストレスの問題は自分の中だけで閉じてしまうと状態が悪化する場合があります。

　ストレス要因となっているものが、そもそも会社や上司の不合理で発生しているときもあります。外部への相談・サポートを進んで受けることも大事です。

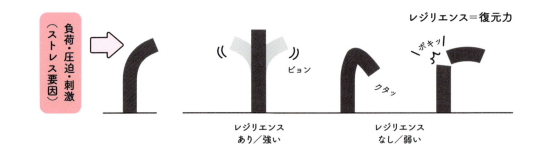

 ストレスは完全になくすことはできないし、
ストレスは適度にあったほうがよいもの。
ストレスと共生していくという考え方で。

折れる前にしなろう。青竹のように。

仕事ストレスへの対処：4つのアプローチ

① 〈ストレス要因〉に手を打つ
- ⅰ）要因となっている問題と真正面から向き合い解決を図る
- ⅱ）と同時に、要因となっている問題の解決・除去に役立つスキルを身につける

② 〈ストレス感度/認知〉を変える
- ⅰ）意図的に鈍感になる
  ＝問題を楽観視する、忘れる、隔離する
- ⅱ）開き直って気持ちをリセットする
  ＝反省すべきは反省し、謝罪すべきは謝罪し、声に出すべきは声に出して、心をすっきりさせて再スタートする
- ⅲ）問題の受け止め方を変える
  →「ABC理論」234ページ
  →「アサーション」236ページ
- ⅳ）ストレスの仕組みについて学ぶ

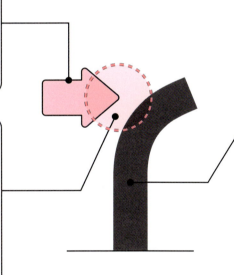

③ 〈レジリエンス〉を鍛える
- ⅰ）生活の基本を整える
  中でもきちんと食事と睡眠をとる
- ⅱ）レクリエーション活動をする
  ＝運動、旅行、趣味、創作活動など
  何かに没頭したり、感情を発散させることが大事
- ⅲ）リラクセーション法を取り入れる
  ・漸進的筋弛緩法（ストレッチ運動）
  ・瞑想法、呼吸法、ヨガ、座禅、写経
  ・受動的音楽療法、アロマセラピー
  ・ペットを飼う
- ⅳ）気持ちを強くできる言葉や音楽を持つ
- ⅴ）仕事に大きな意味を見つける

④ 〈サポート〉を受ける
- ⅰ）家族や同僚・知人に話をきいてもらう
- ⅱ）上司や組織の窓口に相談する
- ⅲ）専門の医療機関に相談する

69 ABC理論
〈出来事〉➡〈とらえ方〉➡〈感情〉

出来事が、ではなく
とらえ方がその感情を引き起こす

「ABC理論」は、1955年、米国の臨床心理学者アルバート・エリスによって提唱されました。何か出来事に遭遇したときに起こる感情は、その出来事自体というより、そのとらえ方によって生み出されるものである。物事のとらえ方を非合理的なものから合理的なものへ変えることにより、心理的な問題は軽減されるといった内容です。

私たちは何か自分の身に降りかかった出来事に対し、「よかった」とか「悔しい」とか感情を持ちます。そのため私たちは単純に、このときの因果関係を〈出来事〉→〈感情〉であるかのように思いがちです。

ところが実際は、その〈感情〉を引き起こしているのは、〈出来事〉ではなく、その出来事の〈とらえ方〉によるというのがこの理論の肝です。すなわち、因果関係は〈出来事〉→〈とらえ方〉→〈感情〉と表されます。

これを卑近な例で考えてみましょう。職場の同僚であるAさんとBさんは、昼食のために定食屋に入った。2人は同じものを注文して待っていたところ、アルバイトらしき店員が間違った品を持ってきた。

そのときBさんは「オーダーと違うじゃないか。いますぐ作りなおして持ってきてくれ」と、厳しく当たる対応をした。

他方、Aさんは「まぁ昼食時だし、間違いも時にはあるさ。店員がまだ慣れてないのかもしれないし。ぼくはおなかがいっぱいになればいいからそのメニューでいいよ」と、穏やかな対応をした。

このように2人は同じ出来事に遭遇しながら、結果として持った感情はまったく異なりました。

それはすなわち、その出来事に対するとらえ方が異なっていたからです（下図）。

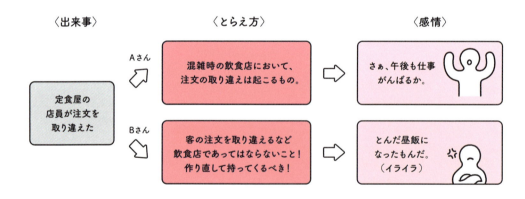

何でもない出来事を過大に悪く解釈して必要以上に自分を追いつめていた経験はないだろうか？

物事の「とらえ方」が自分の生きる世界を決めていく。

A Activating event 出来事 → B Belief とらえ方 〈観念・解釈・思い込み〉 → C Consequence 結果として表れる 感情

人生ではいろんなことが身に降りかかる。そうした出来事を100％コントロールすることはできない。

しかし、それをどうとらえるかは、自分の意志のもとにある。
非合理的なとらえ方を合理的なものに変えることができれば、

起こる感情や気持ちを望ましいほうへもっていくことができる。
その積み重なりは、長い目で見れば、生き方や運命を変えていくことにつながる。

人はものごとをではなく、
それをどう見るかに思いわずらうのである。
── エピクテトス（古代ギリシャ・ストア派の哲学者）

事柄に怒ってはならぬ。
事柄はわれわれがいくら怒っても意に介しない。
── モンテーニュ『エセー』

事物は魂に触れることなく外側に静かに立っており、
わずらわしいのはただ内心の主観からくるものにすぎない。
── マルクス・アウレーリウス『自省録』

何を幸福と考え、何を不幸と考えるか。
その考え方が幸不幸の分かれ目なのである。
── アンドリュー・カーネギー（米国の実業家）

70 アサーション
柔らかに自己を通す

自分を尊重し、相手も尊重するコミュニケーションの形

アサーション〔英：assertion〕
・柔らかな自己表現／自己主張
・自分と相手の人権を尊重した上で自分の意見や要求、気持ちをその場に適切な言い方で表現すること
・あるいは、そうした対人関係構築手法

　私たちは自他の権利を侵さないかぎり、自由に自己表現してよいという基本的な権利を持っています。

　ところが現実の生活では、何か頼まれごとをしたとき、それを断るのはいけないことだと思ってしまったり、自分の要求や希望を言うときは控えめにすべきだと考えてしまったりするときがあります。特に自分に自信がない人、人から嫌われたくないと思っている人ほど、そうやって自分を犠牲にして我慢することが多くなります。

　その場合、自分の中で「立場がこうだからこうすべき」「性別がこうだからこうあるはず」「年齢がこうだからこうでなくてはならない」といった固定観念が、非合理的な形で行動を規定している可能性があります。

　しかし、私たちは自他の権利を尊重した上で、自分の意見や要求を表に出していいのです。その内容を誠実に適切に表現し、自分を柔らかに通していく姿勢・技術がアサーションです。

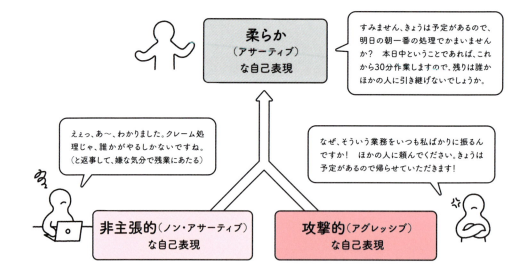

「●●さん、きょう定時超えちゃうけど、このクレーム処理いまからやってくれない？」と上司から依頼が……

> 自分の意見を控えて後悔するのでもなく感情的に言い張って後味の悪い思いをするのでもない。「私もOK、あなたもOK」という状況をつくりだすのがアサーション。

非主張的	攻撃的	アサーティブ
●引っ込み思案 ●卑屈 ●消極的 ●自己否定的	●強がり ●尊大 ●無頓着 ●他者否定的	●正直 ●率直 ●積極的 ●自他尊重
●依存的 ●他人本位 ●相手任せ ●承認を期待	●操作的 ●自分本位 ●相手に指示 ●優越を誇る	●自発的 ●自他調和 ●自他協力 ●自己選択で決める
●服従的 ●黙る ●弁解がましい ●「私はOKでない、あなたはOK」	●支配的 ●一方的に主張する ●責任転嫁 ●「私はOK、あなたはOKでない」	●歩み寄り ●柔軟に対応する ●自分の責任で行動 ●「私もOK、あなたもOK」

(出所:『アサーション・トレーニング』平木典子著)

COLUMN 10
苦と楽の対称性
負の体験が生きる厚みをつくる

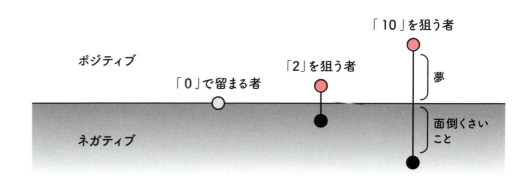

10の夢を見れば、10の面倒くさいことが来るよ

強烈な個性を発し続けるミュージシャン、矢沢永吉さんが糸井重里さんとの対談で次のように語っていました。

矢沢：いいことも、わるいことも、あるよ。昔、僕が言ったこと、覚えてる？「プラスの2を狙ったら、マイナスの2が背中合わせについてくる。プラスの5を狙ったら、マイナスの5がついてくる。プラスを狙わないなら、マイナスもこない。ゼロだ」って。で、どうしますか？って、神様が言うんだよ。俺は、若さがあったから言えたんだよ。「えい。くそ、一度の人生、オレは10狙ってやる！」ってね。そしたら、間違いなかったね、10の敵が来たよ。

糸井：表裏がセットなんだね。

矢沢：セットなんだから、いろんなことが足引っ張るんだよ。めんどくせーわけよ！　10の夢を見たら、案の定、10の面倒くさいことがきたよ。だけどさ、面倒くさいからとか、いやだとかで一歩も動きません、ゼロでいいです、というのは悲しい話でね。(中略) じーっとしとけば、叩かれることもなかったんだよ。ところが、じーっとできないじゃん。

——『新装版 ほぼ日の就職論「はたらきたい。」』より

夢と面倒くさいことはセットである。夢の大きさに比例して面倒くさいことが付いてくる。あの矢沢節でこう言われたなら、余計に説得力が増すことでしょう。

生きるうえで、働くうえで、いつでも喜びは苦労と対になっている。だから、ほんとうの苦労を経なければ、ほんとうの喜びを味わうことはできない。そこそこの苦労から得られるものは、そこそこの喜びでしかない。

フランスの哲学者も次のように言い表わします。

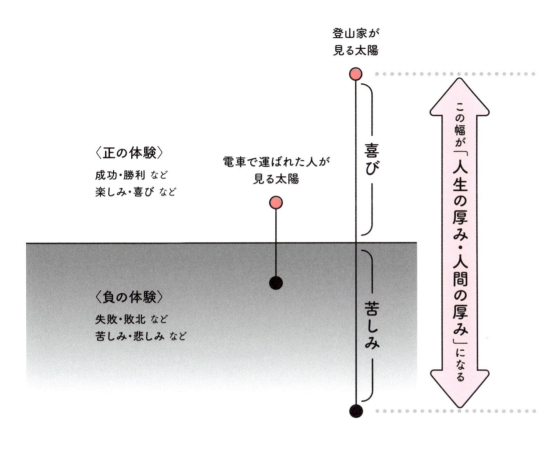

「登山家は、自分自身の力を発揮して、それを自分に証明する。この高級な喜びが雪景色をいっそう美しいものにする。だが、名高い山頂まで電車で運ばれた人は、この登山家と同じ太陽を見ることはできない」
————アラン『幸福論』

また、ある詩人の言葉はこうです。
「高い山の美しさは、深い谷がつくる」
————加島祥造『LIFE』

深い苦しみと高い喜びが人間の厚みをつくる

　苦と楽は対称性を成し、その幅は体験の厚みとなり、人間の厚み、仕事の厚み、人生の厚みをつくっていく。

　ドストエフスキーがなぜあれだけの重厚な文学を書き残せたのか。それは彼の死刑囚としての牢獄体験や持病のてんかんなど、暗く深い陰の部分が、押し出され隆起して至高の頂をつくったからにちがいありません。

　昨今、文学にしても、絵画、映画にしても、作品が小粒になったと言われます。それは物質的に豊かになった文明社会が生きる苦を和らげるために、表現者の厚みをなくさせていることがひとつの理由にあるのかもしれません。

COLUMN 10　苦と楽の対称性

そんな人生の真実を熟知していたのでしょう。陶芸家で人間国宝だった近藤悠三は、つくれど、つくれど、みずからの作品が大きくなっていかないことを思いわずらい、次のように語ったと井上靖さんは書き留めています。

「なんぞ、手でも指でも一本か二本悪くなるか、腕でも片方曲らんようになれば、もっと味わいの深いもんができるかと思うし、しかし腕いためるわけにもゆかんので、夜、まっくらがりで、大分やりましたねえ。そして面白いものできたようやったけど、やっぱし、それはそれだけのものでしたね」
　　　　　　　　──井上靖『きれい寂び』より

　あえて自分の身体の一部を不自由にしてまで芸の極みに到達したい。それほどまでに近藤は苦を欲していました。

ネガティブに沈んだ分だけ
ポジティブ側に行ける

　苦と楽は対称性をもつ。そしてその苦楽の幅は、その人の厚みを形成する。
　もし、いま自分がある不幸や不遇、悲しみやつらさの中にあるなら、それとは対称の位置にある幸福や喜びを得られる可能性があります。ですから考え方によっては、自分がネガティブな状態にあることは、ある意味、すでに半分の厚みを得ているわけで、あとはその反対側にある半分のポジティブを手に入れるチャンスが目の前にあるということです。

　もし、いまの自分が幸も不幸もそこそこレベルだとしたら、自分の厚みもそこそこということになるのでしょう。
　そんなそこそこ状態で満足していてはダメだというのであれば、矢沢さんの言ったとおり「プラス2」を狙うのではなく、「プラス10」を狙う生き方に変えてみなければなりません。

　そして身に降りかかってくる「マイナス10」を勇敢に乗り越えることで、「プラス10」を獲得する。その過程で、その人は「20」の厚みに成長していく。そしてその後、「20」の厚みに相応する仕事をし、それに引き合う人間を呼び寄せ、環境を変えていく。
　「類は友を呼ぶ」と言いますが、苦楽の厚みを得た人は、同じように厚みを得ている人を呼び寄せます。真に信頼できる友人、真に感動できる芸術は、ネガティブに沈んでいるときにこそ出会えるものです。

苦は楽に転換できるチャンス
と思えるかどうか

　先天的に、あるいは人生の途上で苦労を背負わされることはさまざま起こります。けれど、そのマイナス分をプラスに転じていこうとするのは自分の選択です。

　また、特段苦労はないという生活の中に、夢や志を描いて、その成就のための負荷を意図的につくりだそうとするのも自分の選択です。人生の厚みを決めるのは、結局、自分の意志であり、選択といえるでしょう。

　「艱難汝を玉にす（かんなんなんじをたまにす）」という言葉があります。艱難は、普通の石を玉に変えるための不可欠なプロセスであり、チャンスです。モンテーニュも『エセー』でこう記しています──

　「人は軽薄の友である歓喜や、快楽や、笑いや、冗談によって幸福なのではない。むしろ、しばしば、悲しみの中にあって、剛毅と不屈によって幸福なのだ」と。

艱難汝を玉にす
<small>かんなんなんじたま</small>

（古いことわざ）

人は軽薄の友である歓喜や、
快楽や、笑いや、
冗談によって幸福なのではない。
むしろ、しばしば、
悲しみの中にあって、
剛毅と不屈によって幸福なのだ。
——モンテーニュ『エセー』

人間は成功によって"誘惑"される。
称賛は内部に潜む傲慢を引き出し、富は我欲を増大させる。
成功は人間の悪い面を誘い出し、不成功は良い性質を育てる。
絶えず成功するというのは臆病者にとってのみ必要である。
——ヒルティ『幸福論』

もっとも多く生きたひととは、
もっとも長生きをしたひとではなく、
生をもっとも多く感じたひとである。
——ルソー『エミール』

（ぼくは）さまざまのマイナス面を背負っている。
でも、マイナスの面が大きければ大きいほど、
逆にそれと反対の最高にふくれあがったものを
自分に感じるわけだ。
——岡本太郎『強く生きる言葉』

高い山の美しさは、深い谷がつくる。
——加島祥造『LIFE』

十分暗くなれば、人は星を見る。
——ラルフ・ウォルド・エマーソン

跳ぶ前には、
かがまなくてはならない。
（市井の言葉）

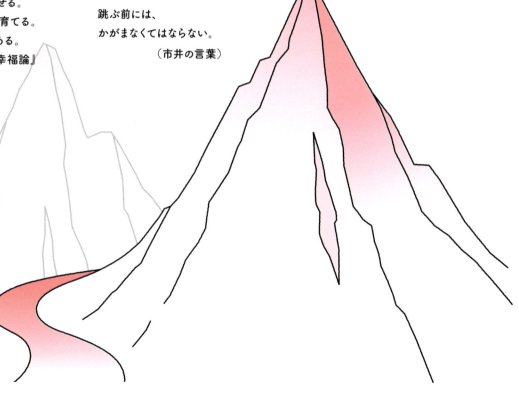

COLUMN 10 苦と楽の対称性

71 ワーク・ライフ・バランス
仕事と生活の調和

仕事と生活。両者のあり方の組み合わせを4タイプに分けたのが右ページの図です。

［ワーク・ライフ・バランス］
仕事も生活もきちんとやりたい。両者を区分けし、調和させる。自分が大事にしたい軸を持っている。が、仕事に求める軸と、生活に求める軸はおそらく異なっている。

［ワーク・ライフ・ブレンド］
仕事も生活も区分けなく融合させて楽しんでいる。両者が活性化しあう。自分が大事にしたい軸を持っていて、その軸は仕事と生活を共通に貫ける太くて強いもの。

［ワーク・ライフ・スプリット］
仕事と生活を完全に分離する。仕事は労役的なガマン。せめて生活で楽しいことを。

［ワーク・ライフ・メシー］
仕事と生活がなし崩し的に混ざり合い、どちらも鈍く重い感じ。

昨今、「ワーク・ライフ・バランス」の重要性への理解が広がってきました。私たちは一職業人というだけでなく、一人の親、一人の子ども、一人の市民、一人の趣味人です。それぞれの活動を充実させていくために、仕事と生活を区分けしてバランスをとるという意識と実践は大切です。

芸術家や農家の暮らしは よい意味で仕事と生活が融合

ただ、仕事と生活の間に垣根をあえてつくらず融合させていく「ブレンド」という形もあります。

例えば、芸術家や農家の暮らしは、よい意味で生活と仕事が渾然と一体化しています。だからこそ、生活の中でよりよい仕事の発想を得、仕事の中によりよい生活の発想を得るという相互に創造的な影響が生まれます。

両者の区分けが曖昧だからといって、「ワーカホリック(仕事中毒・仕事依存症)」ではありません。ワーカホリックは、自分には強い意志がなく、ズルズルと他者の命令のもとに働かされ、ズルズルと疲れを引きずって生活を送ってしまう状態です。これが「メシー」(messy＝ごちゃ混ぜ、乱雑)ということです。

結局大事なことは、仕事や生活に対して大切にしたい軸をしっかり持っているかどうか、そしてそれを基に有限の時間を賢く使っているかどうかという態度・意識です。

また、「ワーク・ライフ・バランス」の形をつくれば、自動的に仕事にやりがいが見つかるかのような効能議論には注意が必要です。形はやりがいの発見の手助けができるのみで、根本的には別問題です。

押さえるツボ
- 仕事と生活、相互のあり方はどうなっているか
  ——調和か、融合か、それとも分離か、ごちゃごちゃか。
- 「バランスの実現」と「仕事のやりがいの発見」は別問題。

> 大事な観点は、仕事と生活を分けるかどうかより
> 自分の大切にしたい軸があって、それを基にはつらつと生きているかどうか。

ポジティブな状態
（自分の軸を基に、働き・能動的に生きている）

仕事と生活を分ける態度 ←→ **仕事と生活を分けない態度**

ワーク・ライフ・バランス
調和

「仕事」も「生活」も
やりきりたい
両者をきちんと
区分けし、
調和させる

ワーク・ライフ・ブレンド
融合

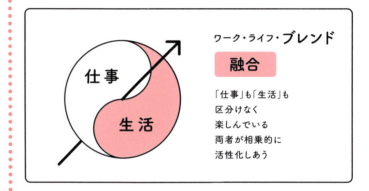

「仕事」も「生活」も
区分けなく
楽しんでいる
両者が相乗的に
活性化しあう

ワーク・ライフ・スプリット
分離

「仕事」と「生活」を
完全に分離する
「仕事」は労役的なガマン。
せめて「生活」で
楽しいことを

ワーク・ライフ・メシー
ごちゃごちゃ

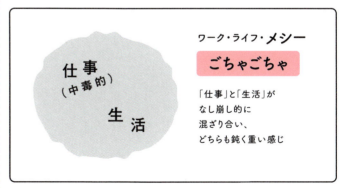

「仕事」と「生活」が
なし崩し的に
混ざり合い、
どちらも鈍く重い感じ

ネガティブな状態
（自分の軸がなく、働かされ・なんとなく生きている）

71 ワーク・ライフ・バランス

72 職の不整合感
自己と仕事のミスマッチによる違和感

要求能力を満たしていても隠れミスマッチが生じることも

人的資源管理の世界でしばしば目にするのが、ミスマッチ[英語：mismatch＝不整合、不一致]という言葉です。
「人材の需要と供給がミスマッチ状態にある」「本人の能力適性と配属がミスマッチを起こしていて、モチベーションを下げている」などのように使われます。

個人のキャリアにとって、自分と仕事のマッチング（整合性／一致する具合）はとても大きな問題です。その中で最も基礎的なものが、業務の求める能力と自分が保持する能力との整合性です。

業務の求める能力・内容には、幅やレベル、指向性があります。それに対し、自分の保持する能力・経験にも幅やレベル、指向性があります（右図）。ここでいう指向性とは、優先したい価値軸の傾き、あるいは暗黙のうちに帯びているクセや特性といったものです。

この両者がうまく整合しているかいないか、その代表的な4つのパターンを次ページに示しました。

①は能力不足によるミスマッチ状態です。しかしこの場合、指向性が合っていることが救いです。本人が成長して能力の幅とレベルを上げていけば、やがて②の状態となり、マッチ状態になることも可能です。

③は本人にある程度の能力・経験があるものの要求とズレがあり、しかも傾向性が異なっています。まったくの不整合です。

④はいわば、"隠れミスマッチ"の状態です。本人の能力・経験が要求されるものをカバー（包含）しているので、業務がこなせてしまいます。が、その実、指向性が異なっているためにどこかに違和感を残している形です。

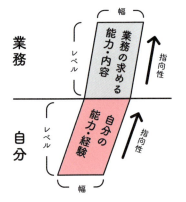

業務の求める能力・内容には、幅やレベル、指向性がある

⇅

両者がうまく整合する・釣り合う＝「マッチ」の状態

両者が不整合・釣り合わない＝「ミスマッチ」の状態

自分の保持する能力・経験には、幅やレベル、指向性がある

 考えてみよう

「いまの仕事、なにか根本的に合ってない」
── そう感じたことはある？

> 不整合は、幅・レベルの不足やズレで起こることもあれば、指向性の相違で起こることもある。

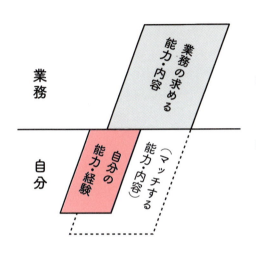

①ミスマッチ状態

自分の能力・経験の幅・
レベルが足りていない。
業務遂行できない。
ただ、指向性は合っている

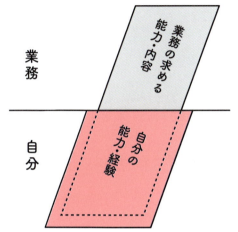

②マッチ状態

自分の能力・経験の幅・
レベルが足りている。
指向性も合っている。
違和感なく業務遂行できる

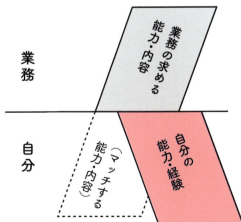

③ミスマッチ状態

自分の能力・経験の幅・
レベルはある程度あるものの、
要求とズレがある。
さらに指向性が合っていない。
業務遂行できないし、
違和感も起こる

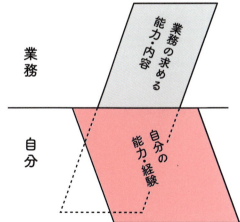

④ミスマッチ状態
（むしろカバー状態）

自分の能力・経験の幅・
レベルは十分なものがあり、
要求される範囲をカバー（包含）
しているので業務は遂行できる。
が、指向性が合っていないので
どこかに違和感が残る

深掘り思索

能力と配属の齟齬は比較的小さなミスマッチ

働くモチベーションを低下させる原因として、いわゆる「本人の能力適性と配属のミスマッチ」があげられます。しかし、これは比較的小さな不整合かもしれません。

人の能力や資質は、本人が考えているほど固定的で自覚的なものではありません。

想定外の部署に放り込まれ、想定外の仕事を任されることで、想定外の自分が開発されることが多くの人たちに起こっています。多少ミスマッチと感じる配属も、実は未知の能力開発のチャンスになりえるのです。

中長期のキャリアで気にかけるべきは、「大きなミスマッチ」です。大きなミスマッチというのは、年齢とともに強くなってくる自分本来の性分(しょうぶん)や根底に抱く価値観と、仕事環境・ビジネス社会全体とのミスマッチです。この次元の違和感・齟齬こそ、自分を重く苦しめるものになります。

しかもそれが顕著になってくるのはたいてい30代後半から40代にかけてのことで、その時点では、すでに私生活で守るべきものが大きくなっていたり、簡単に転職もできな

スコープ(眺める範囲)を広げて整合性を見つめていくと……

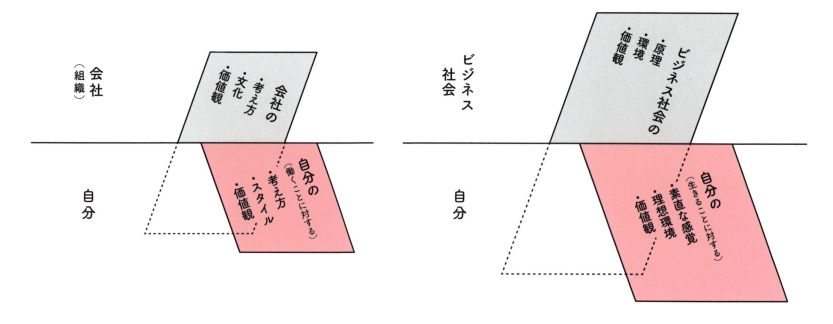

かったりで、その違和感を簡単には解消できない状況になっています。仮に能力的にはその仕事がこなせても、心の奥では拒否エネルギーが溜まり、心身に悪い影響が出はじめます。しかし、生活のために仕事は継続しなければならない……。こういう不整合が、だれにも起こる可能性があります。

私が企業の人材育成現場で耳にしてきた少なからぬ声は——

■ 能力的には要求をカバーしていても もっと大きなところでミスマッチが起きているかも……

「とにかく売れ筋の競合他社品を真似て開発し、そこより安くして売ればいいという戦略。コストを下げるためには、身体への影響は二の次でどんな素材を使ってもよしとする考え方。私はそうした企業体質にいつしかアレルギーを感じるようになった。

そして自社製品を一生活者、一親として買いたくない気持ちになっていた。でもその方針の下で業務はしなくてはならない」と言う食品メーカーの商品開発担当者。

「パソコン画面の数字を一日中ながめ、キーボードで売買の指示を出すだけ。多額のカネが動く。商品を生産する現場の音も臭いも、人間の様子も全くないディーリングルームで、胃をキリキリさせながら日々の仕事を一種のゲームとして繰り返してゆく。若いころはそれが刺激的で面白いと感じていたときもあったが、いまでは自分が正常な人間でなくなると思いはじめた」と言う資源トレーディングの商社マン。

「女性マネジャーになって、女性のしなやかな発想や柔和な理念をビジネスに生かしたいと思ったが、結局、ビジネスは戦争の世界なんだなということを痛感している。駆け引きやら政治的根回しやらに長けることが重要であったり、モノやカネを集める画策を四六時中考えないといけない。そうしたことは、私個人の資質や女性が持つ特性と、根本的に違っているように感じる。有能な女性でも管理職になりたがらないのは、意思の問題ではなく、そういう根本的な違和に気づいているからなんだろう」と言う金融会社の女性マネジャー。

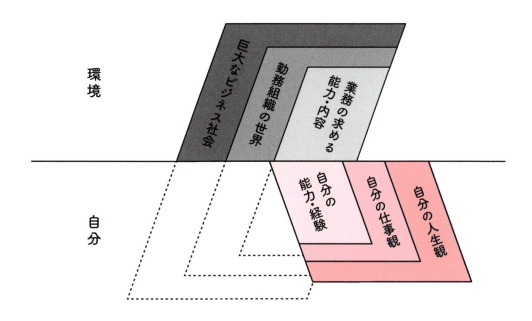

著者(村山)の場合のミスマッチ解消

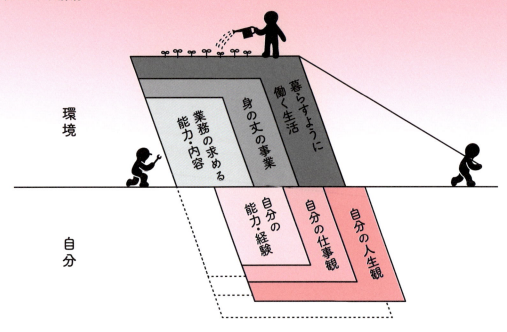

　30代以降、大きなミスマッチに陥りやすいのは、有能で真面目で、働く目的にセンシティブな人です。
　その人たちは有能であるがゆえに、組織の要求に応じて「できること」を次々にこなしていきます。周囲から評価もされ、成長もしていく。しかし、歳とともに自分が地に持つ考え方・価値観と、組織のそれとの間に大きなズレがあることに気がつき、苦悩が生じる。中には、そうした大きなズレによるストレスを穴埋めするかのように、ボランティア活動に走る人も出てくる。

大きなミスマッチへの処方箋
その1 鈍感になる

　こうした大きなミスマッチによる苦悩が生じたときどうすればよいでしょう？

　一つの対処は鈍感になること。すなわち、大きな齟齬に目をつむり、現職の中に小さな喜びを見つけ、その仕事を継続させていくという消極策です。いわゆる「組織の中で生きていくためには我慢やあきらめが必要。鈍く構えてうまくやっていくさ」という選択で、現実、多くの人がこうしています。そして晴れて定年後に、第二の人生として本当にやりたかったことをやる。

もう一つの対処は、心の叫びどおりに職業・環境をがらっと変えてしまう積極策です。リスクの低い選択肢としては社内の異動があるでしょう。リスクの高いものとしては社外への転職、起業があります。

　ただここで留意したいのは、社内の異動や社外への転職は、あくまで"雇われる生き方"の継続だということです。会社員というのはどこまでいっても経営意思の下の使用人という立場です。その意味で組織の価値観との整合性の問題は残ります。ある会社を外側からながめてみて「この会社なら価値観は合う」と思って転職したとしても、いざ入社してみるとまったくの状況違いで、ミスマッチが解消されないということも起こります。

大きなミスマッチへの処方箋
その2 起業力を養っておく

　その観点から言えば、起業というのは"雇われない生き方"を選択するもので、おおかたミスマッチからは解放されます。

　私自身も自営業で独立する道を選びました。いまは心の底からやりたいと思えることを事業の種にでき、自宅オフィスでの仕事は生活と融和するようになりました。まさに「暮らすように働く」日々です。

　大企業勤めのころと違い、身の丈サイズの事業、スピードを落としたリズムは心身に良い環境となりました。

　もちろん経済的な不安定さを含め、もろもろのリスク増大が個人自営業にはあります。しかし、取り返しがつかないほど心身を病んでしまっては、会社員にしがみつくことは本末転倒です。

　結論的には、長いキャリアの途上でやがて来るかもしれない大きなミスマッチに対する根本的な処方箋は「アントレプレナビリティ」（起業しうる力：本書だけの造語）を若いうちから養っておく、です。

　「エンプロイアビリティ」（雇用されうる力）では不十分です。なぜなら「エンプロイアビリティ」は、雇われるということを前提にする考え方だからです。

　先にも述べたとおり、雇われる生き方はどこまでいっても雇用主の価値観に自分を紐づけなければなりません。それはミスマッチの問題の種を抱え続けることを意味します。だからこそ、起業しうる力と意識を養っておくことが大事なわけです。

　もちろん「アントレプレナビリティ」を養うといっても、雇われる生き方を否定するわけではありません。ある会社組織の中で、多少の不満はありつつ定年までキャリアを全うできるならそれはよいことです。

　「アントレプレナビリティ」を養っておき、状況によっては、勇気を持って起業するときがあるかもしれないし、結果的に起業せずに終えるときがあるかもしれない。その両方の選択肢がとれるようにしておくことこそ、最大の防御にして、最大の攻撃になるということです。

> 年をとるにつれて誰でも自分らしくなるのだ。年とともによくなるとか、悪くなるとか、ではない。
> ——ロバート・アンソニー

73 キャリアにおけるサスティナビリティ
職業生活の持続可能性

何十年と続く職業生活に持ちこたえられない人の増加

サスティナビリティ［英語：sustainability］は、システムが持続的に存在していく力を言います。この概念は近年、特に経済や社会、生態系について言われることが多くなりました。例えば、「広がる環境汚染で地球のサスティナビリティが脅かされている」など。

この概念を個人の職業生活にも当てはめて考えるべきときが来ています。なぜなら、労働に摩耗し、何十年と続く職業生活に持ちこたえられないであろう人が、社会のそこかしこに増えている現状があるからです。まさに、個々のキャリアのサスティナビリティが脅かされているのです。

厚生労働省『平成24年 労働者健康状況調査』によれば、国内において仕事や職業生活で強い不安・悩み・ストレスを感じている人の割合は6割超。過去1年間に、メンタルヘルス不調により連続1ヶ月以上休業又は退職した労働者がいると答えた事業所の割合は約8％（こと従業員が1000人以上の事業所では92％にものぼる）。

さらには、勤務問題による自殺者は年間2159人（平成27年度）となっています。

キャリアという名のマラソンを完走し、楽しむために

一般的な例で言うと、大学の学部卒業者が22歳で会社に就職し、65歳まで働いて定年退職をする。それをマラソンに喩えるなら、折り返し地点は43.5歳。20代、30代のメンタルヘルス不調が多くの職場に広がっていますが、まだ彼らは、マラソンでいう折り返し地点すら通過していないのです。

好むと好まざるとにかかわらず、私たちはキャリアという名のマラソンを走っていかねばなりません。そのとき──①まずは完走したい。②そしてどうせなら、楽しく走りたい。

①完走は、キャリアでいうサスティナビリティの問題です。いかに持続可能な職業生活を目指していくかということです。

②楽しく走ることは、「ＱＷＬ」（クオリティ・オブ・ワーキングライフ＝労働生活の質）の問題です。仕事はときにつらく、厳しいものですが、それを凌駕する喜びややりがいをどう見出していくか。

こうした問題は個人だけの力ではどうしようもない部分があり、組織全体で、また社会全体で考えるべきものでもあります。経済的尺度のみによる成長への呪縛を解き、成熟した哲学による答えが必要とされる時代がきているのではないでしょうか。

- 「サスティナビリティ」は、持続可能性を問う概念。
- 「QWL：Quality of Working Life」は、労働生活の質を問う概念。

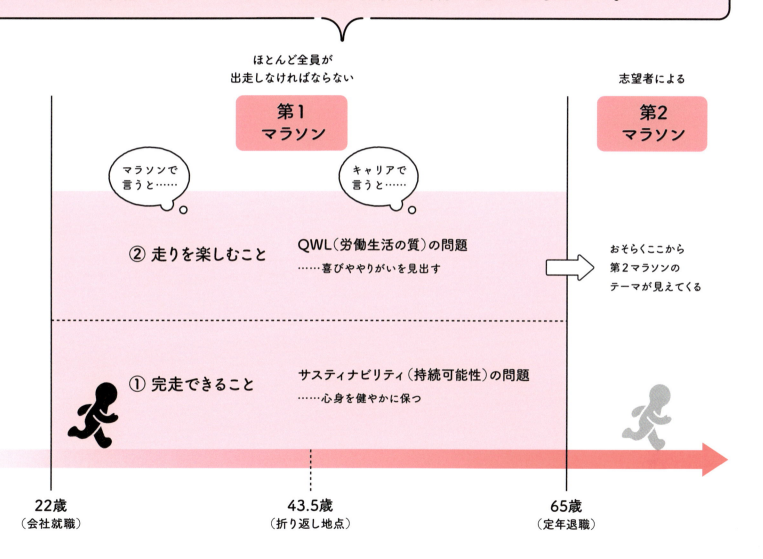

3つの目線からみた仕事・キャリア

〈勝ち・負け〉キャリアの目線	〈自分なり〉キャリアの目線	〈あきらめ〉キャリアの目線
■「成功」志向 ■仕事＝効率・効果・拡大の成果を出すこと ■他者との競争・他者との比較優位 ■「自分の有能さを示したい」と張り切って	□「泰然自若」志向 □仕事＝自分なりの表現をすること □やりがい・ユニークさ・他者との共創 □「自分らしくあればよい」と悠然と	○心の向く先がない ○仕事＝食うためにはしょうがないこと ○あきらめ・しらけ・冷め ○「自分など何者でもないさ」と自嘲して
■私は戦士（四六時中、緊張） ■モーレツに、あれもこれも ■書類！会議！会議！プレゼン！交渉！会議！… ■年収：もっと高く、高くなければ（脅迫観念）	□私は釣り人（餌にかかったときは一心不乱） □熱心に、そこをていねいに □夢に想いを馳せ、人と語り合い □年収：納得の水準が出ればよし	○私は……（考えるのが面倒） ○周囲から文句の出ない程度に ○そんなに働いてどうする ○年収：高望みしてもしょうがない
■スケールアップ／スケールダウン ■ハードワークをこなす自分がカッコイイ！ ■休日はジム。そして栄養ドリンク ■目標：量的／質的達成点を決めてやりきる	□等身大でいい □多少不器用な自分を許してやろう □休日は自然体 □それは何のための目標だろう？	○自分がふくらむ元気などない ○きょうもどうせ残業だ ○休日は疲れを取るだけの時間 ○目標：耳に入れたくない単語
■あー、もう朝か。もっと寝ていたい ■上昇は善、下降は悪 ■隣の芝生（他人の成功具合）が気になる ■無理して頑張っちゃう自分	□あー、よく寝た。朝ごはんをしっかりとろう □青でもよし、赤でもよし □我が家の芝生（自分の成長具合）をかわいがる □遠くを見つめる自分	○また繰り返しの朝が来た ○どっちの方向も暗雲 ○芝生も雑草も伸びたまま ○閉じている自分
■激流の中を泳ぎ切る体力 ■外からの評価が大事 ■プロセスは管理され、結果を評価され ■スピード！	□強風の中でも折れない竹のしなやかさ □自分への意味づけが大事 □プロセスを楽しもう。結果は天命 □スピードより自分のリズム	○ともかくできるだけ無感覚でいる ○そんなこと、もうどうでもいい ○きょうをやり過ごすことで目一杯 ○どんより流れるだけの時間
■燃焼、そして脱力 ■世の中を変えたい ■成長、成長。成長していないと不安。 ■激流下りのラフティング 　（爽快！ でも時に大怪我）	□マイペース、時に没頭 □世の中から求められる存在に □成長は奮闘の後、結果的に得るもの □湖のカヌー 　（のんびり。でもオールをこぐ力はしっかり）	○うまく集中できない ○世の中から忘れ去られている ○成長なんて青臭い論議 ○疲れることはしたくない

> 人生100年時代。あなたはどんな生産と収穫に取り組むか。

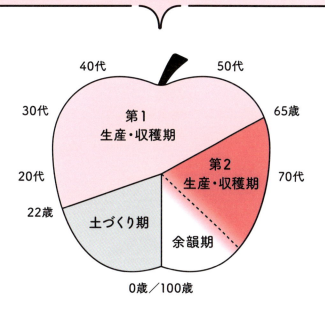

キャリアを「勝ち負け」でみない「自分なり」という目線で

　成功のキャリア、勝ち組のキャリア、キャリアアップの転職……メディアにはこうした文字が躍ります。20代から30代前半までは、こうした言葉に刺激されて、熱く頑張ってしまうことができます。

　しかし、キャリアは短距離走ではなく、長距離走です。そこを完走するためには、やがて「自分なり」のキャリアでよいという目線が必要になってきます。「自分なり」というのは、決して全体の流れからの脱落やあきらめ、または我を張ることではありません。

　全体とうまく調和しながら、泰然自若とした境地でどしんと構える行き方です。

　平均寿命が男女ともに80歳を超える現代の日本。もはや私たちの誰もが、100年を生きてしまう状況になっています。そんなとき、単に生きながらえるだけの人生でよいのかという自問がわいてきます。

　人間は何かしら決意をし、生産・創造をするときに最も生き生きとします。そしてそこから収穫を得るとき、さらに深い充実を味わいます。消費活動はその合間にこそ有効なものです。

　さて、人生100年時代。あなたはどんな生産と収穫に取り組むでしょう。

COLUMN 11
「決意」が人をもっとも元気にする

「癒し」はマイナス状態を
ゼロに戻すだけの処置

「悲観は感情に属し、楽観は意志に属する」
——アラン『幸福論』

なにかとストレスが重くのしかかる昨今の仕事生活にあって、私たちはよく、「癒されたい」と願います。そして「癒し」をうたう商品・サービスを買うことによって、多少の英気を養い、また翌日からの仕事に向かいます。

しかし、「癒し」は"やまいだれ"が付く字のとおり、一種の治療であり、あくまでマイナスの状態をゼロに戻す手当てでしかありません。
いくら「癒し」のものにお金をかけても、快闊に働き続けるほどのエネルギーは得られません。いつものストレスにさらされれば、すぐまた、ネガティブモードで消耗戦になります。

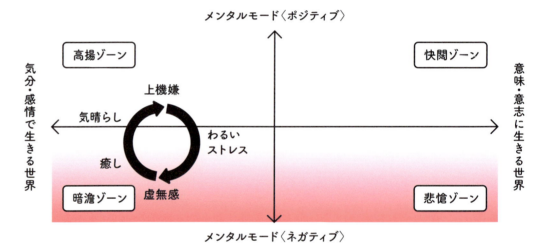

「決意のない人」のメンタル・ダイナミズム

中長期にわたって、ほんとうに元気になっていくために何が必要か、そこを考えなければ、いつまでも「ストレス負荷→癒し・気晴らし→ストレス負荷」のサイクルをネガティブモードでぐるぐる回るだけの生活になってしまうでしょう。

本当に元気になるために必要なこと——それは「決意」です。意味を見つけ、そこに肚（はら）を決めて行動することです。
ユダヤ人精神科医ヴィクトール・フランクルは次のように指摘します。

「決意のある人」のメンタル・ダイナミズム

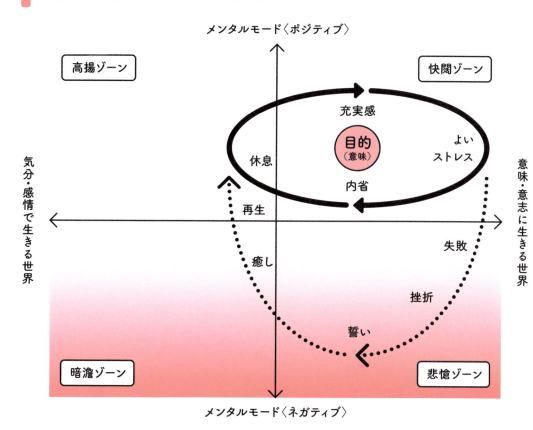

「人間にとって第一に必要なものは平衡あるいは生物学でいう『ホメオスタシス』、つまり緊張のない状態であるという仮定は、精神衛生上の誤った、危険な考え方だと思います。人間が本当に必要としているものは緊張のない状態ではなく、彼にふさわしい目標のために努力し苦闘することなのです」

――『意味による癒し-ロゴセラピー入門-』

フランクルは、第二次世界大戦下、あのナチスの強制収容所から奇跡的に生還したユダヤ人精神科医です。彼が研究の末にたどり着いた結論は、人間の幸福はなにも緊張がない穏やかな状態に身を浸すことではなく、意味に向かって奮闘している状態だということです。ゲーテも次のように書き残しています。

「われわれが不幸または自分の誤りによって陥る心の悩みを、知性は全く癒すことができない。理性もほとんどできない。これにひきかえ、固い決意の活動は一切を癒すことができる」

――『ヴィルヘルム・マイスターの遍歴時代』

夢や志、使命、目的といった意味的なものに向かって、それを成し遂げようと「決意する」とき、人は元気になる。元気とは、その字のごとく、その人の元のところから湧き起こってくる気です。移ろいやすい感情的な高揚とは違います。その人が本来の自分になるための図太いエネルギーです。

意志的・楽観的に喜びも苦しみも受け入れてダイナミックに生きるか。それとも、気分的・悲観的にこぢんまり生きるか。その選択は、ひとえに「決意するか／決意しないか」による。

おわりに

　17年間のサラリーマン生活にピリオドを打ち、「働くことは何かの翻訳者になる」をライフワークテーマに、企業内研修の事業者として独立したのが41歳のとき。それまでの大企業勤めの仕事命題とは真逆、「個人事業として、等身大の、自分なりのやり方でよい」と肚（はら）をくくり、いたずらに規模を求めない、スピードに振り回されない、人気を追わないという姿勢でやってきました。月日はあっという間に過ぎ、今年で丸16年が経ちました。

　私が専門とする研修プログラムの分野は、いわゆる「マインド醸成系」と呼ばれるもので、研修需要が圧倒的に多い「知識・スキル習得系」ではありません。
　「マインド醸成系」研修は、仕事・キャリアに対する心の構え方や基盤意識、観といったものをつくっていく内容のものです。その代表としては「キャリア開発研修」「リーダーシップ研修」があげられます。

　業務をどう効率的に処理するかは、ある程度、万人に有効な解決知識やスキルがあり、それを他者が教えることもできます。

　ところが、「なぜ働くのか？」「どう働くのか？」「自分の仕事人生はどうあるべきか？」「最終的に自分はどこに向かおうとしているのか？」といった問いは漠然としており、どこから考えてよいかわかりにくいものです。そして、いわずもがな、そうした"あり方"の問題は、個々の価値観に根ざしており、万人に共通する唯一無二の正解はありません。

　　　＊　＊　＊　＊　＊

　私自身のことを少し振り返ると、私も17年間会社員をやった中で、目先の業務処理に対し、具体的に知識・スキルを身につけて、それを一つ一つこなしていく面白さは感じていました。それが成長だとも思っていました。
　会社も技術を身につけさせるための研修はいろいろやってくれましたし、有能な上司や先輩社員があちこちにいて、彼らからノウハウを吸収させてもらいました。
　また、メディアで評判の成功経営者やプロフェッショナルのセミナーにも参加して、幾度となく刺激をもらいました。20代の若いころほど、胸を熱くしたものです。話に感化されて、自分も彼らのやり方を真似てみるのですが、そうそううまくいきません。しばらくすると高揚感はおさまってしまうのでした。

　30代半ばを過ぎたころから、こうしたあれこれ知識・スキルを覚え、仕事に「長ける」ことを繰り返す仕事生活に何か不十分さを感じていました。また、ほかの人の生き方を真似ることにも空回り感を覚えていました。
　会社でキャリア開発研修を受けたのもそんなころです。研修では学術的なキャリア形成理論がいろいろ出てきました。心理カウンセリングの世界からの理論もありました。
　科学の世界は物事のしくみがこうであると明晰に教えてくれますが、それは決して「なぜ、それが存在するか」「どうあるべきか」という問いに答えるものではありません。そうした価値に根ざす意志起こしは、科学が負えない範囲だからです。しかし、その"あり方"こそ、私が考えたいことなのでした。

　そのキャリア開発研修では、その後、自分ができること・やらなければならないこと・したいことの整理があり、10年先までのキャリアプランを立ててみましょうというものでした。

これらは何か表層的なところをなぞる作業にしかならず、肚にぐっと下りてきて、その奥にある意志のマグマに揺さぶりを与えるものではありませんでした。

　そのキャリアプラン作成は、従業員一人一人に計画的に能力を身につけさせ、社内の職能階段を着実に上がっていかせることが前提になっているようでした。それはそれで企業の育成方針としては間違っていませんし、従業員によってはそうした既定レールに乗ることで安心する人も少なからずいます。マインド醸成系研修の一筋縄でないところはこういうところにあります。

　当時の受講者側の私は、そうした画一的に、想定範囲の内に人の成長やあり方を誘導することに違和感を覚え、優等生の答えを書く気にもならず、「きょうの研修で習ったように、キャリアには偶発性が付きものです。10年後のことは予想できません。ただ、0→1（ゼロをイチにする）の仕事に携わっていたい」とだけ記入した記憶があります。

　ちなみに現在私が行う研修では、キャリアの未来展望については次のように問うています——「変化の激しい時代、10年後はどんな部署・会社に移っているかわかりませんが、そうした外的環境の変化を超えて、内側に持ち続けたい軸は何ですか、大切にしたい価値は何ですか」。そして次に「そうした軸を貫き、価値を満たすために必要な能力はどんなものですか。また、いまの職場環境はそれに適していますか。いまの働き方がフィットしていますか」という順序で考えてもらっています。

　抽象から具体へ次元を落としていく、目的から手段をながめていく、内的要素を軸にして外的要素を考えていくという流れです。

　人事担当者からは、うちの社員には少し難しすぎるのではと敬遠される向きもありますが、こういう問いを一人一人の従業員の肚に向けていかないかぎり、本人を揺り動かす本当の答えは出てこないと思います。

　表層的な内省ワークを投げかけて、受講者からいかにも真面目に研修に取り組みましたというような整ったワークシートが出てくることに、人事部も研修事業者も逃げてはいけません。受講者の肚の内にベクトル（方向性とエネルギー）を湧き立たせることが、マインド醸成系研修の大目的なのですから。

　ともあれ、41歳になった私は一大決意をしました。——「アタマや手足を鍛える教育はたくさんある。胸を熱くさせる刺激もたくさんある。でも肚をつくる機会は少ない。じゃ、それを研修の場としてつくり出そう！」。それが私の起業動機でした。

＊　＊　＊　＊　＊

　哲学者カントが人間の精神のはたらきとして「知・情・意」の3つをあげたことは本文でも紹介しました（130ページ）。

　この3つを現代社会に引き延ばしてとらえれば——

〈知〉
・賢さ、分析、理論
・真や利の価値を目指す
・アタマ・手・足で行う
・科学、技術

〈情〉
- 優しさ、思いやり、感性
- 美や快の価値を目指す
- 胸で感じる
- 芸術、デザイン

〈意〉
- 正しさ、洞察、内省、観
- 善の価値を目指す
- 肚で観ずる
- 政治、哲学、宗教

夏目漱石は『草枕』の冒頭で、「智に働けば角が立つ。情に棹（さお）させば流される。意地を通とおせば窮屈だ」の名言を書き残しました。知情意の3つをうまく掛け合わせて処世していかないと、都合の悪い状態に陥るぞという賢者のメッセージでした。

昨今の社会、生き方をながめるに、どうもその都合の悪い状態に陥っているようにも思えます。

一つには、知が過剰に突出して、利の価値を容赦なく追究する結果、一部の人に恩恵を集中させるのみで大多数の人を置き去りにしていく現状があります。個人個人もその防衛として、賢さをある種の狡猾さに変えて生き延びていかなくてはならない面があります。

また、知の結晶である科学技術によって高度で複雑な機能を持ったシステムや機器がつくり出されるものの、それらに人間が使われ、過密さやスピードにどんどん追い詰められるといった状況が生まれています。

また、情も肥大化しているように思えます。物質的に豊かになり、衛生・医療環境も充実した今日、私たちはますます快を求めます。もっと心地よいもの、もっとカッコイイもの、もっと刺激的なものが欲しい、持ちたい、食べたい。

よく言えば、感性主導の生き方ですが、別の一面からは、情緒に浮遊する生き方がそこにはあります。それは同時に、不快なものを嫌悪し、不快なものに対する抵抗力を弱めるということにつながっています。

好き嫌いの網で情報を受け取っているために、メディアなどに扇情されやすくもなりました。

このように知のみが暴走する社会・生き方、情のみが肥大化する社会・生き方はどうも具合が悪そうです。

さらに今日のネガティブな状況を複雑にしているのは、知と情がからみ合って、本来、私たちを幸福にさせるはずの商品やサービスが、逆に、私たちを際限なく欲望や憎悪、失望、消耗の沼へと深く引きずり込むように作用していることです。

こんなときこそ重要なはたらきをするのが、意です。意がきちんと知や情の番人となり、先導役を果たせば、知は賢明に鋭く、情はやさしく豊かに機能しはじめます。そして個人も社会も健全さを取り戻し、各々が本分を発揮する状態になる。

もちろん、意のみが暴走するリスクもあります。ある政治思想が過激化したり、宗教原理が先鋭化したりして戦争やテロを引き起こしてきたことは歴史の事実です。だからこそ、意にも知と情のチェックが要る。

ともかくも、個人生活にせよ、チーム、組織、地域、社会にせよ、それらは一人一人の「知・情・意」から起こる思考・行動によって形成されていきます。

一人一人の肚に問いを投げかけ、意を起こ

すお手伝い、観をつくる促し役ができないか。40歳以降は、人びとの健やかな意、健やかな観を醸成することに自分の能力と時間を使っていきたい。それが「働くことの翻訳家」を目指す私にとっての使命となりました（本文中の言葉を使えば"坂の上の太陽"）。

　そのために私が気づいたアプローチは、働くことの根っこにある概念を一つ一つ、ていねいに見つめなおす作業をしてもらうということです。

　「目標」とは何か？　「目的」とはどう違うのか？　「自立」とはどういう状態か？　では「自律」は？　こうした根源的な概念をじっくりと、アタマではなく、肚で深く掘り起こすことが何よりも有効だと私は確信しています。本書はその根源的に考えたい概念を73取り上げました。

　社会や仕事現場は、ますますストレスが増大し、サディスティックな方向に傾斜している気がします。しかし同時に、さまざまなチャンスが増大しているのも事実です。こうした世の中を泰然自若と渡っていくために必要なことは、健やかな観をつくり、鋭い知と豊かな情を従えて、荒波をくぐり、チャンスをチャンスとして生かすたくましさだと思います。本書がその一助となってくれれば書き手としてこんなうれしいことはありません。

*　*　*　*　*

　最後に、この本はすばらしいチームワークでできあがりました。

　まず、「こういうイラストフルな概念事典をつくりたい」という私の企画相談に、素早く反応くださったディスカヴァー・トゥエンティワン編集者の原典宏さん。原さんにはこのような横長の判型やユニークな紙面づくりをリードしていただきました。

　また、同じく同社編集者の松石悠さん。煩雑で多量の原稿・図版を見事にさばいてくださいました。

　そして何と言っても、これだけたくさんのにぎやかなイラストを描き起こしてくれた若田紗希さん。私がこの企画を温めていた2年間、だれにイラストレーションを頼めばよいか探していたとき、あるウェブサイトで素敵なイラストを発見し、あ、この人にお願いしたいと思いました。それが若田さんだったのです。

　若田さんは折しも、この本の制作期間と長女のご出産が重なってしまいました。が、まったくそういうことを感じさせず、育児と並行しながらイラストをどんどん描き送ってきてくれたスーパーお母さんであり、イラストレーターさんでした。

　さらに4人めに本文デザイナーの小林祐司さん。私がパワーポイントで描いたややこしい図表を一つ一つ起こし、文章やイラストとともに紙面にレイアウトしていただきました。制作終盤戦の締め切りの迫る中で、とてもタフな作業だったと思います。

　加えて、初版本の帯には、一橋大学大学院MBA課程のときの恩師である守島基博先生（現、学習院大学経済学部教授）から推薦文をいただきました。

　ご協力いただいたみなさまがたにこの紙面をお借りして厚く御礼申し上げます。

2018年2月
何十年ぶりの大雪に見舞われた東京にて
村山 昇

索 引

あ
アーツ・アンド・クラフツ運動 ………… 67
アクティブ・ノンアクション ………… 94
アサーション ………… 123, 233, **236-7**
アダム的性質 ………… 172-4
アブラハム的性質 ………… 172-4
アメリカン・ドリーム ………… 66
アントレプレナビリティ(起業しうる力) …… 249

い
ERG理論 ………… 43
意図的につくりにいくキャリア ………… 46-7
INPUTとOUTPUT ………… 22-7

え
衛生要因 ………… 42-3, **172-3**
ABC理論 ………… 234-5
X理論・Y理論 ………… 42-3
エンプロイアビリティ ………… **214-5**, 249

お
鬼十則 ………… 206

か
会社人の意識 ………… 216-9
会社と企業 ………… 201
価値創造回路 ………… 22-7
蟹工船 ………… 68
株式会社 ………… **196-9**, 200-1

き
企業内プロフェッショナル ………… 219
企業の社会的責任(CSR) ………… 200-3
企業理念 ………… 184, **204-7**, 211
技術的成長 ………… 78-9
キャリア ………… **34-49**, 60-1, 124-5, 250-3
　外的キャリア ………… 34
　キャリア・アンカー ………… 40-1
　キャリアダイナミクスゲーム ………… 124-5
　キャリアの節目 ………… 60-1
　キャリアをつくる要素 ………… 36-9
　登山型キャリア ………… 44-7
　トレッキング型キャリア ………… 44-7
業種 ………… 50-1, 56-7

く
偶発性 ………… 40-1, **48-9**
　計画された偶発性理論 ………… 41, **48**
クラウドソーシング ………… 222

け
結果的にできてしまうキャリア ………… 46-7
結果とプロセス ………… 104-7

こ
航海のメタファー ………… 73, **75**
行動特性 ………… 36-9, **122-5**
コーポレート・ガバナンス ………… 200, **202-3**
コーポレートスローガン ………… 184
国富論 ………… 67
コンセプチュアル思考 ………… 86-91
コンピテンシー ………… 122-3

さ
坂の上の太陽 ………… **160-1**, 259
産業革命 ………… 64-7
残業削減 ………… 55
3層+1軸 ………… 36-9
3人のレンガ積み ………… **18-9**, 158-9

し
至高経験 ………… 188
思考特性 ………… 36-9, **122-3**, 215
自己概念 ………… 41
自己実現 ………… 42-3, 65, 68-9, 174, **188-9**
仕事人の意識 ………… 130, **142-3**
仕事の報酬 ………… 180-1
七放五落十二達の法則 ………… 100-3
自導 ………… **74-5**, 92, 135
自分ごと ………… 158-9
資本主義の精神 ………… 66
使命的動機のシャワー効果 ………… 178-9
社会人基礎力 ………… 118-21

し（続）
社会的学習理論 ………… 41
社畜 ………… 65, **68**
習慣 ………… 36-8, **148-51**
就業形態 ………… 52-8
守・破・離 ………… 92-3
定規モデル・器モデル ………… 190-3
召命 ………… 65-6
職業選択 ………… 40-1, **56-9**
職種 ………… 16-7, **50-1**, 185
職の不整合感 ………… 244-9
自立 ………… **72-5**, 92, 135, 220-3, 259
自律 ………… **72-5**, 92, 135, 220-3, 259
心・技・体 ………… 38
人材と人財 ………… 212-3
　ポテンシャル(P)人材・
　ユーティリティ(U)人材 ………… 212-3
人脈 ………… 34-9, 56-7, 125, **142-3**, 180-1

す
ステークホルダー ………… **198-9**, 202, 210
ストレス ………… **228-33**, 254-5, 259
　快ストレス ………… 230-3
　ストレス反応 ………… 228-9
　ストレス要因(ストレッサー) ………… 228-33
　不快ストレス ………… 230-2

せ
成熟 ………… **84-5**, 92
精神的成長 ………… **78-9**, 172-3

せ

セルフ・リーダーシップ ……… **74-5**, 134-5
セレンディピティ ……………………… 144-5
選択力 ………………………………… 146-7

そ

組織風土と組織文化 ………………… 208-9

た

怠惰な多忙 …………………………… 94-5
脱時間給 ………………………… **53**, 55

ち

知・情・意 ………………… **130-1**, 257-8

て

T型人材 ……………………………… 128-9
提供価値宣言 ………………………… 182-7
テイラーの科学的管理法 ……………… 42-3
天職 ……………………………… 17, **65-6**
天性 …………………………………… 148-9

と

統合的人生計画 ………………………… 41
トランジション・モデル ……………… 40-1

な

内的キャリア ………………………… 34-5

の

野ガモを飼い慣らすな ………………… 219

は

π(パイ)の字思考プロセス …………… 90-1
働き方改革 …………………………… 54-5
働き方の多様化 ……………………… 54-5
働く動機の5段階 …………………… 171, **177**
八風 …………………………… 112, **115**

ひ

PM理論 ……………………………… 136
東インド会社 ………………………… 196-7
ヒポクラテスの誓い …………………… 62

ふ

フォロワーシップ …………………… 140-1
フロー体験 …………………………… 43
プロジェクト ………………………… 220-3
プロフェッショナル ……… **62-3**, 129, 219
　プロフェッショナルシップ ………… 86

へ

ベーシックインカム ……………… 65, **69**

ほ

ホーソン工場の実験 ………………… 42-3
ポータブルスキル …………………… 121
ホランドの6角形モデル ……………… 40-1

ま

マネジメント ………………………… 132-3
マネジリアル・グリッド ……………… 136

み

ミスマッチ ……………………… 100, **244-9**

め

メンタルヘルス ………… 72, **226-7**, 250

も

目的と手段 …………………………… 164-5
目標設定のSMART ………………… 162-3
目標疲れ ……………………………… 160-1
目標と目的 …………………………… 156-63
モチベーション … 78, 91, **166-7**, 244, 246
　外発的動機 ……………… **168-71**, 177
　デモチベーション ………………… 166-7
　動機づけ要因 ……………… 42-3, **172-3**
　内発的動機 ……………… **168-71**, 177

よ

欲求段階説 ……………………………… 42

ら

ライフロール …………………………… 41

り

リーダーシップ ……………………… 134-9
状況対応リーダーシップ理論 ……… 136
利己的動機 ……………………… 170-1, 177
　利他的動機 …………………… **170-1**, 177
リスク ………… 93, **96-7**, 98-9, 133, 249
リテラシー …………………… 119, **126-7**

る

ルターの宗教改革 …………………… 65-6

れ

レジリエンス ………………………… 232-3
連続的成長 …………………………… 80-3
　非連続的成長 ……………………… 80-3

ろ

労働価値説 …………………………… 67
労働観 ………………………………… 64-9
ロゴセラピー …………………… 43, **255**
論理療法 ……………………………… 43

わ

ワークシェアリング …………………… 69
ワーク・ライフ・バランス …………… 242-3

注)本文中に複数登場するキーワードについては、主要なページを太字で表記しています。

参考文献

Part 1 仕事・キャリアについて

西岡常一『木のいのち木のこころ　天』(草思社)
P.F. ドラッカー『プロフェッショナルの条件』(上田惇生訳、ダイヤモンド社)
内村鑑三『後世への最大遺物』(ワイド版岩波文庫)
遠藤功『新幹線お掃除の天使たち』(あさ出版)
小林一三『私の行き方』(大和出版)
J.L. ホランド『ホランドの職業選択理論 ── パーソナリティと働く環境 ──』(渡辺三枝子／松本純平／道谷里英共訳、雇用問題研究会)
エドガー・H. シャイン『キャリア・アンカー ── 自分のほんとうの価値を発見しよう ──』(金井壽宏訳、白桃書房)
山口裕幸／金井篤子『よくわかる産業・組織心理学』(ミネルヴァ書房)
植村直己『青春を山に賭けて』(文春文庫)
J.D. クランボルツ／A.S. レヴィン『その幸運は偶然ではないんです！』(花田光世／大木紀子／宮地夕紀子訳、ダイヤモンド社)
ヒポクラテス『ヒポクラテス全集　第 I 巻』(大槻真一郎編集・翻訳責任、エンタプライズ)
ジョアン・キウーラ『仕事の裏切り』(中嶋愛訳、金井壽宏監修、翔泳社)
アダム・スミス『国富論』(大河内一男監訳、玉野井芳郎／田添京二／大河内暁男訳、中公クラシックス、中央公論新社)
ラース・スヴェンセン『働くことの哲学』(小須田健訳、紀伊國屋書店)
杉村芳美『「良い仕事」の思想』(中央公論社)
ウィリアム・モリス『ユートピアだより』(川端康雄訳、岩波文庫)
マックス・ヴェーバー『プロテスタンティズムの倫理と資本主義の精神』(大塚久雄訳、岩波文庫)
ウィリアム・H. ホワイト『組織の中の人間 ── オーガニゼーション・マン ──』(岡部慶三／藤永保訳、東京創元社)
小林多喜二『蟹工船』(ワイド版岩波文庫)
J.M. ケインズ『ケインズ説得論集』(山岡洋一訳、日本経済新聞出版社)
ルイス・マンフォード『機械の神話』(樋口清訳、河出書房新社)
リチャード・フロリダ『クリエイティブ資本論 ── 新たな経済階級の台頭 ──』(川口典夫訳、ダイヤモンド社)

Part 2 主体性・成長について

P.F. ドラッカー『ドラッカー名著集 4 ── 非営利組織の経営 ──』(上田惇生訳、ダイヤモンド社)
三浦知良『カズ語録』(PHP 文庫)
野田智義／金井壽宏『リーダーシップの旅』(光文社新書)
ハイケ・ブルック／スマントラ・ゴシャール『意志力革命』(野田智義訳、ランダムハウス講談社)
セネカ『生の短さについて』(大西英文訳、岩波文庫)
スティーブン・R. コヴィー『7つの習慣』(ジェームス・スキナー／川西茂訳、キングベアー出版)
湯川秀樹『湯川秀樹著作集 4 ─ 科学文明と創造性 ─』(牧二郎編、岩波書店)
『夢をつかむイチロー 262 のメッセージ』(「夢をつかむイチロー 262 のメッセージ」編集委員会、ぴあ)
晴山陽一『名言の森』(東京堂出版)
野村克也『野村の流儀』(ぴあ)
『岩波仏教辞典』(中村元ほか編、岩波書店)

Part 3 知識・能力について

カント『カント全集 15 ── 人間学 ──』(坂部恵／有福孝岳／牧野英二編、渋谷治美／高橋克也訳、岩波書店)
金井壽宏『リーダーシップ入門』(日経文庫、日本経済新聞社)
ジョン・P. コッター『リーダーシップ論』(DIAMOND ハーバード・ビジネス・レビュー編集部／黒田由貴子／有賀裕子訳、ダイヤモンド社)
P・ハーシィ／K・H・ブランチャード／D・E・ジョンソン『行動科学の展開』(山本成二／山

本あづさ訳、生産性出版)

バーナード『経営者の哲学』(飯野春樹監訳、W.B. ウォルフ／飯野春樹編、文眞堂)

野田智義／金井壽宏『リーダーシップの旅』(光文社新書)

小倉昌男『経営学』(日経BP出版センター)

平尾誠二／松岡正剛『イメージとマネージ』(集英社文庫)

ロバート・ケリー『指導力革命―リーダーシップからフォロワーシップへ―』(牧野昇訳、プレジデント社)

小柴昌俊『物理屋になりたかったんだよ』(朝日新聞社)

『ギリシア・ローマ名言集』(柳沼重剛編、岩波文庫)

カール・ヒルティ『眠られぬ夜のために』(草間平作／大和邦太郎訳、岩波文庫)

三木清『人生論ノート』(新潮文庫)

チャールズ・デュヒッグ『習慣の力』(渡会圭子訳、講談社)

小林秀雄『小林秀雄全作品21 ── 美を求める心 ──』(新潮社)

ゲーテ『ゲーテ格言集』(高橋健二訳、新潮社)

Part 4 働く意味について

バートランド・ラッセル『ラッセル幸福論』(安藤貞雄訳、岩波文庫)

本田宗一郎『私の手が語る』(グラフ社)

フレデリック・ハーズバーグ『仕事と人間性 ── 動機づけ──衛生理論の新展開 ──』(北野利信訳、東洋経済新報社)

ジョシュア・ハルバースタム『仕事と幸福、そして、人生について』(桜田直美訳、ディスカヴァー・トゥエンティワン)

アブラハム・H. マスロー『完全なる人間 ── 魂のめざすもの ──』(上田吉一訳、誠信書房)

アブラハム・H. マスロー『創造的人間 ─宗教・価値・至高経験─』(佐藤三郎／佐藤全弘訳、誠信書房)

岡本太郎『強く生きる言葉』(イースト・プレス)

渋沢栄一『論語と算盤』(国書刊行会)

Part 5 会社の中で働くことについて

浅田實『東インド会社 ── 巨大商業資本の盛衰 ──』(講談社現代新書)

岩井克人『会社はだれのものか』(平凡社)

松下幸之助『物の見方考え方』(実業之日本社)

P.F. ドラッカー『ドラッカー名著集1 ── 経営者の条件 ──』(上田惇生訳、ダイヤモンド社)

坂本光司『日本でいちばん大切にしたい会社』(あさ出版)

ジェームズ・C. コリンズ／ジェリー・I. ポラス『ビジョナリー・カンパニー』(山岡洋一訳、日経BP出版センター)

守島基博『人材の複雑方程式』(日経プレミアシリーズ)

Jr., トーマス・J. ワトソン『IBMを世界的企業にしたワトソンJr.の言葉』(浅尾直太訳、英治出版)

藤岡和賀夫『オフィスプレーヤーへの道』(文藝春秋)

ダニエル・ピンク『フリーエージェント社会の到来 ── 組織に雇われない新しい働き方 ──』(池村千秋訳、ダイヤモンド社)

Part 6 心の健康について

アルバート・エリス／ロバート・ハーパー『論理療法』(國分康孝／伊藤順康訳、川島書店)

平木典子『アサーション・トレーニング ── さわやかな〈自己表現〉のために ──』(日本・精神技術研究所、金子書房)

『新装版 ほぼ日の就職論「はたらきたい。」』(東京糸井重里事務所)

加島祥造『LIFE』(PARCO出版)

アラン『幸福論』(白井健三郎訳、集英社文庫)

井上靖『きれい寂び』(集英社)

モンテーニュ『エセー(二)』(原二郎訳、ワイド版岩波文庫)

ヴィクトール・E. フランクル『意味による癒し ──ロゴセラピー入門 ──』(山田邦男監訳、春秋社)

働き方の哲学

発行日　2018年3月25日　第1刷
　　　　2024年4月25日　第16刷

Author	村山 昇
Illustrator	若田紗希
Book Designer	カバー：krran（西垂水敦・太田斐子）　本文・DTP：小林祐司　図版協力：齋藤佳樹・伊比 優
Publication	株式会社ディスカヴァー・トゥエンティワン 〒102-0093　東京都千代田区平河町2-16-1 平河町森タワー11F TEL 03-3237-8321（代表）　03-3237-8345（営業）　FAX 03-3237-8323 https://d21.co.jp/
Publisher	谷口奈緒美
Editor	原典宏
Sales & Marketing Company	飯田智樹　庄司知世　蛯原昇　杉田彰子　古矢薫　佐藤昌幸　青木翔平　阿知波淳平　磯部隆　井筒浩　大崎双葉　近江花渚　小田木もも　佐藤淳基　仙田彩歌　副島杏南　滝口景太郎　田山礼真　廣内悠理　松ノ下直輝　三輪真也　八木眸　山田諭志　古川菜津子　鈴木雄大　高原未来子　藤井多穂子　厚見アレックス太郎　伊藤香　伊藤由美　金野美穂　鈴木洋子　松浦麻恵
Product Management Company	大山聡子　大竹朝子　藤田浩芳　三谷祐一　千葉正幸　伊東佑真　榎本明日香　大田原恵美　小石亜季　野村美空　橋本莉奈　星野悠果　牧野類　村尾純司　安永姫菜　浅野目七重　神日登美　波塚みなみ　林佳菜
Digital Solution & Production Company	大星多聞　小野航平　中島俊平　馮東平　森谷真一　青木涼馬　宇賀神実　舘瑞恵　津野主揮　西川なつか　野﨑竜海　野中保奈美　林秀樹　林秀規　元木優子　斎藤悠人　福田章平　小山怜那　千葉潤子　藤井かおり　町田加奈子
Headquarters	川島理　小関勝則　田中亜紀　山中麻吏　井上竜之介　奥田千晶　北野風生　徳間凜太郎　中西花　福永友紀　俵敬子　宮下祥子　池田望　石橋佐知子　丸山香織
Proofreader	株式会社鷗来堂
Printing	大日本印刷株式会社

・定価はカバーに表示してあります。本書の無断転載・複写は、著作権法上での例外を除き禁じられています。
　インターネット、モバイル等の電子メディアにおける無断転載ならびに第三者によるスキャンやデジタル化もこれに準じます。
・乱丁・落丁本はお取り替えいたしますので、小社「不良品交換係」まで着払いにてお送りください。
・本書へのご意見ご感想は下記からご送信いただけます。
　https://d21.co.jp/inquiry/

ISBN978-4-7993-2238-3
©Noboru Murayama & Saki Wakata, 2018, Printed in Japan.